Gakken

高校入試の
最重要問題

改訂版

JAPANESE

目次

高校入試の最重要問題【国語】

3 「お急ぎ」マークを解く。

特によく出る重要な問題には，お急ぎ！マークがついています。時間のない人や，入試直前に総復習をするときは，優先的にこの問題に取り組むと効率よく学習できます。

4 正答率の高い問題から解く。

正答率 75.0 %

正答率が高い問題は，多くの受験生が正解している基礎的な問題です。みんなが解ける問題は，確実に解けるようにしておきましょう。

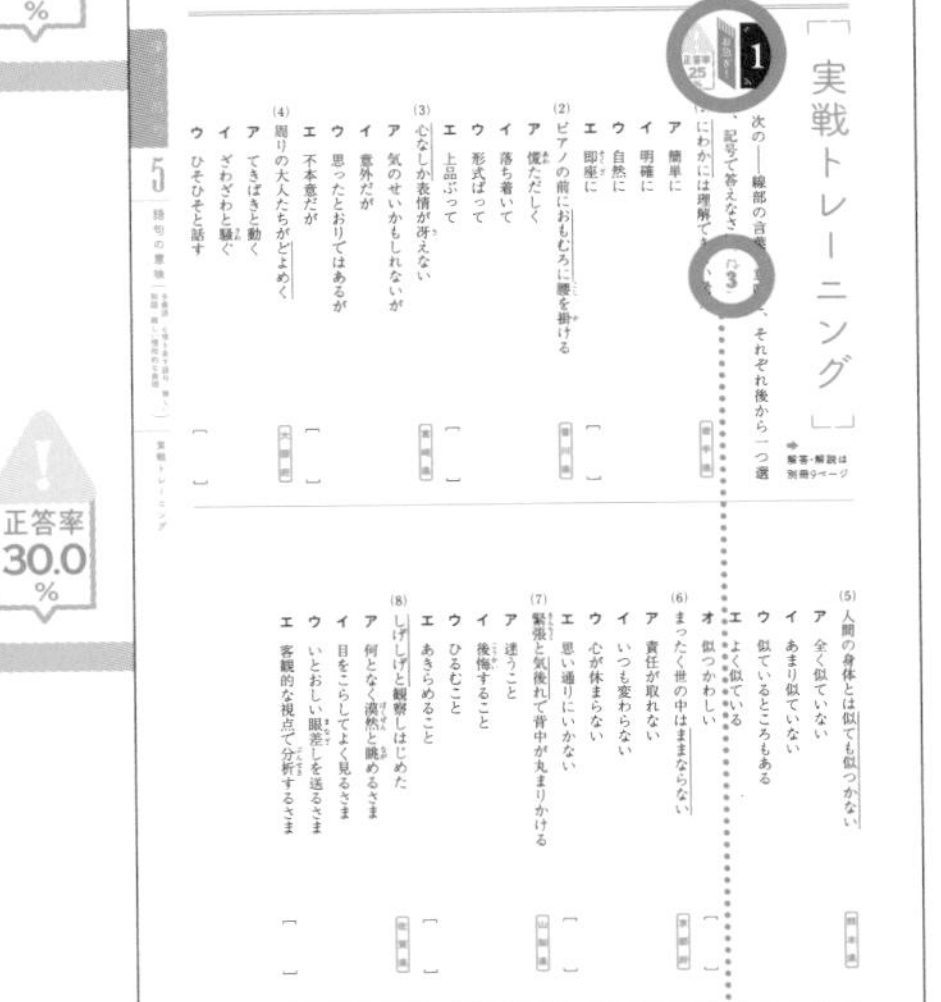

5 正答率の低い問題から解く。

正答率 30.0 %

基礎が定着してきたら，低正答率の問題や，ハイレベル問題［HIGH LEVEL］に挑戦すればレベルアップ！

みんなに差をつけよう。

6 まとめページを再確認する。

問題についているマークは，「まとめページ」の番号とリンクしています。わからない問題があったらこのページにもどって復習しましょう。

別冊 解答解説

別冊の解答解説は巻末から取り外して使います。
詳しい解説やミス対策が書いてあります。
間違えた問題は解説をよく読んで，確実に解けるようにしましょう。

高校入試問題の掲載について

・問題の出題意図を損なわない範囲で，解答形式を変更したり，問題の一部を変更・省略したりしたところがあります。
・問題指示文，表記，記号などは全体の統一のため，変更したところがあります。
・解答・解説は，各都道府県発表の解答例をもとに，編集部が制作したものです。
・出題率は，各都道府県発表の情報をもとに，編集部が制作したものです。

この本の使い方

この本は，ムダなく，効率よく高校入試対策をしたい受験生のための
過去問題集です。学習進度やレベルに合わせて，解く問題が選べます。
自分に合った使い方で効率よく力をつけて，合格を勝ち取ってください。
応援しています!

本書の構成

本書は，各編

弱点チェック ＋ **項目別「まとめページ＋実戦トレーニング」**

で構成されています。
以下，本書のおすすめの使い方を紹介していきます。

1 出る順に解く。

この本は，出題頻度順に項目を配列してあります。よく出る項目を優先して解くことができるので，効率よく力がつきます。各項目の始めには，重要点や重要例題をまとめた「まとめページ」があります。問題を解く前に読んでおくと効果的です。

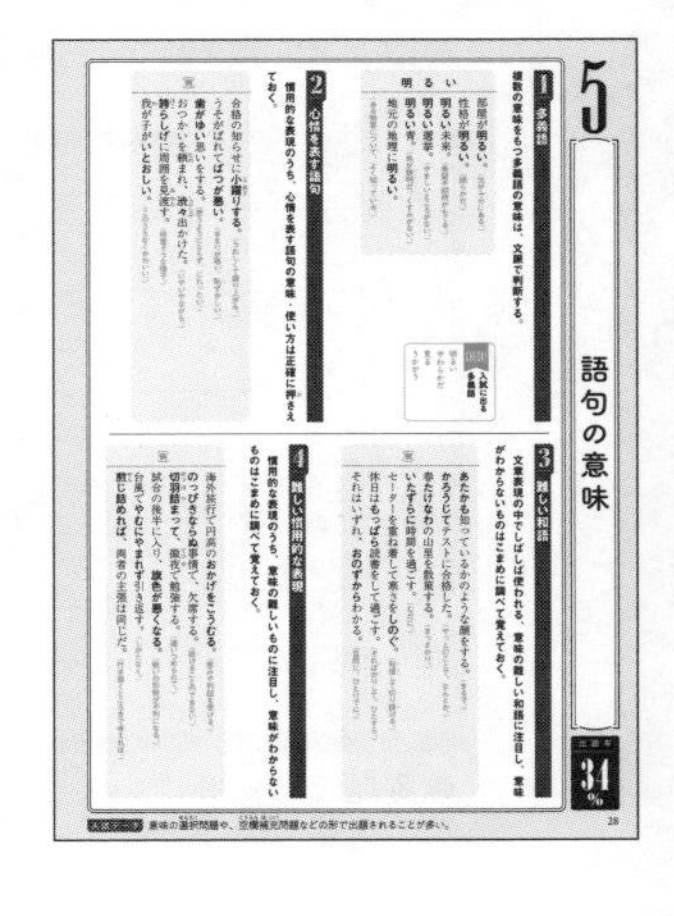
5 語句の意味

出題率 34%

1 多義語

複数の意味をもつ多義語の意味は，文脈で判断する。

明るい

部屋が明るい。
性格が明るい。
明るい未来。
明るい選挙。
明るい青。
地元の地理に明るい。

入試に出る多義語

2 心情を表す語句

慣用的な表現のうち，心情を表す語句の意味・使い方は正確に押さえておく。

例

合格の知らせに小躍りする。
うそがばれてばつが悪い。
歯がゆい思いをする。
おつかいを頼まれ，渋々出かけた。
誇らしげに[illegible]を見渡す。
我が子がいとおしい。

3 難しい和語

文章表現の中でしばしば使われる，意味の難しい和語に注目し，意味がわからないものはこまめに調べて覚えておく。

例

あたかも知っているかのような顔をする。
かろうじてテストに合格した。
[illegible]たけなわの山里を散策する。
いたずらに時間を過ごす。
セーターを重ね着して寒さをしのぐ。
休日はもっぱら読書をして過ごす。
それはいずれ，おのずからわかる。

4 難しい慣用的な表現

慣用的な表現のうち，意味の難しいものに注目し，意味がわからないものはこまめに調べて覚えておく。

例

海外旅行で円高のおかげをこうむる。
のっぴきならぬ事情で，欠席する。
切羽詰まって，徹夜で勉強する。
試合の後半に入り，旗色が悪くなる。
台風でやむにやまれず引き返す。
煎じ詰めれば，両者の主張は同じだ。

入試ポイント 意味の選択問題や，空欄補充問題などの形で出題されることが多い。

28

2 ニガテな項目を確認する。

各分野の始めには，一問一答の「弱点チェック」があります。
まずこのページで，自分のニガテな項目はどこかをチェックしましょう。ニガテな項目があったら，優先的にその項目を勉強して，ニガテを克服しておきましょう。

弱点チェック

1 一字漢字・熟語の読み
① どこまでも信念を貫く。
② 友人を誘って出かける。
③ 荷物を部屋の隅に置く。

2 一字漢字・熟語の書き

3 誤りやすい読み
① 赤ちゃんが健やかに育つ。

4 同音異字・同訓異字・書き誤りやすい漢字

5 語句の意味

6 熟語の知識

7 語句の知識

8 漢字の知識

ダウンロード特典について

1 「リアル模試」で本番さながらに解いてみよう!

本書の巻末には模擬試験が２回分ついていますが,「まだ解き足りない!」「最後の仕上げをしたい!」という人のために,「本番形式」(本番に近いサイズ, 解答用紙つき)の模試１回分をダウンロードできるようになりました。
静かな場所で, 時間を計って, 本番さながらの環境で取り組んでみましょう。解答解説もあります。

2 他教科の「弱点チェック」ができる!

「高校入試の最重要問題」シリーズの各教科(英語・数学・理科・社会)の「弱点チェック」問題をダウンロードして解いてみることができます(英語は文法編のみ)。解いてみて不安な部分があれば, 他教科の「最重要問題」シリーズで学習しましょう!

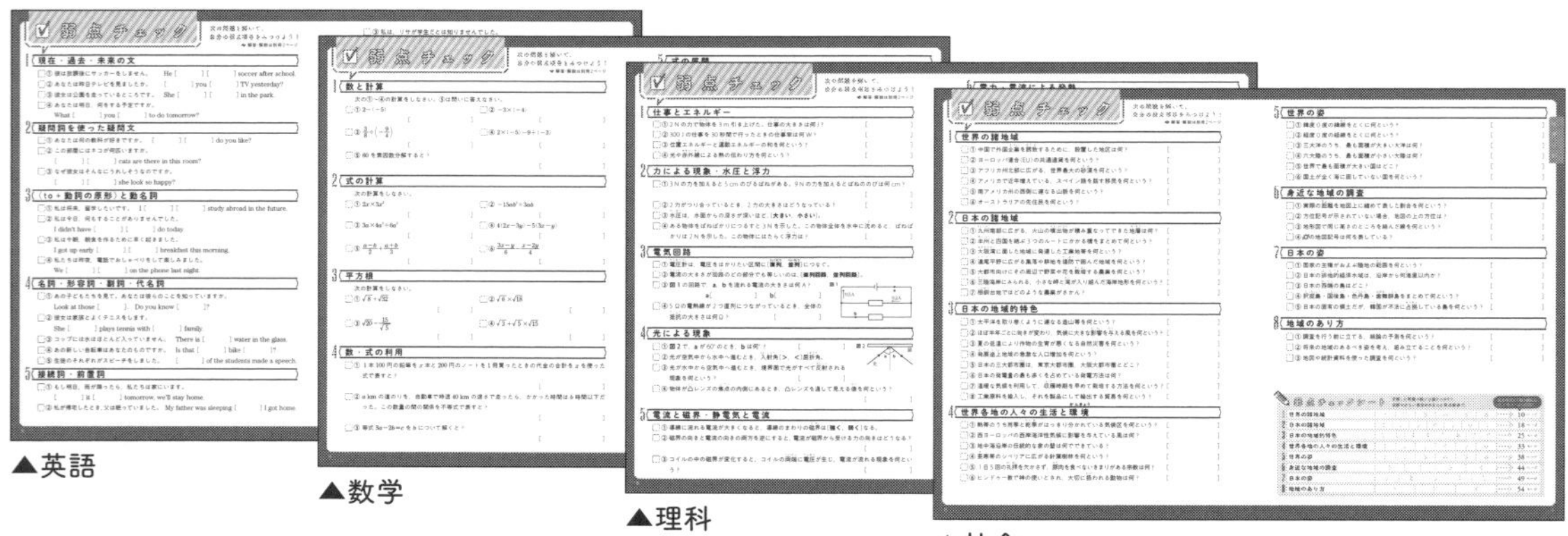

▲英語　▲数学　▲理科　▲社会

URL **https://gbc-library.gakken.jp/**

上記 URL にアクセスして, GakkenID でログイン後(お持ちでない方は GakkenID の取得が必要になります), 以下の ID, PW を登録すると上記特典(リアル模試、他教科弱点チェック)をご覧になれます。

【ID】 mqsyt　【PW】 qdrh84wg

※ ID とパスワードの無断転載・複製を禁じます。サイトアクセス・ダウンロード時の通信料はお客様のご負担になります。サービスは予告なく終了する場合があります。

巻頭特集

リスニング問題の攻略

リスニング形式の問題は、一部の県でよく出る。また、リスニング問題が出ない県でも、発表や話し合いを中心とした、「聞く・話す」分野からの出題が増えている。出題傾向・特徴を知って、実際の入試問題に挑戦してみよう。

傾向　リスニングの傾向と特徴を知ろう！

大問一問目で実施され、放送を聞きながらメモを取る、時間は10分程度であるなど、英語のリスニングの流れと似ている。ただし、国語では、問題文は一回しか読まれないことが多い。

Q……どんな問題が出るの？

A……意見を述べるスピーチ・発表がよく出る！

テーマや出題方法は県ごとに特徴がある。どんなテーマが出題されたのかを見てみよう。（2023年実施）

県名	場面とテーマ	出題形式
青森県	「放送内容の改善について」放送委員会での発表	【資料】を見ながら放送を聞いて、その後放送による問いに答える。
秋田県	「人にやさしい町づくり」市長との意見交換会に出席する三人の話し合い	提案する内容について三人が話し合っている様子を聞いて、その後放送による問いに答える。
千葉県	「文化祭のクラスの催し物について」三田さんが川辺さんに相談している場面	相談している会話の途中で問いが挿入され、問題に印刷されている【選択肢】から解答を選んでいく。

実戦　入試問題に挑戦しよう！

入試で出題された問題を見てみよう。実際の試験では、放送台本は印刷されていない。　千葉県

放送台本

これから、三田さんが川辺さんに、文化祭のクラスの催し物について相談している場面と、それに関連した問いを四問放送します。よく聞いて、それぞれの問いに答えなさい。なお、やりとりの途中、**（合図音A）**という合図のあと、問いを放送します。また、**（合図音B）**という合図のあと、場面の続きを放送します。メモをとってもかまいません。では、始めます。

三田　川辺さん、文化祭で私のクラスはミュージック・カフェをすることになったよ。お客さんは注文した食べ物を食べながら、わたしのクラスの歌が上手なグループの生演奏を聴けるんだ。そのお店の宣伝文句を考える係になって悩んでいるの。二つ案を考えたのだけれど、相談にのってくれるかな。

川辺　いいよ。考えた宣伝文句を聞かせてよ。

三田　ありがとう。一つ目が、「おいでよ。聞こうよ。歌おうよ。」なのだけれど、どう思う。

川辺　ちょっと待って。「ミュージック・カフェ」についてもう少し詳しく説明してほしいな。

三田　うん、わかった。あのね、教室の前のほうに作ったステージで歌い手は歌うのだけれど、お客さんは曲のリクエストができたり、ステージに上がって一緒に歌えたりするんだ。

（合図音A）

問いの(1)　二人のやりとりのなかで、川辺さんが詳しい説明を求めたのは、宣伝文句のどのような点に疑問を抱いたからですか。その説明として最も適当なものを、選択肢ア～エのうちから一つ選び、その符号を書きなさい。　**(15秒空白)(合図音B)**

川辺　なるほど。それで「おいでよ。聞こうよ。歌おうよ。」なのだね。リズムがよくて覚えやすいね。語尾がそろっているし、つい口ずさみたくなるよ。

三田　ありがとう。わたしのクラスの歌い手の演奏はプロに負けないくらい上手だよ、しかも一緒に歌えるのでにぎやかで楽しいお店だよ、という思いを込めたんだ。　**(合図音A)**

問いの(2)　川辺さんと三田さんとでは、宣伝文句に対する着目点が違います。その「違い」について説明したものとして最も適当なものを、選択肢ア～エのうちから一つ選び、その符号を書きなさい。　**(18秒空白)(合図音B)**

三田　二つ目の宣伝文句なんだけれど、「行きたい。聞きたい。歌いたい。」と言うのを考えたよ。こちらはどう思う。

川辺　言葉は似ているけれど、一つ目と発想が違うね。　**(合図音A)**

問いの(3)　川辺さんは、一つ目と二つ目の宣伝文句を比較して、「発想が違う」と指摘しています。その「違い」について説明したものとして最も適当なものを、選択肢ア～エのうちから一つ選び、その符号を書きなさい。　**(18秒空白)(合図音B)**

川辺　二つとも悪くないけど、一つ目の「おいでよ」や二つ目の「行きたい」よりも、「食べる」という言葉を入れたほうがいいのではないかな。

三田　それはいい案ね。そのほうが、お店の特徴を伝えられているね。

川辺　それだけでなくて、「食べる」「歌う」が宣伝文句に入ることで、にぎやかなお店で食べるのが好きな人は来るだろうし、静かなお店で食べるのが好きな人は避けるだろうから、文化祭に来るお客さんにとって必要な情報だと思うんだ。

三田　たしかにそうだね。川辺さんみたいにいろいろなお客さんの立場を考えることは大切だね。　**(合図音A)**

問いの(4)　三田さんが川辺さんの説明を聞いて、「いろいろなお客さんの立場を考えることは大切だ」と思ったのはなぜですか。その理由として最も適当なものを選択肢ア～エのうちから一つ選び、その符号を書きなさい。　**(5秒空白)**

放送は以上です。

〔問題用紙の選択肢〕

(1)
ア　「歌おうよ」の歌う主体が、最初の説明より重視されている点。
イ　「歌おうよ」の歌う主体が、最初の説明以上に活躍している点。
ウ　「歌おうよ」の歌う主体が、最初の説明では存在していない点。
エ　「歌おうよ」の歌う主体が、最初の説明とかみ合っていない点。

(2)
ア　川辺さんは言葉の響きに着目しているが、三田さんは言葉が意味することを意識している。
イ　川辺さんは言葉が示す情緒性に着目しているが、三田さんは言葉がもつ音楽性を意識している。
ウ　川辺さんは言葉が及ぼす影響力に着目しているが、三田さんは言葉の規則性を意識している。
エ　川辺さんは言葉の働きに着目しているが、三田さんは言葉の表現技法を意識している。

(3)
ア　一つ目は言葉のリズムを重視して作られているが、二つ目は客観性を重視して作られている。
イ　一つ目は親しみを込めて作られているが、二つ目はお店側の願望を込めて作られている。
ウ　一つ目はお店側の立場で作られているが、二つ目はお客側の立場で作られている。
エ　一つ目は個性を伝える目的で作られているが、二つ目は利便性を伝える目的で作られている。

(4)
ア　お店の特徴を伝えることで、静かなお店で食事をしたい人に、にぎやかなお店で食事する良さを積極的に教えようとしているから。
イ　お店の特徴を伝えることで、お客さんを集めるためだけでなく、文化祭に来るお客さんがお店選びをしやすいよう配慮しているから。
ウ　お店の特徴を伝えることで、文化祭に来るお客さんが、食事を提供するお店はどこなのかを、見つけられるよう工夫しているから。
エ　お店の特徴を伝えることで、にぎやかなお店が好きな人も静かなお店が好きな人も、一緒に楽しめる空間であることがわかるから。

解答

(1) エ　(2) ア　(3) ウ　(4) イ

各2点(計8点)

漢字・語句

弱点チェック

次の問題を解いて、自分の弱点項目をみつけよう！

➡解答・解説は別冊3ページ

1 一字漢字・熟語の読み

□ ① どこまでも信念を**貫**く。［　　］
□ ② 友人を**誘**って出かける。［　　］
□ ③ 荷物を部屋の**隅**に置く。［　　］
□ ④ 代金を**一括**して支払（しはら）う。［　　］
□ ⑤ 話の要点を**把握**する。［　　］

2 一字漢字・熟語の書き

□ ① 堂々としたスガタで現れる。［　　］
□ ② 楽しくて、時間がたつのをワスれる。［　　］
□ ③ テレビの音量をチョウセツする。［　　］
□ ④ 台所をセイケツに保つ。［　　］
□ ⑤ ショウライの夢を語り合う。［　　］

3 誤りやすい読み

□ ① 赤ちゃんが**健**やかに育つ。［　　］
□ ② 平和は**万国**共通の願いだ。［　　］
□ ③ トラックで**砂利**を運ぶ。［　　］
□ ④ **真紅**のばらが咲（さ）く。［　　］
□ ⑤ **荒涼**とした原野が広がる。［　　］

4 同音異字・同訓異字・書き誤りやすい漢字

□ ① センゾ代々の言い伝え。［　　］
□ ② 部長としてサイテキな人。［　　］
□ ③ 列車は定刻に駅にツいた。［　　］
□ ④ お寺の裏にボチが続いている。［　　］
□ ⑤ 規則をあらためる。〈漢字と送り仮名で〉［　　］

5 語句の意味

□ ① 「□岩・決意が□・優勝は□」の□に共通して入る三字の言葉を平仮名で書くと？［　　］
□ ② 「助けを求めて、頼（たよ）りにする」という意味の言葉として最も適切なのは、［**せがむ　すがる　あおぐ　なびく**］である。
□ ③ 木の実などがたくさん固まってなっている様子を表す言葉として最も適切なのは、［**きなり　うらなり　すずなり**］である。
□ ④ 「ありふれていてつまらないこと」という意味の熟語として最も適切なのは、［**平凡**（へいぼん）　**頑固**（がんこ）　**陳腐**（ちんぷ）　**不朽**（ふきゅう）］である。
□ ⑤ 「なみなみ・すれすれ・ひたひた」のうち、水などがこぼれるほどいっぱいである様子を表すのは？［　　］

6 熟語の知識

□①「急流」と熟語の組み立てが同じものは、「不快・人造・博愛・明朗」のうちどれ？　［　］

□②「加減・駐車（ちゅうしゃ）・寄港・着地」の中で、熟語の組み立てが他の三つと異なるものは？　［　］

□③「発達・解決・成年」という三つの熟語に共通して付く、打ち消しの意味をもつ漢字は？　［　］

□④「言葉で表せないほどひどい。もってのほか」という意味の四字熟語は、［**言行一致（いっち）　言語道断　不言実行**］である。　［　］

□⑤「偶然（ぐうぜん）」の対義語は「□然」である。□に入る漢字は？　［　］

7 語句の知識

□①「足」を使った慣用句で、「予算より余計に金がかかる」という意味を表すのは？　［　］

□②勢いのあるものをいっそう勢いづけることを、「火に□を注ぐ」という。□に入る漢字一字の言葉は？　［　］

□③「□日ぼうず」「早起きは□文の徳」の二つの□に共通して入る漢数字は？　［　］

□④「猫（ねこ）に小判」と似た意味のことわざに「□に真珠（しんじゅ）」がある。□に入る動物の名前は？　［　］

□⑤「似たりよったり」という意味になる故事成語は、［**四面楚歌（そか）　蛍雪（けいせつ）の功　呉越同舟（ごえつどうしゅう）　五十歩百歩**］である。

8 漢字の知識

□①「記」を楷書（かいしょ）で書く場合の総画数は、［**八画　九画　十画　十一画**］である。　［　］

□②「季・門・版・建」の漢字を楷書で書く場合、画数が他の三つと異なるものは？　［　］

□③ 題 の赤い部分は、□画目に書くのが正しい。□に入る数を算用数字で答えると？　［　］

□④「友・有・在」のうち、「ナ」の部分の筆順が「右」の場合と同じなのは？　［　］

□⑤行書で書かれた「祖」と同じ「へん」をもつ漢字を次の「紙　礼　話　私」から選ぶと？　［　］

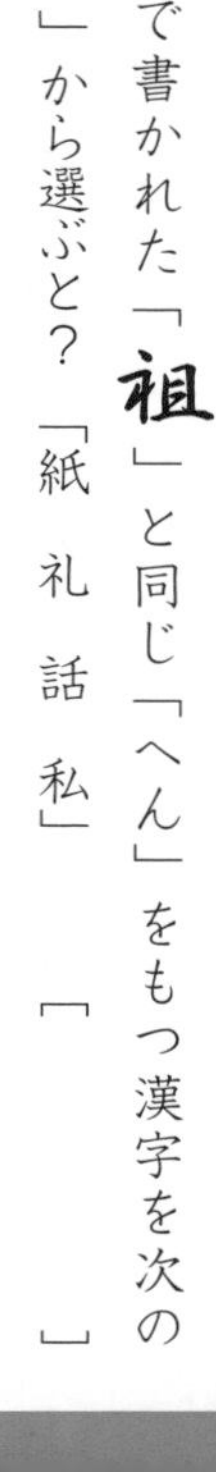

弱点チェックシート

正解した問題の数だけ塗りつぶそう。正解の少ない項目があなたの弱点部分だ。

弱点項目から取り組む人は、このページへGO！

	項目	正解数	ページ
1	一字漢字・熟語の読み	1 2 3 4 5	12ページ
2	一字漢字・熟語の書き	1 2 3 4 5	16ページ
3	誤りやすい読み	1 2 3 4 5	20ページ
4	同音異字・同訓異字・書き誤りやすい漢字	1 2 3 4 5	24ページ
5	語句の意味	1 2 3 4 5	28ページ
6	熟語の知識	1 2 3 4 5	32ページ
7	語句の知識	1 2 3 4 5	36ページ
8	漢字の知識	1 2 3 4 5	40ページ

1 漢字の読み①

出題率 100%

実戦トレーニング

解答・解説は別冊3ページ

1 〈一字漢字の読み〉

(1) 意見に**隔**たりがある。 愛媛県 〔　　〕

(2) 帰宅して上着をハンガーに**掛**ける。 23 東京都 〔　　〕

(3) 窓から外を**眺**める。 宮城県 〔　　〕

正答率 92.1%

(4) 私語を**慎**むように注意を促す。 千葉県 〔　　〕

(5) 雨で草木が**潤**う。 三重県 〔　　〕

(6) 目標を**掲**げる。 群馬県 〔　　〕

(7) 冬山に登るには危険が**伴**う。 北海道 〔　　〕

(8) かばんに細工を**施**す。 鳥取県 〔　　〕

正答率 98.0%

(9) 運動会を明日に**控**える。 青森県 〔　　〕

(10) **宵**のうちまで雨が降る。 山梨県 〔　　〕

(11) 家庭科の授業で用いる布地を**裂**く。 大分県・改 〔　　〕

(12) **飾**らない人柄（ひとがら）にひかれる。 長崎県・改 〔　　〕

(13) 富士山の**麓**のキャンプ場。 滋賀県 〔　　〕

正答率 83%

(14) 校内放送で下校を**促**す。 山梨県 〔　　〕

(15) 泣いている子を**慰**める。 福島県 〔　　〕

(16) 湖の底まで**透**き通って見える。 香川県 〔　　〕

(17) 寄付で費用を**賄**う。 滋賀県 〔　　〕

(18) **誇**りをもって働く。 徳島県 〔　　〕

(19) 急成長を**遂**げる。 大阪府 〔　　〕

(20) 古い棚（たな）に白いペンキを**塗**る。 宮崎県・改 〔　　〕

正答率 79.0%

(21) トレーニングを**怠**る。 鹿児島県 〔　　〕

(22) 空に白い雲が**漂**う。 新潟県 〔　　〕

正答率 99%
(23) 部屋の**隅**に荷物を置く。 山梨県 [　　]

(24) **諭**すように話す。 福島県 [　　]

(25) 床(ゆか)にワックスを掛けて**艶**を出す。 山梨県 [　　]

(26) 美術館で展覧会を**催**す。 21埼玉県 [　　]

(27) 選択肢(せんたくし)はこの三つに**絞**られる。 兵庫県 [　　]

正答率 95.4%
(28) けん玉の技を**競**う。 栃木県 [　　]

(29) 包丁を**研**ぐ。 鹿児島県 [　　]

(30) **緩**やかな坂道が続く。 岐阜県 [　　]

(31) 本を**携**えて旅に出る。 大阪府 [　　]

(32) 新しいことに**挑**む。 富山県 [　　]

(33) 水分を補給するように**勧**める。 千葉県 [　　]

正答率 97.0%
(34) 若葉の緑が目に**鮮**やかだ。 新潟県 [　　]

(35) チームを優勝へと**導**く。 大阪府 [　　]

(36) 真夏の**乾**いたアスファルトが急な雨でぬれる。 21東京都 [　　]

正答率 92%
(37) 国際社会の中で重要な役割を**占**める。 岩手県 [　　]

(38) 心が**弾**む。 富山県 [　　]

(39) 長すぎる文章を**削**る。 長野県 [　　]

正答率 95.9%
(40) 経済成長が**著**しい。 神奈川県 [　　]

(41) **穏**やかな毎日を過ごす。 滋賀県 [　　]

(42) 腰(こし)を**据**えて物事に取り組む。 大阪府 [　　]

(43) 寒い冬の夜空に星が**輝**く。 東京都 [　　]

(44) 科学の知識が**乏**しいので、専門家に尋(たず)ねる。 長野県 [　　]

(45) 破れた衣服を**繕**う。 茨城県 [　　]

(46) 米を水に**浸**す。 群馬県 [　　]

(47) 卒業式が**厳**かに行われた。 石川県 [　　]

HIGH LEVEL
(48) 会議に**諮**る。 島根県 [　　]

(49) 清らかな川のほとりで**蛍**が舞(ま)う。 徳島県 [　　]

(50) 旅館の**畳**に寝転(ねころ)ぶ。 宮崎県・改 [　　]

2 〈熟語の読み〉

(1) 本の返却(へんきゃく)を**催促**する。 福島県

(2) 経営者が、従業員に**賃金**を支払(しはら)う。 長野県・改

正答率 48.3 %

(3) 映画の世界に**陶酔**する。 鹿児島県

(4) すぐに事態を**掌握**する。 岐阜県

(5) **寸暇**をさいて勉強する。 茨城県

(6) 大自然を**満喫**する。 大阪府

(7) **雪辱**を果たす。 群馬県

(8) 勝利の**栄冠**に輝(かがや)く。 大阪府

(9) **悠久**の歴史。 和歌山県

正答率 83.7 %

(10) 事態を**収拾**する。 神奈川県

(11) 顧客(こきゃく)の要望に**柔軟**に対応する。 長野県・改

正答率 82 %

(12) **抑揚**をつけて詩を朗読する。 岩手県

(13) 会社の**同僚**とランチに出かける。 静岡県・改

(14) **傾斜**が急な坂道を一歩ずつ歩く。 北海道・改

(15) **喫緊**の課題に対応する。 新潟県

(16) 編集長が**敏腕**を振(ふ)るう。 北海道

(17) **余暇**を楽しむ。 群馬県

(18) **迅速**な行動を心がける。 21埼玉県

(19) 彼(かれ)の**通称**は物知り博士だ。 長野県・改

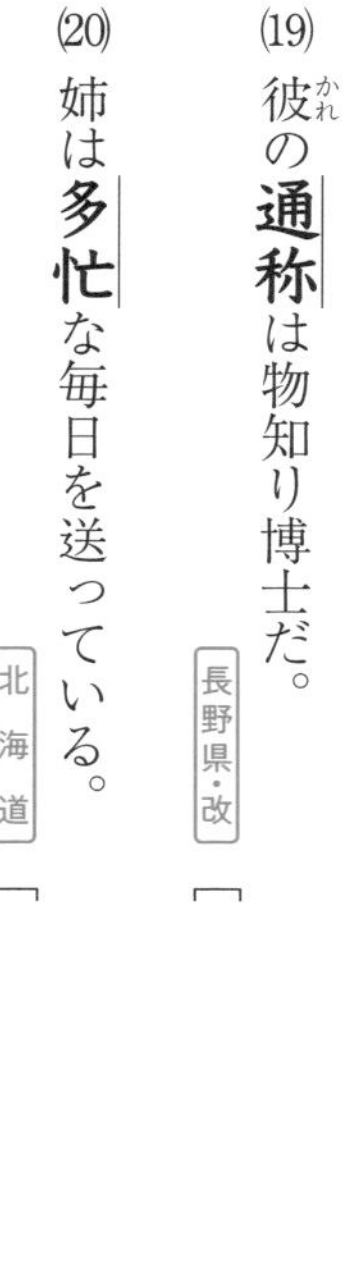

(20) 姉は**多忙**な毎日を送っている。 北海道

(21) 収入と支出の**均衡**を保つ。 新潟県

(22) 名案が**脳裏**にひらめく。 新潟県

(23) **湖畔**には多くの観光施設(しせつ)がある。 岐阜県

(24) 友人に本当の気持ちを**吐露**する。 埼玉県

(25) 世界一周の**航海**に出発する。 山梨県

(26) 思わぬ**朗報**が届く。 三重県

正答率 97.6 %
(27) 目標の数値に**到達**する。 新潟県 〔 〕
(28) 海底が**隆起**してできた島。 徳島県 〔 〕
(29) 商品が**陳列**されている。 栃木県 〔 〕
(30) **搭乗**手続きを済ませる。 愛媛県 〔 〕
(31) **曖昧**な態度では誤解されやすい。 千葉県 〔 〕
正答率 78.5 %
(32) 試供品を**頒布**する。 神奈川県 〔 〕
(33) あえて**辛辣**な意見を述べる。 千葉県 〔 〕
(34) 話が**佳境**に入る。 大阪府 〔 〕
(35) **緻密**な計画を立てる。 島根県 〔 〕
(36) 猫(ねこ)が日当たりのよい**縁側**で眠(ねむ)っている。 沖縄県・改 〔 〕
(37) 今年度の行事は、昨年度のよい点を**踏襲**して計画します。 大分県 〔 〕
(38) 料理の腕前(うでまえ)を**披露**する。 兵庫県・改 〔 〕
(39) 子どもは好奇心(こうきしん)が**旺盛**だ。 滋賀県 〔 〕
(40) 雑誌に写真が**掲載**される。 徳島県 〔 〕
(41) 和服に合わせて**草履**を用意する。 岩手県 〔 〕
(42) あらゆる分野を**網羅**する。 大阪府 〔 〕
(43) 彼(かれ)は**寡黙**で落ち着きがある。 青森県 〔 〕
(44) **狩猟**に用いられた矢じりの石質を調査する。 23東京都 〔 〕
(45) 応援歌(おうえんか)で選手を**鼓舞**する。 滋賀県 〔 〕
(46) 試合前に**激励**の言葉をもらった。 青森県 〔 〕
(47) **珠玉**の芸術作品を鑑賞(かんしょう)する。 高知県 〔 〕
(48) 商品を**包装**する。 石川県 〔 〕
(49) 両者の実力が**伯仲**している。 山梨県 〔 〕
HIGH LEVEL
(50) 心の**琴線**に触(ふ)れる話。 千葉県 〔 〕

2 漢字の書き①

出題率 100%

実戦トレーニング

1 〈一字漢字の書き〉

➡ 解答・解説は別冊4ページ

正答率 87.2%
(1) 船の上から海に釣(つ)り糸をタらす。　青森県　〔　〕

(2) 図書館で本をカりる。　岐阜県　〔　〕

(3) 長距離(ちょうきょり)走のタイムをビョウの単位まで計る。　23 東京都　〔　〕

(4) この街は自然がユタかだ。　静岡県・改　〔　〕

(5) 釣った魚が白いハラを見せる。　長野県・改　〔　〕

正答率 79.5%
(6) 光をアびる。　鹿児島県　〔　〕

正答率 92.5%
(7) チョークのコナが手につく。　青森県　〔　〕

(8) 草原にムれをなす馬。　千葉県　〔　〕

(9) 淡(あわ)い桜色の布がオり上がる。　徳島県　〔　〕

正答率 86.6%
(10) 日がクれる。　栃木県　〔　〕

(11) 誕生会に友人をマネく。　青森県　〔　〕

(12) 草木で布をソめる。　宮城県　〔　〕

(13) チーム全体をヒキいる。　群馬県　〔　〕

(14) 記録をチヂめる。　和歌山県　〔　〕

HIGH LEVEL
(15) チームのカナメとなる選手。　大阪府　〔　〕

(16) 信頼(しんらい)関係をキズく。　高知県　〔　〕

(17) 時計のハリが三時を指す。　大阪府　〔　〕

(18) 農業をイトナむ。　富山県　〔　〕

(19) 仲間のハタラきかけに心を動かされる。　秋田県・改　〔　〕

(20) 浜(はま)で貝殻(かいがら)をヒロう。　三重県　〔　〕

(21) 日本の夏はムし暑い。　岐阜県　〔　〕

(22) 毎朝七時にオきる。　大阪府　〔　〕

(23) 素晴(すば)らしい舞台(ぶたい)にムネを打たれる。 静岡県・改 [　　]
(24) 新しい時代のマクが上がる。 徳島県 [　　]
(25) 文化がサカえる。 和歌山県 [　　]
(26) ヒタイの汗(あせ)をぬぐう。 栃木県 [　　]
(27) 共通の知人をカイして知り合う。 21東京都 [　　]
(28) 解決をイソぐ。 石川県 [　　]
(29) 祖父母はマゴの訪問を喜んだ。 長崎県・改 [　　]
(30) かるたのフダを並べる。 山梨県 [　　]
(31) 教室を美しくタモつ。 大阪府 [　　]
(32) マフラーをアむ。 和歌山県 [　　]
(33) 木のミキから枝が伸(の)びる。 岐阜県 [　　]
(34) 海岸にソって歩く。 島根県 [　　]
(35) 毎日カかさず散歩する。 大阪府 [　　]
(36) 紙をヤブる。 島根県 [　　]
(37) 畑をタガヤす。 島根県 [　　]

(38) お年寄りをウヤマう。 宮城県 [　　]
(39) 初日の出をオガむ。 千葉県 [　　]
(40) 進む方向をアヤマり、道に迷った。 北海道 [　　]
(41) ケワしい山道を登って頂上を目指す。 山口県 [　　]
(42) あの人は細かい点にまで目がトドく。 埼玉県 [　　]
(43) 近年の科学技術の進歩はイチジルしい。 大分県 [　　]
(44) 重力にサカらう。 愛媛県・改 [　　]
(45) 私の住む町は起伏(きふく)にトんだ道が多い。 東京都 [　　]
(46) 大きく息をスう。 新潟県 [　　]
正答率 92.8%
(47) 机をナラべる。 徳島県 [　　]
(48) 判断を専門家にユダねる。 三重県 [　　]
(49) 人形をアヤツる。 群馬県 [　　]
(50) 銀行に金をアズける。 石川県 [　　]

2 〈熟語の書き〉

(1) 制度をカイカクする。 山形県 〔　　〕

(2) 限りあるシゲンを活用する。 富山県 〔　　〕

(3) センモン学校に進学する。 和歌山県 〔　　〕

(4) 収穫(しゅうかく)した米をチョゾウする。 岐阜県 〔　　〕

(5) 人口のゾウゲンが目立つ。 茨城県 〔　　〕

(6) 道をオウフクする。 和歌山県 〔　　〕

(7) エイエンに変わらぬ友情。 三重県 〔　　〕

正答率 37%

(8) 食べ物をソマツにしてはいけない。 岩手県 〔　　〕

(9) 豪華(ごうか)客船が世界一周のコウカイに出る。 岩手県 〔　　〕

(10) 父のキョウリは鹿児島県だ。 山口県 〔　　〕

正答率 84.4%

(11) 遊園地の巨大(きょだい)メイロ。 滋賀県 〔　　〕

(12) 台所をセイケツに保つ。 北海道 〔　　〕

(13) タンジュンな構造の玩具(がんぐ)。 群馬県 〔　　〕

(14) バスのテイリュウ所で待つ。 岐阜県 〔　　〕

(15) 売上高が右肩上(みぎかた)がりにスイイする。 千葉県 〔　　〕

(16) 地図でハントウの名前を調べる。 北海道 〔　　〕

正答率 80%

(17) ジュクレンの技に感動する。 山梨県 〔　　〕

(18) 新たに雑誌をソウカンする。 大分県 〔　　〕

(19) 惑星(わくせい)探査機がウチュウを航行する。 23 東京都 〔　　〕

(20) ジュンジョよく並べる。 山梨県 〔　　〕

(21) シャリンの跡(あと)をたどる。 三重県 〔　　〕

(22) ツウカイな冒険(ぼうけん)小説を楽しむ。 岐阜県 〔　　〕

(23) 野山をサンサクする。 石川県 〔　　〕

(24) トウケイ資料をグラフにする。 山形県 〔　　〕

正答率 76.3%

(25) 木造ケンチクの住宅。 滋賀県 〔　　〕

(26) 映画のヒヒョウをする。 千葉県 〔　　〕

(27) シュクフクの気持ちを表す。 岐阜県 〔　　〕

⑿ キチョウな経験をする。 山梨県 〔　〕
⒆ 朝晩のカンダン差が大きい。 徳島県 〔　〕
⒇ 偉大(いだい)なコウセキを残す。 滋賀県 〔　〕

正答率 78.9%

⑶ 荷物をユソウする。 福島県 〔　〕
⑶ できるだけシュッピを抑(おさ)える。 群馬県 〔　〕
⑶ 飛行機をソウジュウする。 岐阜県 〔　〕
⑶ 年功ジョレツの制度。 千葉県 〔　〕
⑶ 飛行機のモケイを組み立てる。 島根県 〔　〕
⑶ フクザツな構造をした時計を直す。 高知県 〔　〕
⑶ ケイカイな音楽に合わせて踊(おど)る。 山梨県 〔　〕
⑶ 国民シュクシャに泊(と)まる。 愛媛県 〔　〕
⑶ 要人をゴエイする。 和歌山県 〔　〕
⒇ 楽器をエンソウする。 沖縄県 〔　〕

⑷ 結果から原因をスイソクする。 宮城県 〔　〕
⑷ キュウキュウ箱を常備する。 大阪府 〔　〕
⑷ セスジを伸(の)ばす。 石川県 〔　〕
⑷ 専門リョウイキを広げる。 大阪府 〔　〕
⑷ 規則をゲンミツに守る。 香川県 〔　〕
⑷ 内容をカンケツにまとめる。 青森県 〔　〕

HIGH LEVEL

⑷ 友だちとダンショウする。 富山県 〔　〕
⑷ 友人を家にショウタイする。 栃木県 〔　〕
⑷ 村に伝わるデントウ行事を受け継(つ)ぐ。 秋田県 〔　〕

正答率 39.2%

⑸ 停電はすぐにフッキュウした。 青森県 〔　〕

3

漢字の読み②

実戦トレーニング

1 〈誤りやすい読み①〉

➡ 解答・解説は別冊5ページ

(1) 冷たい水で**喉**を潤（うるお）す。 静岡県・改 〔　〕

(2) 使者を**遣**わす。 和歌山県 〔　〕

(3) 昔からの**戒**めを守る。 静岡県 〔　〕

(4) **朗**らかに話す。 富山県 〔　〕

(5) 元旦（がんたん）には近くの神社に**詣**でる。 青森県 〔　〕

(6) 観客の応援（おうえん）が熱気を**帯**びる。 新潟県 〔　〕

(7) 国民の期待を**担**う。 鳥取県 〔　〕

(8) 妹は気に入らないことがあるとすぐに**膨**れる。 京都府・改 〔　〕

(9) 予定通りに目的地に**至**る。 大阪府 〔　〕

(10) 急に不安に**襲**われる。 静岡県・改 〔　〕

(11) **熟**れたトマトは甘（あま）い。 滋賀県 〔　〕

(12) 初日の出が**昇**る。 佐賀県・改 〔　〕

(13) 旅行の計画を**練**る。 滋賀県 〔　〕

(14) 街路樹の枝が自転車の通行を**妨**げている。 愛知県 〔　〕

(15) お客様のご意見を**承**る。 滋賀県 〔　〕

(16) 校内に**憩**いの場を作る。 滋賀県 〔　〕

(17) **憧**れを抱（いだ）く。 群馬県 〔　〕

(18) 見事な演技に**喝采**を送る。 山梨県 〔　〕

(19) 彼（かれ）とは**相性**がよい。 和歌山県 〔　〕

(20) **詳細**な報告を受ける。 福島県 〔　〕

(21) 重要な職務を**遂行**する。 鳥取県 〔　〕

(22) **臆病**な性格の犬。 静岡県・改 〔　〕

(23) **清涼**な山の空気。 大阪府 〔　〕

(24) 一点差で**惜敗**した。 大阪府 正答率10.6%
(25) 皆（みな）の前で**宣誓**する。 三重県
(26) **柔和**な人柄（ひとがら）。 和歌山県
(27) 美しい**旋律**が聞こえる。 千葉県 正答率90.4%
(28) **爽快**な気分になる。 栃木県
(29) 生徒会役員を**委嘱**する。 富山県
(30) 一日中、**曇天**だった。 愛媛県
(31) **太古**の人々の暮らし。 21大阪府 正答率75.4%
(32) 農家の庭先で**脱穀**をしている。 21埼玉県
(33) **丹精**こめて咲（さ）かせた花。 青森県 正答率90.3%
(34) 世界最古の**鋳造**貨幣（かへい）を見る。 青森県 正答率27.8%
(35) 神が社（やしろ）に**鎮座**する。 山口県・改
(36) 犠牲者（ぎせいしゃ）を**追悼**する。 和歌山県
(37) 名画を見て**衝撃**を受ける。 岐阜県

(38) **素朴**な疑問をもつ。 山梨県
(39) 発想を柔軟（じゅうなん）に**転換**する。 岡山県・改
(40) **為替**相場が変動する要因を考えてみる。 鳥取県
(41) ヨーロッパへ**渡航**する。 愛媛県
(42) 色彩（しきさい）が**微妙**に変化する。 岐阜県
(43) **唐突**に意見を求められて戸惑（とまど）う。 長崎県・改
(44) 資料を**閲覧**する。 群馬県
(45) 古民家の奥（おく）の**座敷**に通される。 兵庫県・改
(46) **道端**に咲く花に目を留める。 兵庫県・改
(47) **仰天**の結末を迎（むか）える。 和歌山県
(48) エジプト文明が**隆盛**を極める。 18埼玉県
(49) 野菜からビタミンを**摂取**する。 宮崎県・改
(50) 大木の根元が**空洞**になっている。 静岡県・改

2 〈誤りやすい読み②〉

正答率 78.2%

(1) **固唾**をのんで見守る。 鹿児島県 〔　〕
(2) 傘(かさ)をさした**途端**に雨がやんだ。 熊本県 〔　〕
(3) 世の中の動きに**鋭敏**な社会学者。 千葉県 〔　〕
(4) 海外の**舞踏**を習う。 群馬県 〔　〕
(5) 天井(てんじょう)の低い**家屋**。 茨城県・改 〔　〕
(6) 花の**芳香**が部屋に漂(ただよ)う。 大阪府 〔　〕
(7) 論理の**矛盾**を指摘(してき)される。 宮崎県 〔　〕
(8) 庭園の**外灯**に紅葉が照らされる。 岩手県 〔　〕
(9) **優雅**な音楽を聴(き)く。 富山県 〔　〕
(10) 議論が**紛糾**して会議が長引く。 大阪府 〔　〕
(11) **顕著**な効果が見られる。 山梨県 〔　〕
(12) **利己**的な発想では周囲の同意を得られない。 長崎県・改 〔　〕

正答率 85.0%

(13) これはあくまでも**暫定**的な計画である。 千葉県 〔　〕
(14) あの神社の**境内**には大きな木がある。 山口県 〔　〕
(15) ペットの猫(ねこ)を**溺愛**する。 山梨県 〔　〕
(16) 選手を**激励**する。 三重県 〔　〕
(17) 作品に**意匠**を凝(こ)らした。 岐阜県 〔　〕
(18) **閑静**な住宅地に住む。 滋賀県 〔　〕
(19) **勇敢**に立ち向かう。 大阪府 〔　〕
(20) **圧巻**の演技だ。 富山県 〔　〕
(21) **至福**の時間を過ごす。 和歌山県 〔　〕
(22) **緩急**自在に球をあやつる。 岩手県 〔　〕
(23) 仲間と**親睦**を深める。 山梨県 〔　〕
(24) 塗装(とそう)が**剥離**する。 愛媛県 〔　〕
(25) お金の**出納**を記録する。 山口県 〔　〕
(26) **煩雑**な手抜き。 愛媛県 〔　〕

(27) 室内を**装飾**する。 富山県 〔　　〕

(28) **稚拙**な文章。 栃木県 〔　　〕

(29) 交渉(こうしょう)が**円滑**に進む。 山梨県 〔　　〕

(30) 心の**葛藤**に苦しむ。 愛媛県 〔　　〕

(31) **緩衝**地帯を通過する。 神奈川県 〔　　〕

(32) シートベルトを**装着**する。 福岡県・改 〔　　〕

(33) **便宜**的な表現を用いる。 長崎県・改 〔　　〕

(34) 博物館で**剥製**を見る。 青森県 〔　　〕

(35) 友人の才能に**嫉妬**する。 鹿児島県 〔　　〕

(36) オリンピックを**招致**する。 鹿児島県 〔　　〕

(37) 伝統や文化を**継承**する。 秋田県・改 〔　　〕

(38) 飛行機が**旋回**する。 和歌山県 〔　　〕

(39) 水草が**繁茂**する。 山梨県 〔　　〕

(40) 物語の**梗概**を話す。 愛媛県 〔　　〕

(41) **光沢**のある素材を選ぶ。 滋賀県 〔　　〕

(42) 人間性を**陶冶**する。 千葉県 〔　　〕

(43) **悠然**とたたずむ。 福島県 〔　　〕

(44) 大臣を**罷免**する。 神奈川県 〔　　〕

(45) 昔の**名残**をとどめる古戦場。 兵庫県・改 〔　　〕

(46) 駐車場(ちゅうしゃじょう)の**有無**を電話で問い合わせる。 佐賀県・改 〔　　〕

(47) 世界平和を**祈念**する。 和歌山県 〔　　〕

4 漢字の書き②

出題率 78%

実戦トレーニング

解答・解説は別冊7ページ

1 〈同音異字〉

(1) ハチクの勢いで、試合を勝ち進む。 愛媛県 [ ]

(2) 大会での連覇(れんぱ)というシナンのわざを成し遂(と)げた。 千葉県 [ ]

(3) 参加人数にセイゲンを設ける。 岡山県・改 [ ]

(4) 月は地球のエイセイだ。 茨城県 [ ]

(5) セキニンのある仕事。 和歌山県 [ ]

(6) 社会のフウチョウを反映する。 鹿児島県 [ ]

(7) 講師の先生にシャジを述べる。 富山県 [ ]

(8) 決勝でシュクメイの相手と対戦する。 22東京都 [ ]

(9) 庭に桜をショクジュする。 岐阜県 [ ]

(10) 危険をケイコクする信号。 鹿児島県 [ ]

(11) 読まなくなった本を整理し、棚(たな)にシュウノウした。 愛知県 [ ]

(12) セイミツな機械を製造する。 新潟県 [ ]

(13) ヨウサン農家が桑(くわ)を栽培(さいばい)する。 愛媛県 [ ]

(14) 百年を超えるわが校のエンカクを紹介する。 千葉県 [ ]

(15) コンザツを避(さ)ける。 富山県 [ ]

(16) 船がギョコウに着く。 栃木県 [ ]

(17) コンサート会場でピアノのドクソウを聴(き)く。 21東京都 [ ]

(18) ヨビの機材を用意する。 静岡県・改 [ ]

(19) 重要なニンムを受け持つ。 千葉県 [ ] 正答率 75.3%

(20) 店舗(てんぽ)をカクチョウする。 滋賀県 [ ]

(21) ハクラン強記の人物に教えてもらう。 千葉県 [ ] 正答率 26.2%

(22) ヒョウジュンの記録を上回る。 三重県 [　　]

(23) 学校全体でごみのゲンリョウに取り組む。 福島県 [　　]

(24) 幼い妹たちの言い争いをチュウサイする。 18東京都 [　　]

(25) 新しい説をテイショウする。 愛媛県 [　　]

(26) 新商品をセンデンする。 佐賀県・改 [　　]

(27) ベンロン大会で優勝する。 滋賀県 [　　]

(28) 福祉政策のあり方についてキョウギをすすめる。 愛知県 [　　]

(29) 荷物をユソウする。 福島県 [　　]

(30) 市内をジュウダンする地下鉄。 21埼玉県 [　　]

(31) 作業のコウリツを高める。 新潟県 [　　]

(32) 窓には、通風やサイコウの役割がある。 愛知県 [　　]

(33) 芸術家のソシツがある。 青森県 [　　]

(34) 政治的なロンソウが起こる。 京都府・改 [　　]

(35) 国王へのチュウセイを誓(ちか)う。 青森県 [　　]

(36) 地図をシュクショウして印刷する。 山口県 [　　]

(37) 難しい状況(じょうきょう)をダハする。 大阪府 [　　]

正答率 14.4%

(38) 新企画(きかく)をゴクヒのうちに進める。 青森県 [　　]

(39) 両者はミッセツな関わりがある。 岩手県・改 [　　]

(40) 身元をホショウする。 岩手県・改 [　　]

(41) 家庭ホウモンをする。 鳥取県 [　　]

(42) 前の試合のハンセイを生かす。 宮城県 [　　]

(43) 天気は一転してカイセイとなった。 山口県 [　　]

(44) この辺りは日本有数のコクソウ地帯だ。 青森県 [　　]

正答率 38.8%

(45) 弟のかぜが治るまでカンビョウする。 大阪府 [　　]

2 〈同訓異字〉

(1) 彼（かれ）にとって、その問題を解決することはヤサしい。 21埼玉県 〔　　〕

(2) 地元の企業（きぎょう）にツトめる。 福島県 〔　　〕

(3) 厳しい態度でノゾむ。 滋賀県 〔　　〕

(4) 税金をオサめる。 神奈川県 〔　　〕

(5) 的をイた質問をする。 山梨県 〔　　〕

(6) 水槽（すいそう）でメダカをカう。 愛媛県 〔　　〕

(7) きつい練習にもネをあげることはない。 青森県 〔　　〕

(8) 多くの人の意見を聞くようツトめる。 佐賀県 〔　　〕

(9) 顔がニている。 和歌山県 〔　　〕

(10) イても立ってもいられない。 宮崎県・改 〔　　〕

3 〈書き誤りやすい漢字〉

(1) ランザツにメモを取る。 広島県・改 〔　　〕

(2) 顕微鏡（けんびきょう）のバイリツを上げる。 山梨県 〔　　〕

(3) 演奏をロクオンする。 富山県 〔　　〕

(4) 地域のコンカンをなす産業。 秋田県・改 〔　　〕

(5) 優勝コウホの筆頭。 山形県 〔　　〕

(6) 会場をセツエイする。 山形県 〔　　〕

(7) 知り合ってまだ日がアサい。 千葉県 〔　　〕

(8) 雨で試合がジュンエンになった。 群馬県 〔　　〕

(9) 富士山にトウチョウする。 愛媛県 〔　　〕

(10) 彼はA社とセンゾク契約しているスポーツ選手だ。 大分県 〔　　〕

(11) コナグスリを飲む。 鹿児島県 〔　　〕

4 〈送り仮名を誤りやすい漢字〉

――線部を漢字と送り仮名で書きなさい。

(1) 帰宅すると愛犬がいきおいよく駆け寄ってきた。 21東京都・改 〔　　〕

(2) いさましい姿に感動する。 愛媛県・改 〔　　〕

(3) 友人の話をうたがう。 大阪府・改 〔　　〕

(4) おさない妹の面倒を見る。 岩手県・改 〔　　〕

(5) 実験をこころみる。 新潟県・改 〔　　〕

(6) こころよく引き受ける。 大阪府・改 〔　　〕

(7) 親に荷物をあずける。 福島県・改 〔　　〕

(8) 氷をこまかく砕く。 新潟県・改 〔　　〕

(9) 屋根をささえる柱。 大阪府・改 〔　　〕

(10) 保育園で園児たちのすこやかな寝顔を眺めて気持ちが和む。 22東京都・改 〔　　〕

(11) 時間になればすみやかに移動しなさい。 山口県・改 〔　　〕

(12) 計画をただちに実行する。 大阪府・改 〔　　〕

(13) 有効なはたらきを調べる。 秋田県・改 〔　　〕

(14) 研究のためにむずかしい論文を読む。 22東京都・改 〔　　〕

(15) 綿密な準備が計画を成功にみちびく。 山梨県・改 〔　　〕

(16) 説明を図解でおぎなう。 三重県・改 〔　　〕

(17) 解答時間は一時間にかぎる。 岡山県・改 〔　　〕

(18) 誘いをことわる。 群馬県・改 〔　　〕

(19) どうしたらよいかわからず、こまる。 長崎県・改 〔　　〕

(20) お茶をさましてから飲む。 栃木県・改 〔　　〕

5 語句の意味

出題率 34%

1 多義語

複数の意味をもつ多義語の意味は、文脈で判断する。

明るい

部屋が**明るい**。（光が十分にある。）
性格が**明るい**。（朗らかだ。）
明るい未来。（希望や期待がもてる。）
明るい選挙。（やましいところがない。）
明るい青。（色が鮮明だ。くすみがない。）
地元の地理に**明るい**。（ある物事について、よく知っている。）

CHECK! 入試に出る多義語
明るい
やわらかだ
見る
うかがう

2 心情を表す語句

慣用的な表現のうち、心情を表す語句の意味・使い方は正確に押さえておく。

例

合格の知らせに**小躍り**する。（うれしくて躍り上がる。）
うそがばれて**ばつが悪い**。（きまりが悪い。恥ずかしい。）
歯がゆい思いをする。（思うようにならず、じれったい。）
おつかいを頼まれ、**渋々**出かけた。（いやいやながら。）
誇らしげに周囲を見渡す。（得意そうな様子。）
我が子が**いとおしい**。（このうえなくかわいい。）

3 難しい和語

文章表現の中でしばしば使われる、意味の難しい和語に注目し、意味がわからないものはこまめに調べて覚えておく。

例

あたかも知っているかのような顔をする。（まるで。）
かろうじてテストに合格した。（やっとのことで。なんとか。）
春たけなわの山里を散策する。（まっさかり。）
いたずらに時間を過ごす。（むだに。）
セーターを重ね着して寒さを**しのぐ**。（我慢して切り抜ける。）
休日は**もっぱら**読書をして過ごす。（そればかりして。ひたすら。）
それはいずれ、**おのずから**わかる。（自然に。ひとりでに。）

4 難しい慣用的な表現

慣用的な表現のうち、意味の難しいものに注目し、意味がわからないものはこまめに調べて覚えておく。

例

海外旅行で円高の**おかげをこうむる**。（恵みや利益を受ける。）
のっぴきならぬ事情で、欠席する。（避けることのできない。）
切羽詰まって、徹夜で勉強する。（追いつめられて。）
試合の後半に入り、**旗色が悪くなる**。（戦いの形勢が不利になる。）
台風で**やむにやまれず**引き返す。（しかたなく。）
煎じ詰めれば、両者の主張は同じだ。（行き着くところまで考えれば。）

入試データ　意味の選択問題や、空欄補充問題などの形で出題されることが多い。

実戦トレーニング

➡解答・解説は別冊9ページ

1 お急ぎ！ 正答率25%

次の――線部の言葉の意味を、それぞれ後から一つ選び、記号で答えなさい。 ↳3

(1) にわかには理解できない発言 岩手県 [　]
ア 簡単に
イ 明確に
ウ 自然に
エ 即座（そくざ）に

(2) ピアノの前におもむろに腰（こし）を掛（か）ける 香川県 [　]
ア 慌（あわ）ただしく
イ 落ち着いて
ウ 形式ばって
エ 上品ぶって

(3) 心なしか表情が冴（さ）えない 宮崎県 [　]
ア 気のせいかもしれないが
イ 意外だが
ウ 思ったとおりではあるが
エ 不本意だが

(4) 周りの大人たちがどよめく 大阪府 [　]
ア てきぱきと動く
イ ざわざわと騒（さわ）ぐ
ウ ひそひそと話す

(5) 人間の身体とは似ても似つかない 熊本県 [　]
ア 全く似ていない
イ あまり似ていない
ウ 似ているところもある
エ よく似ている
オ 似つかわしい

(6) まったく世の中はままならない 京都府 [　]
ア 責任が取れない
イ いつも変わらない
ウ 心が休まらない
エ 思い通りにいかない

(7) 緊張（きんちょう）と気後れで背中が丸まりかける 山梨県 [　]
ア 迷うこと
イ 後悔（こうかい）すること
ウ ひるむこと
エ あきらめること

(8) しげしげと観察しはじめた 佐賀県 [　]
ア 何となく漠然（ばくぜん）と眺（なが）めるさま
イ 目をこらしてよく見るさま
ウ いとおしい眼差（まなざ）しを送るさま
エ 客観的な視点で分析（ぶんせき）するさま

2

次の文の――線部の言葉の意味を、後からそれぞれ選び、記号で答えなさい。↱4

(1) 下校中に弟が事故に遭ったと、病院から連絡を受けた母は、血相を変えて家を飛び出した。 北海道・改

ア さっそうと
イ 激怒して
ウ 機嫌をそこねて
エ 慌てて

［　　］

(2) 自分の発言の後、会議の場が静まり返ってしまった。気詰まりになって逃げ出したくなる。 沖縄県・改

ア 驚き緊張して
イ 追い詰められて
ウ 窮屈に感じて
エ 憂鬱になって

［　　］

(3) 多くは語らないが、ぶれることなく自分のすべきことを貫く彼の姿勢は、その意志の強さを浮き彫りにすることとなった。 京都府・改

ア 新たにする
イ 目立たせる
ウ 華やかにする
エ ゆがませる

［　　］

3

「月並みな」と同じ意味をもつ言葉として適切なものを次から一つ選び、記号で答えなさい。 愛媛県

ア 上品な
イ 稚拙な
ウ 平凡な
エ 容易な

［　　］

4

お急ぎ！ 正答率85.1%

次の文の――線部と同じ意味で使われているものを、後からそれぞれ選び、記号で答えなさい。↱1

(1) 説明の要点をノートに控える。 新潟県

ア 大切な打ち合わせを明日に控える。
イ 宿泊する施設の電話番号を控える。
ウ 出演の時間まで、ステージの裏で控える。
エ 気温が高いので、屋外での運動を控える。

［　　］

(2) 先輩からクラブの活動方針をうかがう。 和歌山県

ア 相手の顔色をうかがう。
イ 先生のお話をうかがう。
ウ 先生のお宅にうかがう。
エ ひそかに好機をうかがう。

［　　］

5

HIGH LEVEL

次の言葉と同じ、もしくは似た意味の熟語として適切なものを、後からそれぞれ選び、記号で答えなさい。

(1) キリがない 石川県

ア 無類
イ 不明
ウ 無限
エ 不可

［　　］

(2) 反旗を翻す　沖縄県

ア 従順　イ 抵抗
ウ 降伏　エ 協調　［　　］

6

「打てば響く」と似た意味の慣用句として適切なものを次から一つ選び、記号で答えなさい。4　沖縄県

ア 襟を正す　イ 気が引ける
ウ 高をくくる　エ 間髪を容れず　［　　］

7

「眉をひそめた」とは、どのような動作のことか。次に合う形で答えなさい。2　富山県

● 眉の間に［　　　　］こと。

8 お急ぎ！

次の文の□に当てはまる言葉として適切なものを後からそれぞれ選び、記号で答えなさい。3

(1) ① 彼の言わんとすることは、不明瞭きわまりなかった。話を聞いた教授は、□眉根を寄せた。

② 慎重な彼女は、相手にどのように自分の考えを伝えるか、□考えてから返答した。　愛知県・改

ア いたずらに　イ いぶかしげに
ウ うっかりと　エ こっそりと
オ しなやかに　カ とっくりと

①［　　］　②［　　］

(2) 店頭で礼を欠いた扱いを受けたと、客が□。　宮崎県・改

ア 茶化す　イ いきり立つ
ウ ひるむ　エ もてはやす　［　　］

9

次の文の□に当てはまる言葉として適切なものを後から一つ選び、記号で答えなさい。　愛知県

● すばらしい演奏を聴き、感動の余韻に□。

ア 沈む　イ 浸る
ウ 注ぐ　エ 浮かぶ　［　　］

10

次の文の□に当てはまる表現として適切なものを後からそれぞれ選び、記号で答えなさい。　北海道

(1) 縄跳びの難しい技を披露した彼は、□。

ア 所在ない
イ 根も葉もない
ウ 隅に置けない
エ 身もふたもない　［　　］

(2) □板についてきた。

ア 入学したばかりのため、制服姿が
イ 入社して一年が経ち、接客の仕方が
ウ 長年使い続けている、油絵の道具が
エ 来日して間もないので、日本語での会話が　［　　］

6 熟語の知識

出題率 34%

1 二字熟語の構成

二字熟語の構成は、可能なものは**訓読み**して意味のつながりを確かめる。

① 上と下が似た意味になる関係　勤務…勤める＝務める　例 減少 温暖 道路

② 上と下が反対（対）になる関係　軽重…軽い↔重い　例 進退 善悪 縦横

③ 上が主語、下が述語になる関係　頭痛…頭が→痛い　例 日没 市営 人造

④ 上が下を修飾する関係　海底…海の→底　例 親友 大河 急増

⑤ 下が上の目的・対象になる関係　帰国…帰る←国に　例 消火 登山 失礼

⑥ 上が下の意味を打ち消す関係　無害…無→害　例 不安 未知 非常

2 三字熟語・四字熟語の構成

三字以上の熟語の構成は、**一字の語と二字熟語を基本にして捉える。**

◉三字熟語

① 一字＋一字＋一字　松｜竹｜梅（三字が対等の関係）

② 一字＋二字熟語　新｜発明（上が下を修飾する関係）

③ 二字熟語＋一字　発表｜会（上が下を修飾する関係）

◉四字熟語

① 一字＋一字＋一字＋一字　起｜承｜転｜結（四字が対等の関係）

② 二字＋二字　半信｜半疑（上と下が反対になる関係）

③ 一字＋三字　大｜運動会（上が下を修飾する関係）

3 対義語

対義語は、主に二字熟語のものを、次のように分類して覚える。

① 一字が対立、一字が共通　直接↔間接　主観↔客観

② 二字がそれぞれ対立　生存↔死亡　拡大↔縮小

③ 全体で対立している　権利↔義務　生産↔消費

④ 否定の接頭語が付く　幸運↔不運　既定↔未定

入試データ　読解問題の文章中などで、主に二字熟語の構成を問われることが多い。

実戦トレーニング

➡ 解答・解説は別冊10ページ

1 お急ぎ！

(1)「永遠」の熟語の成り立ち（構成）を説明したものとして適切なものをⅠ群から一つ選び、記号で答えなさい。(2)また、「永遠」と同じ構成の熟語として適切なものをⅡ群から一つ選び、記号で答えなさい。1 京都府

Ⅰ群

ア 上の漢字が下の漢字を修飾（しゅうしょく）している。

イ 上の漢字と下の漢字の意味が対になっている。

ウ 上の漢字と下の漢字が似た意味を持っている。

エ 上の漢字と下の漢字が主語・述語の関係になっている。

Ⅱ群

ア 雷鳴（らいめい）　イ 速報　ウ 利害　エ 衣服

(1)［　　］ (2)［　　］

(2) 体型

ア 日没（にちぼつ）　イ 和食　ウ 前後

エ 洗顔　オ 停止

［　　］ 三重県

(3) 増加　正答率 83.5%

ア 未定　イ 前後

ウ 着席　エ 豊富

［　　］ 栃木県

(4) 柔軟（じゅうなん）

ア 年少　イ 深海　ウ 虚実（きょじつ）

エ 作文　オ 競争

［　　］ 熊本県

(5) 写真

ア 花束　イ 保温

ウ 救助　エ 日没

［　　］ 山口県

(6) 新鮮（しんせん）

ア 攻防（こうぼう）　イ 不振（ふしん）

ウ 洗車　エ 到達（とうたつ）

［　　］ 広島県

(7) 相互（そうご）

ア 就職　イ 歓喜（かんき）

ウ 必要　エ 温泉

［　　］ 香川県

2

次の熟語と、熟語の組み立てが同じものを、後からそれぞれ選び、記号で答えなさい。1 山形県

(1) 場所

ア 樹木　イ 最高　ウ 善悪

エ 頭痛　オ 洗顔

［　　］

3

次のア～オの熟語のうち、熟語の構成が他と異なるものを一つ選び、記号で答えなさい。1 福島県

ア 両者　イ 語源　ウ 思想

エ 一端（いったん）　オ 他方

［　　］

4

「握手（あくしゅ）」という熟語の構成の説明として適切なものを、次から一つ選び、記号で答えなさい。↱1　茨城県

ア　二字が似た意味の漢字を重ねたもの。
イ　二字が対になる漢字を組み合わせたもの。
ウ　上の漢字が下の漢字を修飾（しゅうしょく）しているもの。
エ　下の漢字が上の漢字の目的や対象を示すもの。
オ　主語と述語の関係にあるもの。

［　　］

5

お急ぎ！

次の□に共通して当てはまる語を後から一つ選び、記号で答えなさい。↱2　宮城県

●□許可　●□作為（さくい）　●□頓着（とんちゃく）

ア　未　イ　非　ウ　不　エ　無　［　　］

6

次の四字熟語について、――線部の平仮名（ひらがな）に当たる漢字として適切なものを、それぞれ後から選び、記号で答えなさい。　群馬県

(1)　意味しん長
ア　心　イ　深　ウ　身　エ　伸　［　　］

(2)　五里む中
ア　六　イ　無　ウ　夢　エ　霧　［　　］

7

次の四字熟語について、――線部の片仮名（かたかな）を漢字に改めたとき、他と異なる漢字になるものを一つ選び、記号で答えなさい。　山口県

ア　タイ器晩成　イ　タイ願成就（じょうじゅ）
ウ　タイ義名分　エ　タイ然自若（じじゃく）　［　　］

8

「洗いざらい」という言葉と同様の意味をもつ四字熟語として適切なものを、次から一つ選び、記号で答えなさい。　長野県

ア　単刀直入　イ　一部始終
ウ　清廉潔白（せいれんけっぱく）　エ　徹頭徹尾（てっとうてつび）　［　　］

9

次の文中の〔　A　〕に当てはまる適切な言葉を、後から一つ選び、記号で答えなさい。　愛知県

●　科学技術は〔　A　〕の発展を続けている。

ア　東奔西走（とうほんせいそう）　イ　不易流行
ウ　一触即発（いっしょくそくはつ）　エ　日進月歩　［　　］

10

「多種多様」と同じ意味を表す四字熟語を、次から一つ選び、記号で答えなさい。　秋田県

ア　大同小異　イ　千差万別
ウ　花鳥風月　エ　適材適所　［　　］

11

次は、スローガンの案である。四字熟語の本来の意味とスローガンに込めた思いが合致していないものを、次から一つ選び、記号で答えなさい。 大分県・改

	スローガン	スローガンに込めた思い
ア	一致団結	委員会の仲間やそれ以外の生徒とも目標を達成するために全員が協力する。
イ	一挙両得	一つのことを成し遂げるため、お互いの得意分野を生かしながら物事に取り組む。
ウ	切磋琢磨	活動の成功に向け、他の委員会生徒とも励まし合ったり競い合ったりしながら努力する。
エ	勇猛果敢	目標を達成するために、失敗を恐れずさまざまな活動に思い切って取り組む。

［　　］

12

正答率 74.1%

「千差万別」という四字熟語と似た意味をもつ四字熟語として適切なものを次から一つ選び、記号で答えなさい。 神奈川県

ア 一石二鳥　イ 三寒四温
ウ 十人十色　エ 千載一遇

［　　］

13 お急ぎ！

「進化」の対義語を漢字二字で書きなさい。 3 沖縄県

［　　］

14

次の文の□には「慎重」の対義語が入る。その対義語を二字の熟語で答えなさい。 山口県

● よく考えて、□に判断しないように気をつけよう。

［　　］

15 HIGH LEVEL

次の文中の——線部と＝＝線部とが反対の意味になるように、後のア～オの漢字を組み合わせてそれぞれ二字の熟語を作ります。このとき、□に使わない漢字を一つ選び、記号で答えなさい。ただし、同じ漢字は一度しか用いないものとします。 3 22埼玉県

> あまり深く考えずに判断してしまうといった□□な行動をやめ、□□に構えて物事にじっくりと取り組むことが、今後の課題です。

ア 重　イ 審　ウ 率
エ 慎　オ 軽

［　　］

7 語句の知識

出題率 31%

1 慣用句

二つ以上の言葉が組み合わさって、ある決まった意味を表すもの。

●人体に関する慣用句

例
- 顔がきく（信用があって相手に無理が言える。）　目もくれない（見向きもしない。）
- 鼻であしらう（冷淡に応対する。）　歯に衣を着せない（遠慮せずはっきり言う。）
- 手を焼く（てこずる。）　揚げ足を取る（言葉尻などをとらえて、からかったりする。）
- 腹を割る（本心を打ち明ける。）　胸がすく（気分がすっきりする。）

●動植物に関する慣用句

例
- すずめの涙（非常にわずかなこと。）　袋のねずみ（追い詰められて逃げ道がないこと。）
- 猫の額（場所が狭いこと。）　根も葉もない（何の根拠もなくてでたらめである。）
- 青菜に塩（すっかり元気がなくなること。）　花を持たせる（人に勝利や名誉を譲る。）

●その他の慣用句

例
- 機が熟す（よい時期になる。）　板に付く（仕事や役柄がその人にぴったり合う。）
- 高をくくる（大したことはないと見くびる。）　固唾をのむ（はらはらしながら見守る。）
- 寝耳に水（思いがけないことに驚く。）　横車を押す（道理に合わないことを押し通す。）

2 ことわざ

昔から言い習わされてきた言葉で、批評や風刺、教訓や生活の知恵を含むもの。

●似た意味をもつことわざ

例
- ぬかに釘 ＝ のれんに腕押し ＝ 豆腐にかすがい（手ごたえがない。）
- 弘法にも筆の誤り ＝ 猿も木から落ちる ＝ 河童の川流れ ＝ 上手の手から水が漏る（上手な人も失敗することがある。）
- 泣き面に蜂 ＝ 弱り目に祟り目（不運に不運が重なること。）
- 歳月人を待たず ＝ 光陰矢のごとし（月日のたつのは早い。）
- 石の上にも三年 ＝ 雨垂れ石を穿つ（辛抱強く我慢して続ければ、やがて大きな成果が表れること。）

●反対の意味をもつことわざ

例
- 立つ鳥跡を濁さず（立ち去るときは見苦しくないようにするべきだ。）
  ↕ 後は野となれ山となれ（目先のことが済めば、あとはどうなっても構わない。）
- 渡る世間に鬼はない（無情な世の中にも、情け深い親切な人はいるものだ。）
  ↕ 人を見たら泥棒と思え（人を軽々しく信用してはならない。）

3 故事成語

主に中国に昔から伝わる、いわれのある事柄からできたもの。

例
- 杞憂（取り越し苦労）　蛍雪の功（大変な苦労をして学問に励んだ成果。）
- 他山の石（自分の人格を磨くのに役立つ材料となる、他人のつまらない言動。）
- 塞翁が馬（人の幸不幸は予測することができないということ。）
- 覆水盆に返らず（一度したことは取り返しがつかないということ。）

入試データ　空欄補充問題や、意味を問う問題などが出題されやすい。

実戦トレーニング

解答・解説は別冊11ページ

1 「□ごなし」が、「相手の言い分をよく聞かず、最初から一方的にものを言うこと」の意味の言葉になるように、□に当てはまる体の一部を表す漢字を一字で書きなさい。 1 〔愛媛県〕

［　　］

2 正答率33.5% 次の□に共通して当てはまる言葉を後から一つ選び、記号で答えなさい。 1 〔宮城県〕

●□が回る　●□先三寸　●□の根の乾（かわ）かぬうち

ア 首　イ 目
ウ 口　エ 舌

［　　］

3 次の文の――線部が慣用句となるように、□に当てはまる言葉を後からそれぞれ選び、記号で答えなさい。 1 〔三重県〕

(1) □を冷やして考える。

ア 目　イ 肩（かた）
ウ 頭　エ 顔

［　　］

(2) 彼（かれ）の演技も、□についてきた。

ア 板　イ 石
ウ 根　エ 鉄

［　　］

4 お急ぎ！ 次の言葉の意味として適切なものを後からそれぞれ選び、記号で答えなさい。 1

(1) 面食らって 〔兵庫県〕

ア 恥（はじ）を忍（しの）んで　イ 恐（おそ）れおののいて
ウ 我を忘れて　エ 驚（おどろ）きとまどって

［　　］

(2) 舌を巻く 〔熊本県〕

ア 憤慨（ふんがい）する　イ 驚嘆（きょうたん）する　ウ 動揺（どうよう）する
エ 緊張（きんちょう）する　オ 自嘲（じちょう）する

［　　］

(3) 息をのむ 〔山形県〕

ア 驚いて息を止める
イ 緊張して息が苦しくなる
ウ 怒（いか）りで息が荒（あら）くなる
エ 感動して息を吐（は）き出す

［　　］

(4) 途方（とほう）に暮れた 〔大阪府〕

ア 今後の方針について深く考えた
イ 時間が経（た）つのも忘れて熱中した
ウ 思いもよらず気持ちが高ぶった
エ どうしていいかわからず困った

［　　］

5 「十分な結果として現れた」を簡潔に表すために、慣用句を使った表現にしたい。これとほぼ同じ意味を表すように、次の□に適切な漢字一字を入れて、慣用句を使った表現を完成させなさい。 1 〔静岡県〕

● □を結んだ

［　　］

6

次の□に共通して当てはまる言葉を漢字一字で書きなさい。 1

(1) □を貸す・馬□東風・寝□に水 岩手県 [　　]

(2) ●私たちは、去年の優勝チームに□を借りるつもりでぶつかった。
●友人に悩みを打ち明けて、□のつかえがおりた。 北海道 [　　]

7

「自ら世話をして大切に育てた」を、同じ意味の慣用句で書き改めることにした。その言葉として適切なものを次から一つ選び、記号で答えなさい。 1 高知県

ア 手塩にかけた　イ 汗水たらした
ウ 恩に着せた　エ 腕をふるった

[　　]

8 お急ぎ！ 正答率97.9%

次の各文の――線をつけた慣用句の中で、使い方が正しくないものを一つ選び、記号で答えなさい。 1 福島県

ア 先輩からかけられた言葉を心に刻む。
イ 現実の厳しさを知り襟を正す。
ウ 彼の日々の努力には頭が下がる。
エ 大切な思い出を棚に上げる。
オ 研究の成果が認められ胸を張る。

[　　]

9 お急ぎ！

次のことわざのうち、「名人・達人でも時には失敗すること」という意味をもつものを全て選び、記号で答えなさい。 2 鳥取県

ア 河童の川流れ
イ 馬の耳に念仏
ウ 鬼の目にも涙
エ 弘法にも筆の誤り
オ 猿も木から落ちる

[　　]

10

次の慣用句・ことわざのうち、□に当てはまる言葉が他の三つと異なるものを一つ選び、記号で答えなさい。なお、【　】の中の説明は、それぞれの慣用句・ことわざの意味を表す。 1・2 和歌山県

ア □も杓子も【何もかも。誰も彼も。】
イ □がいい【自分のことだけを考えて図々しいこと。】
ウ □に小判【価値あるものを与えても、何の反応も効果もないこと。】
エ □の額【面積が非常に狭いこと。】

[　　]

11

次の文の□に入れるのに適切な言葉を後から一つ選び、記号で答えなさい。 2 大阪府

● □鳥跡を濁さずという言葉があるように、卒業式の前に教室をきれいに掃除した。

ア 食う　イ 立つ
ウ 鳴く

［　　］

12

次の、シェフの森さんへのインタビューの一部を読んで、［　］に当てはまる言葉として適切なものを後から一つ選び、記号で答えなさい。↪2（宮城県・改）

Aさん　イタリアに行っていたのですね。イタリアでの修業はどうでしたか。
森さん　大変でした。言葉があまりわからない状態で行ったので、日常生活を送るのでさえ、とても苦労しました。また、初めの頃は皿洗いばかりでしたし、ようやく料理を作らせてもらえるようになっても、何度も失敗を繰り返して、途中で投げ出したくなったこともありました。しかし、辛抱強く続けていくうちに少しずつ技術が上達し、最終的には、イタリアの人々に認めてもらうことができました。ことわざで言えば「［　］」ですね。イタリアでの経験は私の宝物です。
Aさん　諦めずに努力し続けたからこそ、目標を達成することができたのですね。

ア 石の上にも三年
イ 一を聞いて十を知る
ウ のれんに腕押し
エ 立て板に水

［　　］

13 HIGH LEVEL

次の対話の［　］に当てはまる言葉として適切なものを後からそれぞれ選び、記号で答えなさい。↪1・3（群馬県）

(1)
Aさん　最優秀賞は彼女だったんだね。これで彼女がプロとしてデビューするのは間違いないね。
Bさん　そうだね。この賞はプロへの［　］と呼ばれているからね。

ア 登竜門　イ 金字塔
ウ 漁夫の利　エ 背水の陣

［　　］

(2)
生　徒　今日まで一生懸命練習してきましたが、明日の試合はやはり不安です。
コーチ　大丈夫だよ。これだけ練習したんだもの。間違いなく勝てるさ。私が［　］よ。

ア 油を売る　イ 肩を並べる
ウ 太鼓判を押す　エ 手塩にかける

［　　］

8 漢字の知識

出題率 31%

1 画数

折れる線や曲がる線を含む場合、特に注意する。

●一画で書くもの

- ⺃…例 医・直　乛…例 及・扱
- 𠃌…例 与・考　𡿨…例 女・母

●二画で書くもの

- 几（丿几）例 机・凡　了（乛了）例 了・承
- 𠂆（丿𠂆）例 近・斥　卩（㇆卩）例 卸・印

●三画で書くもの

- 己（㇆コ己）例 己・巻　弓（㇆コ弓）例 引・弾
- 辶（丶㇋辶）例 逃・過　廴（㇇㇋廴）例 庭・廷
- 幺（𠃋幺幺）例 幼・紹　阝（㇇㇋阝）例 防・郎

CHECK! 楷書と行書で画数が異なることがある。

禾 5画　禾（行書）4画

2 筆順

●二大原則

① 上から下へ……丶 亠 亠 言 言 言 言

② 左から右へ……丿 丿 丿 州 州 州

●七つの原則

① 横画が先〔縦横の画が交わるとき〕…例 一 十 土 （例外―田〈冂 冂 田〉・由）

② 中央が先〔中と左右に分かれるとき〕…例 亅 小 小 （例外―火〈丶 丷 火〉）

③ 外側が先〔中の点画を外から囲むとき〕…例 丨 冂 回 回 （例外―区〈一 又 区〉）

④ 左払いが先〔左右に払う画が交わるとき〕…例 丶 亠 文

⑤ 貫く縦画や横画は最後…例 丨 口 日 申　例 𠃋 𠘨 母 母

⑥ 左払いが短く横画が長いものは、左払いが先…例 ノ ナ 右

⑦ 左払いが長く横画が短いものは、横画が先…例 一 ナ 左

●似た形で筆順の異なるもの

- 厂
  - 横画が先……例 原・厚・反
  - 左払いが先…例 成・感・威
- ノ
  - 先……例 九・及・丸
  - 後……例 刀・力・万
- にょう
  - 先……例 起・超・魅
  - 後……例 建・透

3 行書と楷書の違い

●行書で書くと形が似る部首

- 扌（扌）―木（木）
- 氵（氵）―糸（糸）―言（言）

●楷書と形の異なるもの

楷書 艹（一 十 艹）　行書 艹（丶 丷 艹）

実戦トレーニング

➡ 解答・解説は別冊12ページ

1 お急ぎ！

「度」を楷書（かいしょ）で書いたときの総画数は何画か。数字で答えなさい。 1

山口県

［　　］

2

次の行書で書かれた漢字を楷書（かいしょ）で書いたとき、総画数が最も多いものを、次の**ア**～**エ**から一つ選び、記号で答えなさい。 1

宮城県

ア 雲　**イ** 移　**ウ** 絹　**エ** 閣

［　　］

3

次の行書で書かれた漢字を楷書で書くとき、総画数が同じ漢字を後の**ア**～**エ**から一つ選び、記号で答えなさい。 1

高知県

統

ア 傑　**イ** 喪　**ウ** 粛　**エ** 塾

［　　］

4 正答率 71.6%

次の行書で書かれた漢字**A**～**D**を楷書で書いたとき、同じ総画数になる組み合わせとして正しいものを、次から一つ選び、記号で答えなさい。 1

鳥取県

A 紺　**B** 敢　**C** 港　**D** 蒸

ア **A**と**B**　**イ** **A**と**C**
ウ **A**と**D**　**エ** **B**と**C**
オ **B**と**D**　**カ** **C**と**D**

［　　］

5 お急ぎ！

次は、「放」という漢字を楷書体で書いたものである。黒ぬりのところは何画めになるか。数字で答えなさい。 2

山口県

放

［　　］

6 お急ぎ！

行書の特徴（とくちょう）の一つに筆順の変化がある。次の行書で書かれた漢字のうち、部首の部分が、楷書（かいしょ）で書いた場合と比べて、筆順が変化しているものはどれか。次から一つ選び、記号で答えなさい。 2・3

徳島県

ア 進　**イ** 絹
ウ 窓　**エ** 熟

［　　］

7

全校合唱を行うことが決まったため、大山さんはステージに掲示する曲名を次のように行書で書いた。曲名にある文字のうち、行書の特徴である筆順の変化が見られる漢字を、次のア～オのうちから一つ選び、その記号を書きなさい。 2・3

大分県

ア	星
	の
イ	光
	の
ウ	羅
エ	針
オ	盤

［ ］

お急ぎ！

8

「利」のへんを行書で書いたものとして適切なものを次から一つ選び、記号で答えなさい。 3

茨城県

ア イ ウ エ

［ ］

9

次の行書で書いた漢字の部首名を、平仮名で答えなさい。 3

島根県

講

［ ］

10

行書の特徴の一つに、点画の省略がある。部首の部分にこの特徴を用いて、次の漢字を行書で書きなさい。 3

徳島県

村

［ ］

11

「社」の漢字と同じ部首の漢字を次から一つ選び、記号で答えなさい。 3

熊本県

ア 株　イ 補　ウ 稼　エ 祥　オ 粗

［ ］

12

次の文字は行書で書いたものである。同じ文字を楷書で書いた場合と比較すると、どのような特徴が見られるか。当てはまらないものを、後から一つ選び、記号で答えなさい。3 大分県

秋晴れ

ア 点画の省略　イ 筆順の変化
ウ 点画の連続　エ 点画の変化

[　　]

13 お急ぎ!

次の[　]の中は、漢字二文字を行書で書いたものである。〇で囲んだ部分の行書の特徴を説明したものとして、適切な組み合わせを後から一つ選び、記号で答えなさい。3 宮崎県

平和

ア (「平」:方向の変化　「和」:点画の省略)
イ (「平」:点画の連続　「和」:筆順の変化)
ウ (「平」:点画の連続　「和」:点画の省略)
エ (「平」:方向の変化　「和」:筆順の変化)

[　　]

14

次の作品は、漢字を行書で書いたものである。楷書で書いた場合と比較したとき、〇で囲まれた(1)と(2)の部分に表れている行書の特徴として適切なものを、後から一つずつ選び、記号で答えなさい。3 長野県

(1) 涙　(2) 結

ア 点画の省略
イ 直線的
ウ 点画の連続
エ 筆順の変化

(1)[　　]　(2)[　　]

15 HIGH LEVEL

「心」の字を次のように行書体で書いた。楷書体で書いたときと比べてどのような特徴があるか。適切なものを次から一つ選び、記号で答えなさい。沖縄県

ア 点画が連続しなめらかである。
イ 点画が連続し角張っている。
ウ 点画が明確で直線的である。
エ 点画が明確で丸みがある。

[　　]

DATA 7

これで得点アップ！ 漢字読み書き問題

どの県の高校入試でも、必ず出題される漢字の読み書き問題。
点の取りやすい分野なので、絶対に点数を落としたくないもの。
そこで、次に挙げる得点をアップするコツを押さえておこう。

漢字の読み

1 音読みよりも、訓読みの正答率が低い傾向にある。**漢字一字の場合は、訓で読む**ことが多い。その他、間違えやすいのは、次のような漢字である。

①複数の訓読みをもつ漢字

著す…著しい　省く…省みる

②難しい訓読みをもつ漢字

覆う　鮮やか　陥る　紛れる

①は、**二つの訓読みを送り仮名で見分けよう**。②は、その**漢字を含む熟語を思い浮かべてみる**という手がある。例えば「覆う」なら、「覆面」などの熟語である。それを文の形で言い換えてみると、「面を覆う」となり、「おお（う）」という読みを導き出せる。

2 熟語の中の漢字の読みが思い出せないときは、その漢字の「部分」に注目してみよう。例えば、「申請」の「請」が読めなければ、「青」の部分に注目する。「青」の音読みは「セイ」だから、「請」も「セイ」ではないかと見当をつけることができる。

漢字の書き

1 一字の訓読みの漢字は、似たような意味をもつ熟語を思い出すとよい。例えば「ココロみる」が書けなければ、「試験」「試作」など、「ためしに行う」という意味をもつ熟語を思い浮かべてみよう。

熟語の場合は、同音異義語が多いので、**その熟語が文中でどんな意味で使われているか**をよく考えること。また、「往フク」の「フク」のように、「復」「腹」「複」など**同音異字**があって迷う場合は、それぞれの**部首の表す意味**から判断しよう。

2 漢字の「はね」「とめ」や、画の「**つき出し**」などが曖昧だと、減点になる。

また、漢字は、なるべく**大きめに、濃く、丁寧に書くこと**。字が小さくて点画が曖昧だったり、バランスの乱れがあったりした場合は、不正解とされてしまうおそれがある。

文法

☑ 弱点チェック

弱点チェック

次の問題を解いて、自分の弱点項目をみつけよう！

➡ 解答・解説は別冊14ページ

1 単語の意味・用法

□ ① 「この野菜は、生で食べられる。」の「られる」は、［受け身　可能　尊敬　自発］の意味を表す助動詞である。

□ ② 「国道沿いにある家なので、夜でも車の音がうるさそうだ。」の「そうだ」は、伝聞・様態のどちらを表している？
［　　　］

□ ③ 「妹の泣き声が聞こえたので、様子を見に行く。」の「の」は、［部分の主語　連体修飾語　体言の代用］を示す、［格助詞　接続助詞　副助詞　終助詞］である。

□ ④ 「早起きはつらいが、早朝のジョギングは気持ちがいい。」の「が」は、［主語を示す格助詞　並立の関係を示す格助詞　逆接の関係を示す接続助詞　前置きを示す接続助詞］である。

□ ⑤ 「この問題はそんなに難しくない。」の「ない」は、［補助形容詞　形容詞の一部　打ち消しの助動詞］である。

□ ⑥ 「その靴(くつ)は兄ので、これがぼくのだ。」の「で」は、［場所を示す格助詞　接続助詞「ので」の一部　断定の助動詞「だ」の連用形］である。

□ ⑦ 「国の行く末が案じられる。」の「られる」は、［受け身　尊敬　自発］の意味の助動詞である。

2 品詞の識別

□ ① 「遊園地で楽しく過ごした。」の「楽しく」と同じ品詞の単語は、「遊ぶ・冷たい・愉快(ゆかい)だ・ぐんぐん」のうちのどれ？
［　　　］

□ ② 「草原に、風がさわやかに吹(ふ)き渡(わた)り、私は幸福な気持ちで空を見上げた。」の文から形容動詞を二つ、そのままの形で順に抜(ぬ)き出すと？
［　　　・　　　］

□ ③ 「山の中の小さな一軒家(いっけんや)を、ある日、一人の老人が訪れた。」の「ある」と同じ品詞の単語が、文中に一つある。その単語は？
［　　　］

□ ④ 「ゆっくり歩く。」「とてもうれしい。」「決して忘れません。」の――線部は、すべて同じ品詞である。その品詞名は？
［　　　］

□ ⑤ 「スマートフォンを見てばかりいると、肩(かた)こりがひどくなるようだ。」の「ばかり」は［名詞　助詞　助動詞］、「ようだ」は［形容動詞　助詞　助動詞］である。

3 用言の活用

□ ① 「友人を家に招く。」の「招く」という動詞の活用の種類は？
［　　　］

□ ② 「放送部員として活動しています。」の「活動し」は動詞である。この動詞の活用の種類は？
［　　　］

□③「着る・来る・投げる」のうちで、下一段活用をする動詞は？ 〔　　〕

□④「木の葉が落ちた。」の「落ち」は、上一段活用の動詞「落ちる」の〔**未然形　連用形　連体形　仮定形　命令形**〕である。

□⑤「どの花もきれいなので、どれを選ぶか迷う。」の「きれいな」は形容動詞であるが、ここでの活用形は？ 〔　　〕

4 〔言葉の単位・文節の関係〕

□①「バスが来た。」を、例にならって単語に分けると？
（例）歌・を・歌う。 〔　　〕

□②「枝に小鳥が止まっている。」の文を文節に区切ると、いくつの文節に分けられる？ 〔　　〕

□③「私はバナナを食べる。」の――線部と〰〰線部の文節の関係は、〔**主語・述語の関係　修飾・被修飾の関係　並立の関係　補助の関係**〕である。

□④「夕日が沈んでいく。」の――線部と〰〰線部の文節の関係は、〔**主語・述語の関係　修飾・被修飾の関係　並立の関係　補助の関係**〕である。

□⑤「純白の大地。」の――線部は、〔**連体修飾語　連用修飾語**〕である。

□⑥「自分で作ったおもちゃを動かしてみる。」の――線部は連文節である。この連文節を作っている二つの文節の関係は？ 〔　　〕

□⑦「広い、きれいな部屋が見つかった。」の――線部が直接係る文節は、〔**きれいな　部屋が　見つかった**〕である。

□⑧「夕方、食堂に、家族全員が集まった。」の――線部が直接係る部分を、一文節で抜き出すと？ 〔　　〕

5 〔敬語〕

□①「先生のお手紙を拝見する。」の「拝見する」は、〔**尊敬語　謙譲語　丁寧語**〕である。

□②「先生がお菓子を召しあがる。」の「召しあがる」は、〔**尊敬語　謙譲語　丁寧語**〕である。

□③「市長が車に乗る。」の「乗る」を、「お……になる」の形で、尊敬語を使った表現にすると？ 〔　　〕

□④「連絡先を聞く。」の「聞く」を、「お……する」の形で、謙譲語を使った表現にすると？ 〔　　〕

□⑤「校長先生が申されたように、……」の――線部を、正しい敬語を使った表現に直すと？ 〔　　〕

弱点チェックシート

正解した問題の数だけ塗りつぶそう。正解の少ない項目があなたの弱点部分だ。

弱点項目から取り組む人は、このページへGO!

	項目	正解数	ページ
1	単語の意味・用法	1 2 3 4 5 6 7	48ページ
2	品詞の識別	1 2 3 4 5	53ページ
3	用言の活用	1 2 3 4 5	57ページ
4	言葉の単位・文節の関係	1 2 3 4 5 6 7 8	61ページ
5	敬語	1 2 3 4 5	64ページ

1 単語の意味・用法

出題率 20%

1 助動詞の意味・用法の識別

複数の意味をもつ助動詞は、言い換えたり言葉を補ったりして捉える。

	意味	例
れる・られる	①受け身（他から何かをされる）	例 母に夜ふかしを注意される。
	②可能（～することができる）	例 裏口から外に出られる。
	③自発（自然にそうなる）	例 昔のことが思い出される。
	④尊敬（動作の相手を敬う）	例 十時にお客様が来られる。
う・よう	①推量	例 もう間に合わないだろう。▼前に「たぶん」を補える。
	②意志	例 明日から頑張ろう。▼「～つもりだ」と言い換えられる。
	③勧誘	例 みんなで練習しよう。▼前に「一緒に」を補える。

2 助詞の意味・用法の識別

同じ形の助詞でもその意味・用法や種類が違うものがあるので注意する。

	意味・用法	例
の	①部分の主語	例 姉の作ったケーキを食べる。▼「が」と言い換えられる。
	②連体修飾語	例 鳥の声が聞こえる。▼体言と体言に挟まれている。
	④並立の関係	例 眠いの疲れたのと騒ぐ。▼「～の～の」の形。
	③体言の代用	例 歌うのが得意だ。▼「こと・もの」などに言い換えられる。
と	①格助詞（引用）	例 いいよと言われる。▼前の部分を「 」でくくれる。
	②格助詞（結末）	例 王となって君臨する。▼体言に付き、「～となる」の形になることが多い。
	③格助詞（並立）	例 僕のと彼のを替える。▼「と」の前後を入れ替えられる。
	④接続助詞	例 これが終わると、楽になる。▼活用語の終止形に接続する。

3 識別の難しい単語

品詞の異なるもの、他の単語の一部であるものなどを見分ける。

	品詞など	例
ない	①助動詞（否定）	例 誰も来ない。▼「ぬ」と言い換えられる。
	②補助形容詞	例 庭は広くない。▼直前に「は・も」を補える。
	③形容詞の一部	例 人生ははかない。▼「ない」の前で切り離せない。（「はかない」で一語の形容詞）
に	①格助詞	例 校庭に集まる。▼「～だ」で文を終えられない。
	②接続助詞の一部	例 寒いのに薄着だ。▼「のに」を「けれど」と言い換えられる。
	③助動詞の一部	例 真夏のように暑い。▼直前に「よう・そう」がある。
	④形容動詞の活用語尾	例 妹が元気に遊ぶ。▼「～な＋名詞」の形にできる。（元気な妹）
で	①格助詞	例 家で休む。▼「～だ」で文を終えられない。
	②助動詞の連用形	例 父は医者である。▼「～だ」で文を終えられる。（父は医者だ）
	③形容動詞の活用語尾	例 桜が見事である。▼「～な＋名詞」の形にできる。（見事な桜）
	④接続助詞「て」の濁音化	例 からすが飛んでいる。▼直前に動詞の音便形がある。
ある	①動詞	例 公園に大木がある。▼「存在する」と言い換えられる。
	②補助動詞	例 もう話してある。▼直前に「て（で）」がある。
	③連体詞	例 昨年のある夏のことだ。▼「存在する」と言い換えられない。
そうだ	①助動詞（伝聞）	例 雨が降るそうだ。▼活用語の終止形に接続する。
	②助動詞（様態）	例 雨が降りそうだ。▼活用語の連用形や語幹に接続する。
	③副詞「そう」＋助動詞「だ」	例 私もそうだと思う。▼「そうだ」の前で文節に区切れる。

入試データ 読解問題の文章中で問われることが多い。それぞれの意味や用法や品詞の違いを覚えておこう。

「実戦トレーニング」

➡ 解答・解説は別冊14ページ

1

正答率 89.7％

助動詞の意味・用法についての問いに答えなさい。

(1)「与（あた）えられた目標を達成する」の「られ」の助動詞としての意味を、次から一つ選び、記号を書きなさい。〔秋田県〕

ア 受け身　**イ** 可能　**ウ** 自発　**エ** 尊敬

〔　　〕

(2)『知っているつもり』でいられる」の「られる」と同じ働きのものを次から一つ選び、記号で答えなさい。〔長崎県〕

ア 先生から声をかけられる。
イ 母のことが案じられる。
ウ これくらいなら覚えられる。
エ お客さまが来られる。

〔　　〕

(3)「全国大会出場という貴重な機会が得られる。」の「得られる」と同じ意味・働きのものを、次から一つ選び、記号で答えなさい。〔鳥取県〕

ア 午後からお客さまが来られる。
イ このリンゴはまだ食べられる。
ウ 故郷の母のことが案じられる。
エ いつも同じ仲間に助けられる。

〔　　〕

(4)「門の前でユリに呼びとめられた」の「られ」と同じ意味で用いられている「られ」または「られる」を含（ふく）む文を、次から一つ選び、記号で答えなさい。〔佐賀県〕

ア 秋の月夜は、なぜか寂（さび）しさが感じられる。
イ 友人からの励（はげ）ましの言葉に助けられた。
ウ 校長先生が、出張から戻（もど）って来られた。
エ 満腹状態でも、デザートなら食べられる。

〔　　〕

(5)「想像の羽を持つ身体的存在ということになろう」の「う」と同じ意味で使われているものを含（ふく）む文を、次から一つ選び、記号で答えなさい。〔京都府〕

ア 午後からピアノの練習をしようかな。
イ きっとうまくいくだろうが気が抜（ぬ）けない。
ウ 君が歩くのなら私も駅まで歩こう。
エ 主体的に行動できる人になろうと思う。

〔　　〕

(6)「文字を大切にしようと思いました」の「よう」と同じ働きのものを次から一つ選び、記号で答えなさい。〔大分県〕

ア 今日はとても寒いので、厚手の服を着よう。
イ A君のように、英会話の勉強を頑張（がんば）りたい。
ウ 来週から、体育館で部活動が行えるようだ。
エ まるで桜の花びらのように、空に雪が舞（ま）う。

〔　　〕

2

助詞の意味・用法についての問いに答えなさい。

2

(1) 「そのひとの人生の条件」の「の」と同じ意味・用法のものを次から選び、記号で答えなさい。 岐阜県

ア 友人の作ったケーキを食べる。
イ 何時に帰ってくるの。
ウ 学校の宿題に取り組む。
エ 外を歩くのが好きだ。

[　　]

(2) 次の文の――線部「の」と同じ働きをしているものを、後から一つ選び、記号で答えなさい。 徳島県

●私は友人の誕生日に本を贈(おく)った。

ア この白い花はスズランです。
イ そこにある自転車は私のです。
ウ 彼(かれ)の提案したテーマに決定した。
エ 読書と映画鑑賞(かんしょう)が私の趣味(しゅみ)です。

[　　]

(3) 次の――線部「の」と同じ働きをしているものを後から一つ選び、記号で答えなさい。 香川県

●サンゴというのは、海の底にあるんだよ。

ア 満天の星を眺(なが)めるのが楽しみだな。
イ コーヒーの味がなんとなく苦手だ。
ウ 君の選ぶ服はどれもおしゃれだね。
エ あの柱のところまで競走しようよ。

[　　]

(4) 「歴史上の偉人(いじん)たち」の「の」と文法的に同じ用法のものを次から一つ選び、記号で答えなさい。 鹿児島県

ア 私の書いた作文はこれだ。
イ この絵は美しい。
ウ あれは僕(ぼく)の制服だ。
エ その鉛筆(えんぴつ)は妹のだ。

[　　]

(5) 次の文の――線部と同じ意味で「から」が用いられているものとして適切なものを後から一つ選び、記号で答えなさい。 群馬県

●おなかがすいたから、そろそろ昼食にしよう。

ア 友人から昨日の様子を教えてもらった。
イ 家に帰ってから、本の続きを読もうと思う。
ウ この衣料品は、ペットボトルから作られている。
エ 毎日走っているから、この程度の登山では疲(つか)れない。

[　　]

(6) 「チンパンジーのような人間に極(きわ)めて近いと考えられている動物でさえ、物を見せてその名前を呼ぶような教え方では決して言葉を学べません。」の「さえ」と同じ意味・用法で使われているものを含む文を次から一つ選び、記号で答えなさい。 富山県

ア 近くでさえ旅行は楽しい。
イ 星はもちろん月さえ見ない。
ウ 読書さえできれば幸せだ。
エ 寒い上に風さえ吹(ふ)き始めた。

[　　]

3 識別の難しい単語についての問いに答えなさい。

➡3

(1) 次の――線部「ない」と同じ働きをしているものを後から一つ選び、記号で答えなさい。〔三重県〕

●この小説の結末を知らない。

ア この部屋には窓がない。
イ 少しのことで悩(なや)まない。
ウ 今回は参加者が少ない。
エ 今日はあまり暑くない。

〔　　〕

(2) 「コストもかからない」の「ない」と同じ働きをする「ない」を含(ふく)む文を次から一つ選び、記号で答えなさい。〔神奈川県〕

ア 電車がなかなか来ない。
イ 今年はあまり寒くない。
ウ 無駄(むだ)な動きが少ない。
エ 今まで一度も見たことがない。

〔　　〕

(3) 次の文の「ない」と同じ品詞を後から一つ選び、記号で答えなさい。〔新潟県〕

●森の中はとても静かで物音ひとつ聞こえない。

ア 次の目的地はそれほど遠くない。
イ 姉からの手紙がまだ届かない。
ウ この素材は摩擦(まさつ)が少ない。
エ 私はその本を読んだことがない。

〔　　〕

(4) 「つきあってられないよ。」の「ない」と同じ使われ方をしているものを次から一つ選び、記号で答えなさい。〔香川県〕

ア 二人がしていることに違(ちが)いはない。
イ この重い荷物は簡単には運べない。
ウ 散らかっている部屋は美しくない。
エ 今あきらめるなんてもったいない。

〔　　〕

(5) 「信じられない」の「ない」と文法上の働きが同じものを次から一つ選び、記号で答えなさい。〔島根県〕

ア 限りない　イ 読まない
ウ 正しくない　エ あどけない

〔　　〕

(6) 「文しか書いていない」の「ない」と同じ品詞を含むものを次から一つ選び、記号で答えなさい。〔長野県〕

ア かぎりない　イ 欲しくない
ウ 知らない　エ ペンがない

〔　　〕

(7) 次の文の――線部の「ない」と同じ用法のものを後から一つ選び、記号で答えなさい。〔滋賀県〕

●遠すぎて見えない。

ア 映画の終わり方が切ない。
イ 今日は、あまり寒くない。
ウ どんなことがあっても笑わない。
エ 高い建物がない。

〔　　〕

4

識別の難しい単語についての問いに答えなさい。 3

正答率 92.4%

(1)「辞書はよむものではなく、何かを調べるために使うものだ。」の「に」と同じ働きをしているものを次から一つ選び、記号で答えなさい。 青森県

ア　夏なのに涼しい。

イ　風がさわやかに吹く。

ウ　すでに船は出てしまった。

エ　野球の試合を見に行く。

［　　］

(2)次の文中の――線「に」と同じ意味で用いられている「に」を含む文を後から一つ選び、記号で答えなさい。 神奈川県

●すでに支度を済ませた。

ア　今朝は特に冷え込んだ。

イ　彼女は穏やかに話す。

ウ　景色に目を奪われた。

エ　寒いのに薄着で過ごす。

［　　］

(3)「見方を変えようとする」の「よう」と同じ意味で使われているものを含む文を次から一つ選び、記号で答えなさい。 神奈川県

ア　妹はすでに出かけたようだ。

イ　明日は早く起きようと思っている。

ウ　週末は一緒に映画を見ようよ。

エ　雨が滝のように降っている。

［　　］

(4)「なるべく近接した情報へ安易に移行しようとする力を制して」の「た」と同じ意味・用法のものを、次から一つ選び、記号で答えなさい。 福島県

ア　去年に比べて今年の夏は暑かった。

イ　知りたいと思ったらすぐに調べる。

ウ　急いで行ったが間に合わなかった。

エ　明日は十時に出発の予定だったね。

オ　待合室の壁に掛かった絵を眺める。

［　　］

正答率 75.9%

(5)「今にも雨が降りそうだ。」の――線部と文法的に同じ意味・用法のものを次から一つ選び、記号で答えなさい。 栃木県

ア　目標を達成できそうだ。

イ　彼の部屋は広いそうだ。

ウ　祖父母は元気だそうだ。

エ　子犬が生まれるそうだ。

［　　］

5 HIGH LEVEL

次の文中の――線部のうち、他と働きが異なるものを一つ選び、記号で答えなさい。 2

(1)今週の土曜日に(ア)、駅前のホールで(イ)、私の(ウ)好きな歌手がコンサートを行う予定だ。 大阪府

［　　］

(2)

ア　寒いからコートを着る。

イ　時間がないから急ごう。

ウ　九時から会議を行う。

エ　疲れたから休憩しよう。 三重県

［　　］

2 品詞の識別

出題率 16%

1 品詞の分類

品詞とは、単語を文法上の性質や働きによって分類したものである。

単語
- 自立語
  - 活用する……述語になる（用言）
    - ウ段の音で終わる……動詞
    - 「い」で終わる……形容詞
    - 「だ・です」で終わる……形容動詞
  - 活用しない
    - 主語になる（体言）……名詞
    - 主語にならない
      - 修飾語になる
        - 主に用言を修飾……副詞
        - 体言のみを修飾……連体詞
      - 接続語だけになる……接続詞
      - 独立語だけになる……感動詞
- 付属語
  - 活用する……助動詞
  - 活用しない……助詞

2 活用する自立語

動詞・形容詞・形容動詞は言い切りの形で見分ける。これらは単独で述語になることができる。

動詞	動作・変化・存在を表す。	例 読む・思う・ある・いる
形容詞	状態・性質を表す。	例 強い・近い・明るい・おいしい
形容動詞	状態・性質を表す。	例 ほがらかだ・元気だ・静かです

CHECK! 補助用言

「〜て（で）」の形で続き、補助的な意味を補う用言。
- 補助動詞……いる・みる・ある・いく・くる・あげる・しまう
- 補助形容詞…ない・よい・ほしい

3 活用しない自立語

特に、連体詞・副詞とその他の品詞の識別ができるようにする。

①名詞	主語になる。	例 川（普通名詞）・奈良県（固有名詞）・五人（数詞）・それ（代名詞）・食べるとき（形式名詞）
②副詞	主に連用修飾語になる。	例 ゆっくり（状態の副詞）・かなり（程度の副詞）・決して（呼応〈陳述〉の副詞）
③連体詞	連体修飾語になる。	例 この・あらゆる・とんだ・我が
④接続詞	接続語になる。	例 だから（順接）・しかし（逆接）・また（並立・累加）・あるいは（対比・選択）・つまり（説明・補足）・さて（転換）
⑤感動詞	独立語になる。	例 あら（感動）・おい（呼びかけ）・はい（応答）・さようなら（挨拶）

4 付属語

単独では文節を作れない。品詞は活用の有無で見分ける。

①助動詞	意味を付け加えるなどの働き。	例 れる・ない・ます・た・たい・だ
②助詞	文節の関係を示すなどの働き。	例 が・の・を・ので・ばかり・なあ

入試データ 品詞の識別は、読解問題の中で問われることが多い。品詞名を答えられるようにしておこう。

実戦トレーニング

解答・解説は別冊16ページ

1

次の言葉の品詞として適切なものを次からそれぞれ選び、記号で答えなさい。1

(1) もし　山形県

ア 連体詞　イ 副詞
ウ 接続詞　エ 助動詞

[　　]

(2) とりあえず　山形県

ア 感動詞　イ 形容詞
ウ 副詞　エ 連体詞
オ 接続詞

[　　]

2

お急ぎ！

次の文の――線部と同じ品詞のものを後からそれぞれ選び、記号で答えなさい。1

(1) すぐにやってくる　富山県

ア そっと戸を閉める。　イ 静かに廊下（ろうか）を歩く。
ウ 新しく店を開く。　エ 大きな夢を抱（いだ）く。

[　　]

(2) 長い年月を経て、ついに作品が完成した。　新潟県

ア 月の輪郭（りんかく）がはっきり見える。
イ 街灯の光が道を明るく照らす。
ウ 机の上をきれいに片付ける。
エ 大きな池で魚がゆったり泳ぐ。

[　　]

3

「部屋の中はきれいに片付いている」の「きれいに」と同じ品詞を含むものはどれか。次から一つ選び、記号で答えなさい。1　岩手県

ア とても穏（おだ）やかな　イ 春の日に　ウ 美しい桜の　エ 写真を撮（と）る。

[　　]

4

次の各文の――線部の品詞として適切なものを後からそれぞれ選び、記号で答えなさい。1　長野県

(1) 小さくて弱い魚
(2) ひ弱なエビ

ア 副詞　イ 連体詞　ウ 形容詞　エ 形容動詞

(1)[　　]　(2)[　　]

5

次の文は、どのような品詞の語で組み立てられているか。使われている単語の品詞を後から全て選び、記号で答えなさい。1　京都府

● もちろん断られるだろう

ア 動詞　イ 副詞　ウ 連体詞
エ 助動詞　オ 助詞

[　　]

6

次の文を単語に分けたとき、最も多く使われている品詞の名称（めいしょう）を書きなさい。1・4　22埼玉県

● あきらめずに練習を続けようと思いました。

[　　]

7

「いかなければならない」の「なけれ」と「ない」の品詞の組み合わせとして適切なものを次から一つ選び、記号で答えなさい。2　三重県

ア　「なけれ」―動詞　「ない」―形容詞
イ　「なけれ」―形容詞　「ない」―助動詞
ウ　「なけれ」―形容動詞　「ない」―形容詞
エ　「なけれ」―助動詞　「ない」―助動詞

［　］

8

お急ぎ！

次の文を単語に分けたとき、それぞれの語の品詞を示した組み合わせを後からそれぞれ選び、記号で答えなさい。2・3

例　日は昇(のぼ)る　（答）名詞＋助詞＋動詞

(1) ますます増えています　京都府

ア　副詞＋動詞＋助詞＋動詞
イ　副詞＋動詞＋助詞＋動詞＋助動詞
ウ　連体詞＋動詞＋助詞＋動詞
エ　連体詞＋動詞＋助詞＋動詞＋助動詞

［　］

(2) おそらく来られない。　鳥取県

ア　副詞＋動詞＋形容詞
イ　動詞＋動詞＋助動詞＋助動詞
ウ　副詞＋動詞＋助動詞＋助動詞
エ　動詞＋形容詞＋助動詞＋助動詞

［　］

9

正答率 26.2%

次の中には、品詞の分類からみて同じものがある。どれとどれか、記号で答えなさい。2・3　静岡県

ア　もっと深い意味がある
イ　とても大事なこと
ウ　知る必要がないのか
エ　おのれの直感を信じて感動しよう
オ　有名な評論家

［　］・［　］

10

「あるアメリカ人」の「ある」の品詞名を次から一つ選び、記号で答えなさい。3　長崎県

ア　動詞　イ　名詞　ウ　副詞　エ　連体詞

［　］

11

「頬(ほお)がかすかに上気している」の「かすかに」の品詞名を次から一つ選び、記号で答えなさい。2・3　三重県

ア　形容詞　イ　形容動詞　ウ　連体詞　エ　副詞

［　］

12

「たくさんあります」の「たくさん」の品詞名を漢字で書きなさい。3　滋賀県

［　］

13

次のうち、品詞の種類が他と違う(ちが)ものをそれぞれ一つ選び、記号で答えなさい。 2・3

(1) ア その一断面　イ 大きな隔(へだ)たり　ウ いわゆる言霊(ことだま)　エ むしろリンゴに共通の性質

長野県 [　　]

(2) ア 必要な　イ さまざまな　ウ 代表的な　エ 小さな

福岡県 [　　]

14

次の文の中には助詞が三つある。それらを全てそのまま抜(ぬ)き出して書きなさい。 4

愛媛県

● 私たちは死ぬまで飲食から逃(のが)れられない

[　　]

15

次の文の――線部は、他動詞である。後の文の――線部の中から他動詞を全て選び、記号で答えなさい。

青森県

● 他者とひとつになることを試みる

ア 注文の品を届ける。　イ 街の風景が変わる。

ウ 喜びが顔に表れる。　エ 手伝いの人数を増やす。

[　　]

16

他動詞が含(ふく)まれている文として正しいものを次から一つ選び、記号で答えなさい。

ア 私は本を片づける。　イ 花が美しく咲(さ)く。

ウ 私は彼(かれ)より足が速い。　エ 私は椅子(いす)に座る。

宮崎県 [　　]

17

HIGH LEVEL

正答率 36.2%

次の文について、後の問いに答えなさい。

鳥取県

● ①ある人が発した言葉が、今でも忘れられ②ない。

(1) ――線部①「ある」と同じ品詞の言葉を、次の各文の――線部から一つ選び、記号で答えなさい。 2・3

ア かなり遠くの街まで行く。

イ 大きな絵を壁(かべ)に掛(か)ける。

ウ 新しい本が出版される。

エ きれいな星空を眺(なが)める。

[　　]

(2) ――線部②「ない」の品詞を次から一つ選び、記号で答えなさい。 2・4

ア 動詞　イ 形容詞　ウ 助詞　エ 助動詞

[　　]

3 用言の活用

出題率 15%

1 動詞の活用の種類

動詞の活用の種類には、次の五種類がある。

①五段活用	活用語尾(ごび)がア・イ・ウ・エ・オの五段で変化する。	(例) 泳ぐ 止まる
②上一段活用	全ての活用語尾にイ段の音が入る。	(例) 見る 起きる
③下一段活用	全ての活用語尾にエ段の音が入る。	(例) 出る 投げる
④カ行変格活用	カ行の音で特殊(とくしゅ)な活用をする。	(例) 来る
⑤サ行変格活用	サ行の音で特殊な活用をする。	(例) する ○○する

動詞の活用の種類は、「ナイ」を付けて未然形を作り、その活用語尾の音で判断する。

- ア段 (例) 泳**が**ナイ・止ま**ら**ナイ) →五段活用
- イ段 (例) **見**ナイ・起**き**ナイ) →上一段活用
- エ段 (例) **出**ナイ・投**げ**ナイ) →下一段活用
- カ変は「来る」一語なので、覚えておく。
- サ変は「する」「○○する(ずる)」のみなので、覚えておく。

CHECK! **可能動詞**

五段活用の動詞がもとになり、全て下一段活用である。

(例) 書く→書ける　話す→話せる　泳ぐ→泳げる

2 動詞の活用形

活用する一つ一つの形を活用形という。動詞の活用形は六つ。

種類	基本形		未然形	連用形	終止形	連体形	仮定形	命令形
主な続き方	例語	語幹	ナイ・ウ・ヨウに続く	マス・タ・テに続く	言い切る	トキ・ノデに続く	バに続く	命令して言い切る
五段	書く	か	か こ	き い	く	く	け	け
上一段	落ちる	お	ち	ち	ちる	ちる	ちれ	ちろ ちよ
下一段	食べる	た	べ	べ	べる	べる	べれ	べろ べよ
カ変	来る	○	こ	き	くる	くる	くれ	こい
サ変	する	○	し せ さ	し	する	する	すれ	しろ せよ

3 形容詞・形容動詞の活用

活用の種類はそれぞれ一つ。活用形は動詞と同じだが命令形はない。

	基本形		未然形	連用形	終止形	連体形	仮定形	命令形
主な続き方	例語	語幹	ウに続く	タ・ナイ・ナルに続く	言い切る	トキ・ノデ(ノ)に続く	バに続く	命令して言い切る
形容詞	白い	しろ	かろ	かっ く う	い	い	けれ	○
形容動詞	元気だ	げんき	だろ	だっ で に	だ	な	なら	○

*形容動詞には「○○です」の場合の活用もある。

入試データ　動詞の活用の種類や、動詞・形容詞・形容動詞の識別問題が出題される。

実戦トレーニング

解答・解説は別冊17ページ

1

お急ぎ！

次の――線部は動詞だが、その活用の種類はどれか。後からそれぞれ選び、記号で答えなさい。 1

(1) 置かない　三重県

ア　五段活用　　イ　上一段活用
ウ　下一段活用　　エ　カ行変格活用
オ　サ行変格活用

[　　]

(2) 「合唱は心を合わせることが大事」　高知県

ア　五段活用　　イ　上一段活用
ウ　下一段活用　　エ　サ行変格活用

[　　]

2

次の文の――線部と同じ活用の種類の動詞を含むものを、後から一つ選び、記号で答えなさい。 1　岐阜県

● 助け合って生きている

ア　弟はいつも家で学校のことを楽しそうに話す。
イ　白い鳥が春の温かい日光を浴びる。
ウ　友人から急に相談を受ける。
エ　妹は自分の部屋で毎日読書をする。

[　　]

3

次の文の――線部と活用の種類が同じものを後からそれぞれ選び、記号で答えなさい。 1

(1) 食後にデザートを食べる。　島根県

ア　家を出るとき、電話が鳴った。
イ　遠方から友人が来た。
ウ　今日から日記を書こう。
エ　駅まで走れば、間に合うだろう。

[　　]

正答率 82.8%

(2) 方位磁針が北の方角を指している。　21 埼玉県

ア　詳細は一つ一つ確認をしてから記入する。
イ　好きな小説の文体をまねて文章を書いた。
ウ　思いのほか大きな声で笑ってしまった。
エ　普段からの努力を信じて本番に臨む。

[　　]

(3) 朝起きると、すぐに散歩に出かけた。　新潟県

ア　目を閉じると、次第に気持ちが穏やかになった。
イ　家に帰ると、妹と弟が部屋の掃除をしていた。
ウ　山を眺めると、頂上に白い雲がかかっていた。
エ　姉が来ると、家がいつもよりにぎやかになった。

[　　]

4

次の――線部の活用の種類を、解答欄に合うように書きなさい。 1 秋田県

● 意外に思うかもしれませんが、……

［　　　］活用

5

次の各文の――線部の動詞の中には、活用の種類が一つだけ他と異なるものがある。それはどれか。後から一つ選び、記号で答えなさい。 1 静岡県

ア 逃げるか、戦うか。
イ 意識を超えた「自然」を感じる
ウ 置かれた状況を正しく把握する
エ 記憶にも鮮明に残る。

［　　　］

6

次の文中の「話し」と活用形が同じ動詞を含む文を後から一つ選び、記号で答えなさい。 1 新潟県

● 友人と夏休みの思い出について話した。

ア 地図を見れば、駅までの経路がわかる。
イ 春が来ると、雪が溶けて草木が芽吹く。
ウ 今度の週末は、図書館に行こうと思う。
エ 窓を開けて、部屋の空気を入れ換える。

［　　　］

7

次の文の――線部は動詞である。①活用の種類と、②活用形をそれぞれ答えなさい。 1・2 熊本県

(1) 新たな試みを取り入れた活動をしています。

①［　　　］活用
②［　　　］形

(2) 春がやっと来た。

①［　　　］活用
②［　　　］形

8

正答率 34.5%

次の文の――線部と動詞の活用形が同じものを後からそれぞれ選び、記号で答えなさい。 2

(1) 身体を上に向けて、…… 青森県

ア 彼に聞けばわかるだろう。
イ 毎日運動することが大切だ。
ウ バランスよく食べよう。
エ 女の子は楽しそうに笑った。

［　　　］

(2) 毎朝、新聞を読みます。 徳島県

ア 本屋に行くときに友達に会った。
イ 冬の夜空には多くの星が見える。
ウ 市役所を経由してバスが来た。
エ 雨がやめば外は明るくなるだろう。

［　　　］

9

(1)次の文の――線部の活用の種類として適切なものをⅠ群から一つ選び、記号で答えなさい。(2)また、これと同じ活用の種類である動詞をⅡ群から全て選び、記号で答えなさい。 1・2

京都府

● 想像の羽を広げる、身体を持つ表現になった

【Ⅰ群】

ア 五段活用　イ 上一段活用　ウ 下一段活用

(1)［　　］

【Ⅱ群】

ア 射る　イ 発する　ウ 詣でる

エ 跳ねる　オ 消す　カ 省みる

(2)［　　］

10

次の――線部のうち、他と(1)活用形が、(2)活用の種類が異なるものをそれぞれ選び、記号で答えなさい。

(1) ア 述べよう　イ 埋めてくれる

ウ 鍛えられず　エ 読み慣れない

大阪府 ［　　］

正答率 39.7%

(2) ア そう言った時

イ 夕日が直接差し込む。

ウ 目をそらさずにいた

エ 事務局員を務めてきた

青森県 ［　　］

11

次の文の――線部の終止形を答えなさい。 2

山口県

● いいものを見せてもらいました

［　　］

12

お急ぎ！

次の文の――線部の活用形を後からそれぞれ選び、記号で答えなさい。 2

(1)『普通』になろうと頑張っている

香川県

ア 未然形　イ 連用形

ウ 仮定形　エ 命令形

［　　］

(2) 海人がゴーグルをはずし、澄んだ目をおれに向けた。

三重県

ア 未然形　イ 連用形

ウ 連体形　エ 仮定形

［　　］

(3) 独立したものとして考え、とらえている

香川県

ア 未然形　イ 連用形

ウ 連体形　エ 仮定形

［　　］

13

次の――線部の動詞の活用形を書きなさい。

秋田県

● すべてを任せてよいわけではありません

［　　］形

4 言葉の単位・文節の関係

出題率 15%

1 言葉の単位

文を、文節や単語ごとに正しく分けられるようにする。

文節

●意味を壊さず、発音しても不自然にならない範囲で、文をできるだけ短く区切ったひと区切りのこと。

例 **校舎の**ネ／**東側に**ネ／**朝日が**サ／**当たる**ヨ。
〈文節〉〈文節〉〈文節〉〈文節〉

「ネ・サ・ヨ」を入れて、自然に切れるところを見つける。

単語

●意味のある言葉としては、これ以上分けることができない、最も小さい単位のこと。それだけで意味がわかる単語（自立語）と、それだけでは意味がわからず、必ず自立語の後に付いて文節を作る単語（付属語）がある。

例 〈文節〉校舎（自立語）〈単語〉／の（付属語）〈単語〉　〈文節〉東側（自立語）〈単語〉／に（付属語）〈単語〉　〈文節〉朝日（自立語）〈単語〉／が（付属語）〈単語〉　〈文節〉当たる（自立語）〈単語〉。

2 文節と文節の関係

並立の関係と補助の関係は、常に連文節になることに注意する。

①主語・述語の関係　例 犬が 走る。　街は とても にぎやかだ。

②修飾・被修飾の関係　例 青い 風船。（連体修飾語と被修飾語の関係）　船に 乗る。（連用修飾語と被修飾語の関係）

③接続の関係　例 時間なので、帰る。

④独立の関係　例 こんにちは、お元気ですか。

⑤並立の関係　例 この湖は、広くて 深い。　▼入れ換えても意味が変わらない。（深くて広い）

⑥補助の関係　例 子犬が 鳴いて いる。

3 文の成分

一文節の場合は「〜語」、連文節の場合は「〜部」という。
▼二つ以上の文節がまとまって、一つの文節のような働きをするもの。

①主語（主部）▼「何が」「誰が」

②述語（述部）▼「どうする」「どんなだ」「何だ」「ある・いる」「ない」

③修飾語（修飾部）▼「何を」「いつ」「どこで」「どのように」など

④接続語（接続部）▼前後をつなぐ。

⑤独立語（独立部）▼他の文節と直接関わらない。

4 文節の係り受け

特に修飾・被修飾の関係に注意して押さえておく。

●何の・誰の・どんなを表す言葉→体言を含む文節を修飾
例 子犬の 悲しそうな 鳴き声が いつまでも 続いて いた。

●どのように・どのくらい・いつ・どこで・何をなどを表す言葉
→用言を含む文節を修飾　例 夕方、虹が かかった。

●呼応（陳述）の副詞→それに呼応する言い方を含む文節を修飾
例 決して…ない　たぶん…だろう　もし…たら

入試データ　読解問題の文章の中で、修飾・被修飾の関係や文の成分が問われる。

実戦トレーニング

➡ 解答・解説は別冊18ページ

1

お急ぎ！

次の文を単語で区切った場合、正しく区切ってあるものはどれか。後からそれぞれ選び、記号で答えなさい。↪1

(1) 私は泣きながら本を読んだ。　島根県

ア　私は／泣きながら／本を／読んだ。
イ　私は／泣き／ながら／本／を／読んだ。
ウ　私／は／泣きながら／本を／読ん／だ。
エ　私／は／泣き／ながら／本／を／読ん／だ。

［　　］

正答率95%

(2) 二つの面で質的な違い(ちが)があります　愛媛県

ア　二つの面で／質的な違いが／あります
イ　二つの／面で／質的な違いが／あり／ます
ウ　二つの／面で／質的な／違いが／あります
エ　二つ／の／面／で／質的な／違い／が／あり／ます

［　　］

2

次の文は、いくつの文節に分けられるか。数字で答えなさい。↪1　熊本県

● 率直に伝える筆者の言葉は、私の胸に響(ひび)きました。

［　　］

3

次の文と、文節の数が同じ文を後から一つ選び、記号で答えなさい。↪1　新潟県

● 休日に図書館で本を借りる。

ア　虫の音に秋の気配を感じる。
イ　こまやかな配慮(はいりょ)に感謝する。
ウ　あの山の向こうに海がある。
エ　風が入るように窓を開ける。

［　　］

4

「加えました」という文節は、いくつの単語に分けられるか。漢数字で答えなさい。↪1　富山県

［　　］

5

次の文節を二つに区切ったとき、文節どうしの関係として適切なものを後からそれぞれ選び、記号で答えなさい。↪2

(1) 創(つく)っている　京都府

ア　修飾(しゅうしょく)・被(ひ)修飾の関係　　イ　補助の関係
ウ　主語・述語の関係　　エ　並立の関係

［　　］

(2) 考えてみる　岐阜県

ア　補助の関係　　イ　並立の関係
ウ　主語・述語の関係　　エ　修飾・被修飾の関係

［　　］

6

次の文中の――線部と～～線部の関係として適切なものを後から一つ選び、記号で答えなさい。 2

(1) 川沿いをゆっくり歩く。　新潟県

ア 主語・述語の関係　イ 修飾・被修飾の関係
ウ 並立の関係　エ 補助の関係

［　　］

(2) 最も身近でなじみ深い「博物館」です　秋田県

ア 主語・述語の関係　イ 修飾・被修飾の関係
ウ 補助の関係　エ 並立の関係

［　　］

7

正答率22.6%

次の文の――線部と～～線部の関係と、同じ関係になっているものを後からそれぞれ選び、記号で答えなさい。 2

(1) 全国大会出場という貴重な機会が得られる。　鳥取県

ア 遠くから車の音が聞こえる。
イ チロは茶色のかわいい犬だ。
ウ 彼（かれ）はいつまでも待っていた。
エ 思い出が頭の中を駆（か）け巡（めぐ）る。

［　　］

(2) その大きな黒い目は、あいてをじっと見つめています。　福岡県

ア 今年も見事に咲（さ）いた、桜の花が。
イ 彼はいつまでも追い続ける、壮大（そうだい）な夢を。
ウ 見つめた先に、一筋の光が差した。
エ やってみると、どんな困難も乗り越（こ）えられる。

［　　］

8

正答率34.4%

「扉（とびら）を開ける」の文節相互（そうご）の関係と同じ関係のものを、次から一つ選び、記号で答えなさい。 2　青森県

ア 少女が歌う。
イ 晴れたので見る。
ウ すばやく動く。
エ 先生も笑う。

［　　］

9

次の文の――線部の述語に対する主語を、一文節で書き抜（ぬ）きなさい。 3　23埼玉県

> 夏休み期間中は大会こそ行われないものの、練習試合などは数多く予定されているため、電車に乗る機会も普段（ふだん）よりは多いだろう。

［　　］

10

HIGH LEVEL

次のうち、文の係り受け（照応関係）が正しいものはどれか。一つ選び、記号で答えなさい。 4　栃木県

ア この商品の良い点は、値段が安いところが素晴らしい。
イ 高校時代の一番の思い出は、校内球技大会で優勝した。
ウ 私の将来の夢は、生活に役立つものを発明することだ。
エ この話は、おばあさんの家に子供が住むことになった。

［　　］

5 敬語

出題率 15%

1 敬語の種類

敬語とは、話し手（書き手）が、話題の中の人や話の聞き手（読み手）の人格や立場を尊重する姿勢を示すために使われるものである。

①**尊敬語**…目上の人などの動作や様子を高めて言う表現。

尊敬の意味を表す動詞	例 いらっしゃる（行く・来る・いる） おっしゃる（言う）・なさる（する） 召しあがる（食べる・飲む） くださる（くれる）　＊（　）内は普通の言い方
「お（ご）…になる（なさる）」	例 お待ちになる・ご指摘になる・ご出席なさる
助動詞（れる・られる）	例 言われる・される・来られる・投げられる
接頭語・接尾語	例 お言葉・ご健康・山田様・妹さん

②**謙譲語**…自分や身内など、自分の側の人の動作をへりくだって言うことで、間接的に動作の受け手への敬意を表す表現。

謙譲の意味を表す動詞	例 申す・申しあげる（言う）・参る（行く・来る） うかがう（行く／聞く）・いたす（する） いただく（食べる・飲む／もらう） 拝見する（見る）
「お（ご）…する（いたす）」	例 お待ちする・ご案内する・ご連絡いたします
接頭語・接尾語	例 粗茶・弊社・拙宅・私ども

③**丁寧語**…話し手（書き手）が丁寧な言い方で言うことで、話の聞き手（読み手）への敬意を表す表現。

「…です」「…ます」「…ございます」	例 あれが市役所です。・私も参加します。 開店時間は午前十時でございます。
接頭語「お・ご」（美化語）	例 お米・お花・おやつ・お土産・おしぼり ご飯・ご馳走

※「です」「ます」は助動詞、「ございます」は補助動詞。

2 敬語の正しい使い方

誤りやすい敬語の使い方に注意する。

①**尊敬語と謙譲語を混同しないようにする。**

例
×先生が申したとおりです。「申す」は謙譲語。
○先生がおっしゃった（言われた）とおりです。

②**敬語を重ねた言い方（二重敬語）をしない。**

例
×先生がお書きになられた本。（「お…になる」の尊敬表現。／尊敬の助動詞「れる」。）
○先生がお書きになった（書かれた）本。

③**自分の身内の動作や物事には尊敬語を使わない。**

例
×母が家でお待ちになっています。
○母が家でお待ちしています（お待ちしております）。

CHECK! 補助動詞として使う敬語
・先生が読んでくださる。〈尊敬語〉
・先生に読んでいただく。〈謙譲語〉

入試データ　普通の文を敬語を使った文に書き換える問題や、敬語の使い方の誤りを指摘する問題が出される。

実戦トレーニング

解答・解説は別冊19ページ

1 お急ぎ！

敬語の種類について、後の問いに答えなさい。1

(1) 「詳（くわ）しく教えていただきたいと思います」について、「教えていただきたい」の敬語の種類は［A］で、「思います」の敬語の種類は［B］である。［A］、［B］の部分に入れるのに適切な敬語の種類を次からそれぞれ選び、記号で答えなさい。 熊本県

ア 尊敬語　イ 謙譲（けんじょう）語　ウ 丁寧（ていねい）語

A［　　］ B［　　］

(2) 次の文の――線部「召（め）しあがる」と同じ種類の敬語を含む文を後から一つ選び、記号で答えなさい。 山梨県

●お客様が、豊かな自然の中で、特産物を召し上がることで、自然と食を満喫（まんきつ）することができます。

ア 新年のあいさつを申しあげる。
イ 来週、図書館に本を返します。
ウ 資料をゆっくりとご覧になる。
エ 教授の家に、友人とうかがう。

［　　］

2

敬語の使い方について、後の問いに答えなさい。1・2

(1) 次の対話の［　］に当てはまる敬語として適切なものを後から一つ選び、記号で答えなさい。 群馬県

Aさん　明日、当社で行われる展示会には、どなたが［　］。
Bさん　副社長と私が参ります。

ア うかがいますか　イ 召しあがりますか
ウ お目にかかりますか　エ お見えになりますか

［　　］

(2) 次は、郵便局の受付の掲示（けいじ）文です。この掲示文が、待つことを求める文となるように、［　］に当てはまる表現を、「お……」という形の尊敬語を用いて書きなさい。 北海道

●順番にお呼びしますので、番号札を取って［　］。

［　　］

(3) 次の文の――線部「行きますので見て」について、ここで用いられている全ての動詞を、それぞれ適切な尊敬語または謙譲語に改めて、五字以上十五字以内で答えなさい。 山口県

●よろしければ、今度、私たちがまとめたレポートを持って公民館に行きますので見てください。どうぞよろしくお願いします。

［　　　　　　　　　　　　　　　］

3

敬語の使い方について、後の問いに答えなさい。 1・2

(1) 次の会話の中の——線部を適切な敬語表現に改める場合、正しい組み合わせはどれか。後から一つ選び、記号で答えなさい。 栃木県

観光ガイド「ここまで見てきて、この町はいかがでしたか。」
観光客A「まるで明治時代にタイムスリップしたような気分になりました。素敵な町ですね。」
観光ガイド「この町並みが話題になったおかげで、年々観光客が増加しています。もしよければ、この町並みを背景にお二人の写真を①撮りましょうか。」
観光客B「お願いします。」
——（写真撮影）——
観光客B「ありがとうございます。これからお昼ご飯を食べに行こうと思うのですが、おすすめのお店はありますか。」
観光ガイド「駅前の○○食堂のオムライスはとても有名ですよ。ぜひ②食べてみてください。」
観光客A「わかりました。ありがとうございます。」

ア ① お撮りし ② いただい
イ ① お撮りし ② 召しあがっ
ウ ① お撮りになり ② 召しあがっ
エ ① お撮りになり ② いただい ［ ］

(2) 次の文の——線部は、（ ）の中の指示に従うとどのようになるか。後からそれぞれ選び、記号で答えなさい。 三重県

① お客様が商品を見る。（**尊敬語を用いた表現に換える。**）
ア 見ている イ 見せていただく ウ 拝見する エ ご覧になる ［ ］

② 私が本を渡す。（**謙譲語を用いた表現に換える。**）
ア お渡しする イ お渡しになる ウ 渡される エ 渡している ［ ］

(3) 次の文の——線部「もらい」を、「山田先生」に対する敬意を表す表現にしたい。「もらい」を敬意を表す表現に言い換えて、書き直しなさい。 静岡県

●活動日は、毎週火曜、木曜、土曜日の三日間で、顧問の山田先生に教えてもらいながら練習しています。

［ ］

(4) 次の文の——線部を、適切な敬語表現に直しなさい。 和歌山県

●今回の職場体験で学んだことをレポートにまとめましたので、そのコピーを同封しています。どうぞ見てください。

［ ］

4 敬語の正しい使い方について、後の問いに答えなさい。

2

(1) 次の文章は、ある生徒が、職場体験を行った幼稚園に書いた礼状の一部である。――線部を付けた部分の中から、敬語の使い方が正しくないものを一つ選び、記号で答えなさい。 福島県

> 先日の職場体験では、大変お世話になりました。園にア伺ったときは緊張していましたが、先生方が優しく話しかけてイくださったおかげで、積極的に活動することができました。先生方が笑顔で園児たちに接してウいらっしゃる様子をエ拝見して、将来、私も先生方のように生き生きと働きたいと思いました。また、体験の最後の日に園長先生がオ申しあげた「こちらが笑顔で働いていると、周りの人たちも笑顔になってくれるよ。」という言葉が、心に残っています。

[　　]

(2) ――線部の敬語の使い方として適切なものを、次から一つ選び、記号で答えなさい。 新潟県

ア 姉が描いた絵を拝見してください。
イ あなたが私に申したことが重要です。
ウ 私が資料を受け取りにまいります。
エ 兄は先に料理を召しあがりました。

[　　]

HIGH LEVEL

(3) 次の手紙の一部の□に入る表現として適切なものを後から一つ選び、記号で答えなさい。 茨城県

● 先日は、職場体験をさせていただき、ありがとうございました。消防士の仕事について、想像以上に大変だということがわかったと同時に、さらに憧れの思いが強くなりました。最も印象に残っているのは、□。

ア 皆様が訓練に対して真剣にお取り組みする姿です。
イ 皆様が訓練に対して真剣に取り組まれる姿です。
ウ 皆様が訓練に対して真剣にお取り組みする姿が印象的です。
エ 皆様が訓練に対して真剣に取り組まれる姿が印象的です。

[　　]

(4) 先生に対する言葉遣いとして適切なものを次から二つ選び、記号で答えなさい。 島根県

ア 失礼します。先生、今度の発表で使う資料のことで相談に参りました。
イ 先生は、地域の行事に関する資料を拝見したことがありますか。
ウ 国語の先生が「資料を探すなら図書館がいいよ」とおっしゃっていました。
エ 図書館にはそんなに資料があるのですか。今からみんなでいらっしゃってもよろしいですか。
オ では、これから図書館で探してきます。先生はいつまで職員室におりますか。

[　　]

ここに注意しよう！ 敬語問題

各県の入試問題では、１題ほど敬語問題が出題されることが多い。
たかが１題と思わず、確実に点を取れるようにしておきたいもの。
そこで、次に挙げるポイントに注意しよう。

〈適切な敬語への書き換え〉

指定された部分を、適切な敬語に書き換える問題では、次の２パターンがある。

①謙譲語→尊敬語への書き換え
②尊敬語→謙譲語への書き換え

主語が誰かということに注目して、適切な敬語に書き換えるようにしよう。

①の例　先生がお茶をいただく。
→先生がお茶を召しあがる。

②の例　父が先生を訪ねて学校にいらっしゃる。
→父が先生を訪ねて学校に伺う。

特に、自分の身内に尊敬語を使う間違いには気づくようにする。（目上の身内であっても、他人に話すときには尊敬語は使わない。）

また、形の似た
・**「お（ご）〜になる」という尊敬表現**
・**「お（ご）〜する」という謙譲表現**
は混同してしまいがちなので、注意するようにしよう。

〈間違えやすい敬語〉

①「おります」の誤用

「おります」は「います」のさらに丁寧な言い方である。これは、「居る（「いる」のやや古い言い方）と「ます」が結び付いた丁寧語だが、これを尊敬語として使う間違いに注意しよう。

×　先生はおりますか。
○　先生はいらっしゃいますか。

②「あげる」の用法

「あげる」は元は謙譲語だったが、現在はその意味合いが薄れ、「やる（与える）」の丁寧な言い方として使う。しかし、**目上の人に使うと失礼とされる**ことは覚えておこう。

×　先生にお礼状をあげる。
○　先生にお礼状を差し上げる。

「あげる」は、「弟にお菓子をあげる。」など目下の相手の他、近年では「猫にえさをあげる。」「植木に水をあげる。」なども一般的に使われるようになっている。これは、「やる」が現在ではやや乱暴な印象を与える言葉として認識されるようになったためである。

古典

弱点チェック

次の問題を解いて、自分の弱点項目をみつけよう！

➡ 解答・解説は別冊20ページ

1 歴史的仮名遣い・文法

□ ① 「わざとならぬに**ア**ほひ、しめやかにうちか**イ**をりて、」の――線部**ア**・**イ**を現代仮名遣いに直して書くと？

ア［　　　］　**イ**［　　　］

□ ② 「三寸ばかりなる人、いと**ア**うつくしうて**イ**ゐたり。」の――線部**ア**・**イ**を現代仮名遣いに直して書くと？

ア［　　　］　**イ**［　　　］

□ ③ 「いま一度本国へ迎へんとおぼしめさば、この矢はづさせたまふな。」の――線部を現代仮名遣いに直して書くと？

［　　　］

□ ④ 「夏は夜。月**ア**のころはさらなり、やみもなほ、蛍**イ**の多く飛びちがひたる。」で、――線部**ア**の「の」は［**主語　連体修飾語　体言の代用**］を、――線部**イ**の「の」は［**主語　連体修飾語　体言の代用**］を表している。

□ ⑤ 「扇も射よげにぞなつたりける」では、文中に「ぞ」という助詞が用いられたために、文末が特別な活用形で結ばれている。古文に見られるこのような関係を、何という？

［　　　］

□ ⑥ 結びの活用形が已然形になる係りの助詞は、［**ぞ　なむ　こそ**］である。

2 動作主・主題

秦の恵王、蜀の国を**ア**討たむとしたまへるに、道絶えて（道は途中でなくなり）、人通ふ境にあらず（場所でなかった）。はかりこと（計略。はかりごと）をめぐらし、石の牛を作りて、牛の尻に金を置きて、ひそかに境のほとりに**イ**送り遣はす（国境の近くまで運ばせた）。そのち、蜀の国の人、この牛を**ウ**見て、「石牛、天より**エ**下りて、金を下せり（金のふんをした）。」と思へり。すなはち五人の力人をして（力のある人に頼んで）、山を掘り、牛を引くに、険しき山（けわしくて危険な山道も）、平らげる道になりぬ。秦の相（大臣の）張儀を遣はして（張儀を派遣して）、石牛の跡を見て、蜀の国を討ちとりてけり。

（「十訓抄」より）

□ ① ――線部**ア**の動作主は誰か？［　　　］

□ ② ――線部**イ**の動作主は誰か？［　　　］

□ ③ ――線部**ウ**の動作主は誰か？［　　　］

□ ④ ――線部**エ**「下りて」とあるが、何が下ったと言っているのか。［　　　］

埼玉県・改

□ ⑤ この話の中心になっているのは、秦の恵王の［**権力の大きさ　はかりごとの巧みさ　心の薄情さ**］である。

3 古語の意味・口語訳・文脈

> 仁和寺（にんなじ）にある法師、年寄るまで石清水（いはしみづ）を<u>拝まざりければ</u>ア、心うく覚えて（残念なことだと思われて）、あるとき思ひたちて、ただ一人、徒歩（かち）より詣（まう）でけり（徒歩で参拝した）。極楽寺（ごくらくじ）・高良（かうら）などを拝みて、<u>かばかりと心得て</u>イ帰りにけり。さて、かたへ（仲間）の人にあひて、「年ごろ（長年）思ひつること、果たしはべりぬ。聞きしにも過ぎて、尊（たふと）くこそおはしけれ。そも（それにしても）、参りたる人ごとに山へ登りしは、何事かありけん、<u>ゆかしかりしかど</u>ウ、神へ参るこそ本意（ほい）なれ（本来の目的である）と思ひて、山までは見ず。」とぞ言ひける。
> 少しのことにも、先達（せんだち）はあらまほしきこと（あってほしいものである）なり。
>
> （兼好（けんこう）法師「徒然草（つれづれぐさ）」より）

□ ① ――線部アの口語訳は、［**拝まなかったならば　拝みたかったが　拝んでいなかったので**］となる。

□ ② ――線部イの口語訳は、［**これだけと思い込んで　これだけかと失望して　これだけのはずはないと思って**］となる。

□ ③ ――線部ウ「ゆかしかりしかど」の「ゆかし」とは、［**うれしい　知りたい　心配だ**］という意味の古語である。

□ ④ 作者の感想が述べられている一文の、初めの七字を書き抜くと？　［　　　］

4 漢文のきまり

□ ① 「学ビテ而時ニ習レフ之ヲ、」を書き下し文にすると「学びて時に□、」となる。□に入るのは？　［　　　］

□ ② 「処処聞ニ啼（てい）鳥（てう）ヲ一」の――線部を書き下し文にすると？　［　　　］

□ ③ 「感□時ニ花ニモ濺（そそ）□涙（なみだ）ヲ」の□に、「時に感じては花にも涙を濺ぎ」と読むように返り点を入れると？
［感□時ニ花ニモ濺□涙ヲ］

□ ④ 「煙（えん）花（くわ）三月下ル揚（やう）州（しう）ニ」の――線部を、「揚州に下る」と読ませるように返り点をつけて書き直すと？（ふり仮名、送り仮名は書かなくてよい。）　［　　　］

□ ⑤ 一句が五字で、四句からなる漢詩の形式を、［**五言絶句（ごごんぜっく）　七言絶句（しちごん）　五言律詩（りっし）　七言律詩**］という。

□ ⑥ 絶句・律詩などの漢詩で、構成が同じで、内容が対応する二つの句を「○句」という。○に入る漢字は？　［　　　］

弱点チェックシート

正解した問題の数だけ塗りつぶそう。正解の少ない項目があなたの弱点部分だ。

弱点項目から取り組む人は、このページへGO！

	項目	正解数	ページ
1	歴史的仮名遣い・文法	1 2 3 4 5 6	72ページ
2	動作主・主題	1 2 3 4 5	75ページ
3	古語の意味・口語訳・文脈	1 2 3 4	80ページ
4	漢文のきまり	1 2 3 4 5 6	85ページ

1 歴史的仮名遣い・文法

出題率 77%

1 歴史的仮名遣いの読み方

歴史的仮名遣いとは、現在使われている現代仮名遣いに対して、古文で使われている仮名遣いのこと。一定のきまりがあるので覚えよう。

	古文の表記	読み方	例
①	語頭以外の は・ひ・ふ・へ・ほ	わ・い・う・え・お	おはす→おわす いふ（言ふ）→いう
②	ゐ・ゑ・を	い・え・お	ゐる（居る）→いる こゑ→こえ
③	語中の au・iu・eu・ou	ô・yû・yô・ô	れう（reu）り（料理） →りょう（ryô）り
④	くわ・ぐわ	か・が	くわじ（火事）→かじ ぐわん（願）→がん
⑤	ぢ・づ	じ・ず	もみぢ→もみじ いづれ→いずれ

●語頭よりあとに「ふ」が続くときは、①・③のきまりを使って二段階で直す。

例 けふ（今日）→① けう〈keu〉→③ きょう〈kyô〉
あふぎ（扇）→① あうぎ〈augi〉→③ おうぎ〈ôgi〉

2 語句の省略

①主語・述語の省略

主語（動作主）や述語が省略されていることがあるので、前後の文脈から判断して捉えるようにする。

例 （翁が）あやしがりて、寄りて見るに……　主語の省略
訳 翁が不思議に思って近寄って見ると……

例 春はあけぼの（をかし）。　述語の省略
訳 春は明け方が趣がある。

②助詞の省略

助詞「は・が・を・の」などが省略されていることが多いので注意。

例 竹取の翁といふもの（が）ありけり。　助詞の省略
訳 竹取の翁という者がいた。

3 係り結び

文中に次の係りの助詞があると、文末が終止形以外になる。

	係助詞	結び	意味	例
①	ぞ・なむ	連体形	強調	花**ぞ**昔の香ににほひ**ける**。
②	や・か	連体形	疑問・反語	いづれの山**か**、天に**近き**。
③	こそ	已然形	強調	神へ参る**こそ**本意**なれ**。

実戦トレーニング

解答・解説は別冊20ページ

1

次の――線部を現代仮名遣いに直して、平仮名で書きなさい。

お急ぎ！

(1) 只今作りしやうにもてなし、　三重県 [　　]

(2) ……と申けるを、なほうたがひて、……　宮崎県 [　　]

(3) 散るゆゑによりて咲くころあれば、珍しきなり。　岡山県 [　　]

(4) それを見れば、三寸ばかりなる人、いとうつくしうてゐたり。　滋賀県 [　　]

(5) ……これの鳥のみをしへまゐらせて、……　愛媛県 [　　]

(6) 小倉山の色紙、百枚所持したまひけるに、　静岡県 [　　]

(7) 「かくわざとおはしたるに」と思ひて、　長崎県 [　　]

(8) 手水つかふとて、詠じていはく、　富山県 [　　]

2

ア ひとしく・イ おぼさば・ウ やがて・エ いひて のうち、現代仮名遣いで書いた場合と表記が異なるものを一つ選び、その記号を書きなさい。　茨城県 [　　]

3

①ただ舞へ の平仮名の部分をすべて現代仮名遣いに直して、平仮名で書きなさい。また、②次のア～エのうち、～～線部が現代仮名遣いで書いた場合と同じ書き表し方であるものを一つ選び、その記号を書きなさい。　京都府

ア 股引の破れをつづり　イ 心に思ふことを

ウ 雨など降るもをかし　エ 白波の上に漂ひ

① [　　]　② [　　]

4

次の文章は、鴨長明（かものちょうめい）の『無名抄（むみょうしょう）』の一部で、源俊頼（みなもとのとしより）と藤原基俊（ふじわらのもととし）の歌合（うたあわせ）での出来事について、長明の和歌の師である俊恵（しゅんえ）が語ったことを記したものである。これを読んで、後の問いに答えなさい。　新潟県

法性寺殿（ほっしょうじどの）にて歌合ありけるに（ウタアワセガアッタトキニ）、俊頼・基俊、二人判者（はんじゃ）にて、名を隠して当座に判しけるに（作者ノ名ヲ隠シテソノ場デ勝負ヲ判定シタガ）、俊頼の歌に、

口惜しや雲井隠れに棲（す）むたつも思ふ人には
見えけるものを（見エタトイウノニ）

是（これ）を基俊、鶴（たつ）と心得て、「田鶴（たづ）は沢にこそ棲め（スムガ）、雲井に住む事やはある」と難じて、負になしてける。されど俊頼、其（そ）の座には詞（ことば）も加へず。其の時殿下、「今夜の判の詞、おのおの（ソレゾレ）書きて参らせよ（差シ出セ）」と仰（おほ）せられける（オッシャッタ）時、俊頼朝臣（あそん）、「これ鶴にはあらず、竜（たつ）なり。彼（か）のなにがし（中国ノ誰ソレ）とかやが（トイッタ人ガ）、竜を見むと思へる心ざしの深かりけるによりて、かれがために現はれて見えたりし事の侍（はべ）るを、よめるなり（歌ニヨンダノデアル）」と書きたりけり。

（注）**源俊頼**＝平安時代の歌人。
藤原基俊＝平安時代の歌人。
歌合＝左右に分けた歌人の詠（よ）んだ和歌を左右一首ずつ出して組み合わせ、判者が批評し、その優劣を競う遊戯（ゆうぎ）。
法性寺殿＝内大臣藤原忠通（ないだいじんふじわらのただみち）の邸宅。
判者＝歌合などで作品の優劣（ゆうれつ）を判定する人。
殿下＝敬称。ここでは藤原忠通を指す。　**朝臣**＝敬称。

(1) 〰〰線部の「思ふ」の読みを、すべて平仮名（ひらがな）で書きなさい。ただし、現代仮名遣（づか）いでない部分は、現代仮名遣いに改めること。　［　　　］

お急ぎ！

(2) ――線部の「雲井に住む事やはある」には、基俊のどのような気持ちが表れているか。最も適当なものを、次から一つ選び、記号で答えなさい。

ア　鶴（つる）が雲の中に住むはずがないと非難する気持ち。
イ　鶴は雲の高さまで飛べるのかと感心する気持ち。
ウ　鶴は雲の中に住むに違（ちが）いないと納得する気持ち。
エ　鶴が雲を越（こ）えるという表現に難色を示す気持ち。
［　　　］

2 動作主・主題

出題率 **53%**

1 動作主の見つけ方

古文では、動作主がはっきり示されない場合が多い。下の二つの文章を例に確かめてみよう。

① 主語を示す助詞「が」が省略されている場合
▼「が」を補って読む。
▼ Ⅰ 1・6行目　Ⅱ 1行目

② 直前の文の中に動作主が示されている場合（直前の文と動作主が同じ場合）
▼ Ⅰ 1行目

③ 文章の前のほうに動作主が示されている場合
▼ Ⅰ 4・5行目

④ 文の途中で動作主が変わっている場合
▼ Ⅱ 3行目

⑤ 作者の動作に対しては主語が示されていない場合 ▼随筆や日記に多い。
▼ Ⅱ 5行目

2 主題の捉え方

●**随筆**…作者のものの見方・感じ方を捉えるようにする。

⑥ 具体的な出来事の後に、作者の感想とともに教訓が示されている場合

▼ Ⅱ 9〜10行目

●**説話など**…話の展開や結末に注意して、話のおもしろさを捉えるようにする。

Ⅰ

今は昔、竹取の翁といふもの①(が)ありけり。②(竹取の翁は、)野山にまじりて竹を 1
取りつつ、よろづのことに使ひけり。名をば、讃岐の造となむ 2
いひける。 3
その竹の中に、もと光る竹なむ一筋ありける。③(竹取の翁〈＝讃岐の造〉が)③(竹取の翁が)あやしがり 4
て、寄りて見るに、筒の中光りたり。それを見れば、三寸ばか 5
りなる人①(が)、いとうつくしうてゐたり。 6
（「竹取物語」より）

Ⅱ

高名の木のぼりといひしをのこ①(が)、人をおきてて[1]、高き木にの 1
ぼせて梢を切らせしに、いと危ふく見えしほどは言ふこともな 2
くて、④(木に登った人が)降るるときに、軒丈ばかりになりて、「あやまちすな。 3
心して降りよ。」と言葉をかけはべりしを、「かばかりになりて 4
は、飛び降るとも降りなん。いかにかく言ふぞ。」と⑤(私が)申しはべり 5
しかば、「そのことに候ふ。目くるめき、枝危ふきほどは、お 6
のれが恐れはべれば申さず。あやまちは、やすきところ[2]になり 7
て、必ず仕ることに候ふ。」と言ふ。 8
⑥「あやしき下臈なれども、聖人の戒めにかなへり。鞠[3]も、難き 9
ところを蹴出して後、やすく思へば、必ず落つとはべるやらん。」 10
（兼好法師「徒然草」より） 11

（注）1人をおきてて＝人に指図して。　2やすきところ＝易しい所。
3鞠＝当時の貴族の遊びで、「けまり」のこと。

実戦トレーニング

1

次の文章を読んで、後の問いに答えなさい。　兵庫県

太閤秀吉の連歌の席にて、ふとその付合にてこそあるべけれ（付合であったのだろうが）、「奥山に紅葉ふみわけ鳴く蛍」とせられしを、紹巴が、「蛍の鳴くといふ証歌はいざしらず。」と①申し上げし（申し上げたところ）に、大いに不興にてありしが、「なんでふ（何を言うか）、おれが鳴かすに鳴かぬものは天が下にあるまじ。」と広言せられしを、細川幽斎、その席にゐて、紹巴に向かひて、「いさとよ（さあ、それがです）、蛍の鳴くとよみ合はせたる証歌あり、『武蔵野の篠を束ねてふる雨（篠竹を束ねたように激しく）に蛍ならでは鳴く虫もなし』。」と②申されしかば、紹巴は大いに驚きて平伏し、太閤は大機嫌にてありし由。

翌日、紹巴すなはち幽斎へ行きて、「さるにても（それにしても）昨日は不調法にて（粗相をして）、家の面目を失ひし。何の集（歌集）の歌なりや。」とうかがふ。幽斎、「あれほどの人に何の証歌どころぞや、昨日の歌は、我らが自歌なり。」と申されし由なり。

（山科道安『槐記』）

（注）付合――連歌で長句（五七五）・短句（七七）を付け合わせること。
紹巴――安土桃山時代の連歌師。
証歌――根拠として引用する和歌。
細川幽斎――安土桃山時代の武将・歌人。
武蔵野――今の東京都と埼玉県にわたる地域。歌によく詠まれた。

● ――線部①・②の主語として適切なものを、次からそれぞれ一つ選び、その記号を書きなさい。

ア 筆者　イ 秀吉　ウ 蛍
エ 紹巴　オ 幽斎　①［　　］②［　　］

➡ 解答・解説は別冊21ページ

2

次の文章を読んで、後の問いに答えなさい。　長崎県

今は昔（今は昔のこと）、木こりの、山守に斧を取られて（注(1)　注(2)　が、）、佗し（困った）、心憂し（つらい）と思ひて、頬杖突きてをりける（ほおづえをついていた）。山守見て、「さるべき事を申せ（言いなさい）。取らせん（返してやろう）」といひければ、

悪しきだになきはわりなき世間によきを取られて
われいかにせん
（悪い物でさえ、ないと何かと困る世の中なのに私はどうしたらいいのだろうか）

と詠みたりければ、山守返しせん（注(3)　詠もう）と思ひて、「ううう」と呻きけれど（うめいたが）、えせざりけり（何もできなかった）。さて（それで）斧返し取らせてければ、嬉しと思ひけりとぞ。人はただ歌を構へて詠むべしと（心にかけて詠むべきだと思われた。）

見えたり。

（『宇治拾遺物語』）

注(1) **山守**…山の管理者。　注(2) **斧**…小型の斧。

注(3) **返し**…返し歌。和歌を贈られたら、返し歌を詠むのが当時の習わしであった。

● ――線部の主語として最も適当なものを次から一つ選び、記号で答えなさい。

ア 木こり　**イ** 山守

ウ 世間の人　**エ** 作者

［　　］

3

次の文章を読んで、後の問いに答えなさい。　愛媛県

（注1）大雅、かつて（注2）淀侯の金屏風をかきけり。謝礼として使者来たりけるに、台所の入口より古紙書物など取り散らし置きて、さらに上り所なし。古紙をかたよせ、使者を通しけるに、謝礼として三十金を①たまふ。大雅、礼を述べて、包みのまま床の上へ置きたり。その夜、盗人、床の側の壁を切り抜きて、包金を持ち去れり。

翌朝、妻、壁を切り抜きたるを見て、「定めて盗人のしわざならん。昨日、淀侯よりたまはりたる金は、いづくへ置きたまふや。」と言ふ。大雅、さらに驚く気色なく、床の上へ置きたり。無くば、盗人持ち去りたるならんと言ふ。門人ども来たり、この体を見て、「先生何故にこのやうに壁を切り抜きたまふや。」と言へば、昨日の夜、盗人入りて、淀侯より謝礼にもらひたる（注3）金子を持ち去りたるさうなと言ふ。門人の言はく、「壁あのさまにては見苦し。つくろひたまへ。」と言へば、かへって②さいはひなり。時は今、夏日にて、涼風を引き入るるによろし。また、外へ出るに、戸を開くの（注4）うれへなしと言ふとぞ。

（『逢原記聞』による）

（注1）**大雅**＝江戸時代の画家である池大雅。
（注2）**淀侯**＝淀藩（現在の京都府の一部）の藩主。
（注3）**金子**＝お金。
（注4）**うれへ**＝煩わしいこと。

お急ぎ！

(1) ――線部①「たまふ」は「お与えになる」という意味であるが、誰が与えたのか。最も適当なものを、次から一つ選び、記号で答えなさい。

ア 大雅　**イ** 淀侯　**ウ** 妻　**エ** 門人

［　　］

お急ぎ！

(2) 文中には、大雅が言った言葉が三か所ある。その中で、二番目に言った言葉をそのまま全て抜き出し、その最初と最後のそれぞれ三字を書きなさい。

□□□～□□□

(3) 次の会話は、この文章を読んだ誠司さんと菜月さんが、先生と一緒に、大雅の人物像について話し合った内容の一部である。会話の中の［a］、［b］、［c］に当てはまる適当な言葉を書きなさい。ただし、［a］は五字で、［b］は二字で、最も適当な言葉をそれぞれ文中からそのまま抜き出して書くこと。また、［c］は三十字以上四十字以内の現代語で書くこと。

誠司さん「家の中が散らかっていたり、せっかくもらった謝礼を、［a］床の上に置いたりしているところや、切り抜かれた壁を修理せずに済ませようとしているところから、大雅はいいかげんなところがある人物だと考えました。」

菜月さん「私は、細かいことにこだわらない、おおらかな人物だと考えました。家の中が散らかっているのは、絵をかくことに没頭しているからで、謝礼に関しては、なくなっていても、［b］様子がないことから、お金に執着していないのだと思います。」

誠司さん「切り抜かれた壁を修理しなかった点については、どうですか。」

菜月さん「切り抜かれた壁については、［c］と言っているから、そうなってしまったことにくよくよせず、前向きに捉えようとしたということだと思います。」

先生「大雅は、江戸時代を代表する画家です。さまざまな捉え方ができますが、いずれにしても、芸術に対して一心に取り組むことができる人物だったからこそ、多くのすばらしい作品を残せたのでしょうね。」

a ［　　　　　］

b ［　　］

c ［　　　　　　　　　　］

4

次の文章は、『十訓抄』の一節である。注を参考にしてこれを読み、後の問いに答えなさい。 京都府

*召伯が政のやはらかなりし、*州民甘棠の詠をなし、*羊祜があはれみのひろかりし、*門客峴亭の碑を立てけり。なきあとまでも、情に過ぎたる忘れがたみぞなかりける。

おほかた、*うちあらむ人も情を先とすべし。人、我を悪しくすとも、我、情をほどこさば、人かへりてしたがふ。「仇をば恩をもて報ずべし」といへり。*廉頗が*棘を負ひしためしは、人の心によりて、今の世にもありぬべし。よそに思ふべからず。なんぞ、ただ*藺相如のみにかぎらむや。

*みどり子は、親といふゆゑを知らねども、*情をむつまし

くしてしたがふ。*六畜は主といふことをわきまへねども、あはれみを知りて*むつる。いはむや、心ある*人倫をや。

（『新編日本古典文学全集』〈小学館〉による）

（注）

＊召伯…周の政治家。

＊甘棠の詠…ヤマナシの木の詩を作ってうたうこと。ヤマナシは召伯にゆかりがある。

＊羊祜…晋の政治家。

＊門客峴亭の碑を…弟子たちが羊祜ゆかりの峴亭という山に石碑を。

＊うちあらむ人…普通の人。

＊廉頗…中国の戦国時代の武将。

＊棘を負ひし…謝罪するために、とげのある植物を自ら背負った。

＊藺相如…中国の戦国時代の優れた家臣。ここでは廉頗が謝罪した相手。

＊みどり子…幼児。

＊情をむつましくして…優しく愛情を注ぐことで。

＊六畜…六種の家畜。

＊むつる…なじんで親しくする。

＊人倫…人間。

●次の会話文は、かおるさんと健さんが本文を学習した後、本文について話し合ったものの一部である。これを読み、後の問いに答えよ。

かおる　本文では、様々な例を用いて情けについて述べられているね。一つ目の段落と二つ目の段落から、どのようなことが分かるんだったかな。

健　一つ目の段落と二つ目の段落をあわせて考えると、情け深い行いを第一にするべきだということは、時代や場所だけでなく、行う人の［A］ことであり、大切なことであると読み取れるよ。

かおる　そうだね。また、三つ目の段落では、「みどり子」や「六畜」を引き合いに出して、思慮分別のある人間なら［B］はずだということを伝えているね。

(1)　会話文中の［A］に入る適当な表現を、本文の内容を踏まえて、四字以上、七字以内で書きなさい。

(2)　会話文中の［B］に入る最も適当な表現を、次から一つ選び、記号で答えなさい。

ア　情けを尽くしても無理には応答を求めない

イ　情けを尽くした相手が自分に感謝しているか見抜く

ウ　自分が情けを尽くされたことを理解して行動する

エ　自分が情けを尽くされたことがなくても気に留めない

［　　］

3 古語の意味・口語訳・文脈

出題率 49%

1 古語の意味

現代と異なる意味をもつ言葉や、現代では使われない言葉に注意する。意味のたくさんある語は、文脈の中で判断しよう。

①現代語と意味が異なる言葉

例 **やがて**
- 古語…そのまま。すぐに。
- 現代語…まもなく。そのうちに。

例 **うつくし**
- 古語…かわいらしい。見事だ。
- 現代語（うつくしい）…きれいだ。

例 **けしき**
- 古語…様子。表情。きざし。
- 現代語…風景。

例 **おどろく**
- 古語…はっと気がつく。はっと目を覚ます。
- 現代語…びっくりする。

例 **おとなし**
- 古語…大人びている。思慮深い。
- 現代語（おとなしい）…性格などが穏やかだ。

CHECK! 入試に出る古語
おほかた・せぬ
こなた・あしき
かひなし・召す
すなはち
～ぬべし・～ざる

②現代では使われていない言葉

例 **いと**…たいそう。
例 **つゆ**…少しも。全く。
例 **げに**…本当に。
例 **とく**…はやく。
例 **はた**…やはり。また。
例 **つとめて**…早朝。翌朝。
例 **つきづきし**…似つかわしい。
例 **さらなり**…言うまでもない。
例 **のたまふ**…おっしゃる。
例 **候ふ**…お仕えする。あります。

2 口語訳

省略されている語句を補い、古語の意味や古語の助動詞の働きに注意して口語訳をする。

●古語の助動詞

例 **なり**…断定（…である）　例 **けり**…過去（…た・…たという）
例 **たり**…完了（…た）・存続（…ている）
例 **ぬ**…完了（…た・…てしまう）▼打ち消しの「ず」の連体形「ぬ」と間違えやすい。

3 文脈

指示語や会話文に注意して文脈をたどり、大意をつかもう。

●古語の指示語（指す内容の見つけ方は、現代文の場合と同じ。）

例 **かかる**…このような。こんな。　例 **かく**…このように。
例 **さる**…そのような。そんな。

●会話文

古文では、会話部分に「　」を使わない場合がある。会話のあとには、「…と言ふ（申す・問ふ）」や「…とて」などの言葉が続くことが多いので、それを手がかりにとらえよう。

例 **卜伝大いに驚きて、さては一の太刀授くべき器にあらずと言ひけり。**
（～～部分が卜伝の言った言葉。）

実戦トレーニング

解答・解説は別冊22ページ

1

京都府

次の文章を読んで、後の問いに答えなさい。

鎌倉中書王にて御鞠ありけるに、雨降りて後、未だ庭の乾かざりければ、いかがせんと沙汰ありけるに、佐々木隠岐入道、鋸の屑を車に積みて、おほく奉りたりければ、一庭に敷かれて、泥土の①わづらひなかりけり。「取り溜めけん用意、ありがたし」と、人感じ合へりけり。

（鎌倉中書王の御所で蹴鞠の会が）（相談することが）（おがくず）

この事をある者の語り出でたりしに、吉田中納言の、「乾き砂子の用意やはなかりける」とのたまひたりしかば、恥づかしかりき。いみじと思ひける鋸の屑、いやしく、異様の事なり。庭の儀を奉行する人、乾き砂子を設くるは、故実なりとぞ。

（おっしゃったので）（ということだ）

（兼好法師『徒然草』）

（注）**鎌倉中書王**――後嵯峨天皇の皇子、宗尊親王。鎌倉幕府の第六代将軍。**御鞠**――蹴鞠。数人が鞠を蹴り、地面に落とさないように受け渡しする遊び。**庭の儀を奉行する人**――庭の整備を担当する人。**故実**――古くからのしきたり。

● ――線部①の意味として最も適切なものを、次から一つ選び、記号で答えなさい。

ア 損失　イ 病気　ウ 支障　エ 不足

［　］

2

大阪府

次の文章を読んで、後の問いに答えなさい。

少将の内侍、台盤所の御つぼ（庭）のかへでの木を見出だして、「このかへでに、はつもみぢのしたりしこそ失せにけれ」といひたりけるを、頭の中将聞きて、「①いづれの方にか候ひけむ」とて、梢を見あげければ、人々もみなめをつけて見けるに、蔵人永継とりもあへず、「西の枝にこそ候ひけめ」と申したりけるを、右中将実忠朝臣、御剣の役のために参りて、おなじくその所に候ひけるが、この言を感じて、「この比は、これほどの事も心とく（察して）うちいづる人は、かたきにてある（まれであるのに）に、優（風流）に候ふものかな」とて、うちうめきたるに、人々みな②入興して満座感歎しけり。まことに、とりあへずいひいづるも、また聞きとがむるも、いと優にぞ侍りける。

「古今」の歌に、

おなじ枝をわきて木のはの色づくは西こそ秋の初めなりけれ

と侍るをおもはへていへりけるなるべし。

（注）**少将の内侍**＝中務大輔藤原信実の娘。
台盤所＝食物を調理する台所。　**頭の中将**＝藤原宣経。
蔵人永継＝藤原永継。　**右中将実忠朝臣**＝藤原実忠。
御剣の役＝天皇が外出する際に剣を持つ役目。

(1) ①「いづれの方にか候ひけむ」とあるが、次のうち、この問いかけの内容として最も適しているものはどれか。次から一つ選び、記号で答えなさい。

ア 初めて色づいたもみじはなぜ散ってしまったのか。
イ 初めて色づいたもみじはどちらの方角にあったのか。
ウ 初めて色づいたもみじはいつまで木の枝にあったのか。
エ 初めて色づいたもみじは誰に散らされてしまったのか。

［　　］

(2) ②入興して　とあるが、次のうち、このことばの本文中での意味として最も適しているものはどれか。次から一つ選び、記号で答えなさい。

ア おもしろく思って　　**イ** 怒りをあらわにして
ウ 物思いにふけって　　**エ** きまりが悪くなって

［　　］

3

次は、中国の唐の時代の『蒙求』の一部と、それを題材にした鎌倉時代末期の『徒然草』の一部と、『徒然草』の現代語訳である。これらを読んで、後の問いに答えなさい。句読点等は字数として数えること。

福岡県

『蒙求』

許由、箕山に隠れ、盃器無し。手を以て水を捧げて之を飲む。人一瓢を遺り、以て操りて飲むことを得たり。飲みをはりて木の上に掛くるに、風吹き瀝瀝として声有り。由以て①煩はしと為し、遂に之を去る。

（注）**箕山**…今の河南省にある山。　**瀝瀝**…風の音の意。

〈『新釈漢文大系 第58巻 蒙求 上』〈明治書院〉による。一部改変〉

『徒然草』

人は、おのれをつづまやかにし、おごりを退けて、財を持たず、世をむさぼらざらんぞ、いみじかるべき。昔より、賢き人の富めるは稀なり。

唐土に許由と言ひつる人は、さらに身にしたがへる貯へもなくて、水をも手して捧げて飲みけるを見て、なりびさごといふ物を人の得させたりければ、ある時、木の枝にかけたりけるが、風に吹かれて鳴りけるを、かしかましとて捨てつ。また手にむすびてぞ水も飲みける。②いかばかり心のうち涼しかりけん。孫晨は、冬月に衾なくて、藁一束ありけるを、夕には是に臥し、朝には収めけり。

もろこしの人は、これをいみじと思へばこそ、記しとどめて世にも伝へけめ、これらの人は、語りも伝ふべからず。

現代語訳

人は、わが身をつつましくして、ぜいたくをしりぞけ、財宝を所有せず、俗世間の名誉や利益をむやみに欲しがらないのが、立派だといえよう。昔から、賢人であって富裕な人は、めったにいないものである。

中国で許由といった人は、少しも身についた貯えもなくて、水さえも手でもってすくいあげて飲んでいたのを人が見て、なりびさこ（瓢箪）というものを与えたところが、ある時、木の枝にかけてあったその瓢箪が、風に吹かれて鳴ったのを、やかましいといって捨ててしまった。それからはまた前のように手ですくって水も飲んだ。［Ｉ］。孫晨は、冬季に夜具がなくて、一束の藁があったのを、日暮れになるとこれに寝て、朝になると取りかたづけたということである。

中国の人は、これらを立派なことだと思えばこそ、書き残して後世にも伝えたのであろうが、我が国の人は、語り伝えさえしそうにもないことである。

（注）**瓢箪**…ウリ科の植物。熟した実の中をくりぬいたものを、水をすくう道具などとして用いる。

（『新編日本古典文学全集　徒然草』〈小学館〉による。一部改変）

(1) 『蒙求』の①煩はしと同じ意味で用いられている語を『徒然草』から探し、そのまま抜き出して書きなさい。

［　　　］

(2) 『徒然草』に②いかばかり心のうち涼しかりけんとあるが、どういうことか。現代語訳の［Ｉ］に入る内容として最も適当なものを、次から一つ選び、記号で答えなさい。

ア どんなにか心の中はすがすがしかっただろうか
イ どんなにか心の中は寂しかっただろうか
ウ どんなにか心の中はわびしかっただろうか
エ どんなにか心の中は楽しかっただろうか

［　　　］

(3) 次の［　］の中は、『蒙求』、『徒然草』を読んだ小島さんと堤さんと先生が、会話をしている場面である。

小島さん　『蒙求』に出てくる「許由」は、水をすくう道具でさえ必要ないと思うような［ア］な生活を実践した人物だと思います。

堤さん　そうですね。出家して草庵で暮らしたといわれる兼好法師は、『徒然草』のこの部分で、ぜいたくを嫌ってつつましく生きた立派な人物の例として「許由」と「孫晨」の逸話を引用しているのでしょうね。

先生　「許由」が俗世間を避けて、『蒙求』の中にある「箕山」で暮らしたのは、王が「許由」に帝位を譲ろうとした時に、それを断ったのがきっかけであるという逸話もありますよ。

堤さん　その逸話も踏まえると、自分の名誉や利益を求める気持ちがない「許由」は、［イ］を持たない人物でもあったと思います。

小島さん　『徒然草』には、そのような人物について、［ウ］ことへの兼好法師の嘆きが表れていると思います。

先生　二人とも、『蒙求』と『徒然草』を比べて読んで、考えを深めることができましたね。

(1) ［ア］、［イ］に最もよく当てはまる熟語を、それぞれ漢字二字で考えて書きなさい。

ア［　　］　イ［　　］

(2) ［ウ］に入る内容を、十字以上、十五字以内で考えて書きなさい。

［　　　　　　　　　　　　　　　］

4

次の文章を読んで、後の問いに答えなさい。　長崎県

〔木下という人物が、村を見渡せる高台から家来とともに村を眺めていた。その時、遠くに見える大きな松の木の梢に、鶴が巣を作って、親鳥がえさを運び雛を育てている様子が見えた。〕

雛もよほど育ちて（ずいぶんと成長して）首を並べて巣の内に並べる様、（中で並んでいる様子を、）遠眼鏡（望遠鏡）にて望みしに、（で眺めていたが、）ある時右松（その松）の根より、よほど（ずいぶん）太き黒きもの段々右木（その木）へ登るさま、（様子を見て、）「うはばみの類ひなるべし。（蛇の一種だろう。）やがて（そのまま）巣へ登りて鶴をとり喰ふならん。（のだろう。）あれを制せよ」と人々申し騒げどもせん方なし。（どうしようもない。）しかるに、（その時、）二羽の鶴の内、一羽は蛇を見付けし体にてありしが、（様子であったが、）虚空に飛び去りぬ。（飛び去った。）「あはれ（ああ、）いかが、（どうしたことか、）雛はとられん」（とられそうだ）と手に汗して望みながめしに、もはや（早くも）彼の（あの）蛇も梢近く至り、あはや（ああ、危ない）と思ふ頃、一羽の鷲はるかに（はるか遠くから）飛び来たり、（飛んで来て、）右の蛇（その蛇）の首をくはへ、帯を下げしごとく（下げたように）空中を立ち帰りしに、親鶴程なく立ち帰りて（間もなく巣に戻って来て、）雌雄巣へ戻り、雛を養ひしとなり。（養ったということだ。）鳥類ながら（ではあるが、）其の身の手に及ばざるを（自分の手に負えないことを）さとりて、同類の鷲を雇ひ来たりし事、鳥類心ありける事（思慮深いこと）と語りぬ。（てあったと語った。）

（『耳嚢』）

お急ぎ！

● ――線部の指示内容を本文から漢字一字で抜き出して書きなさい。　［　］

4 漢文のきまり

出題率 38%

1 漢文のきまり

漢字だけで書かれている原文を、日本語の文章として読むことを訓読、訓読のために送り仮名や返り点を付けたものを訓読文という。

①**送り仮名**…助詞・助動詞や用言の活用語尾などを、**漢字の右下に片仮名**で示したもの。歴史的仮名遣いを用いる。

例 唯ダ見ル長江ノ天際ニ流ルルヲ
（唯だ見る長江の天際に流るるを）

②**返り点**…**読む順序**を示す記号のこと。漢字の左下に付ける。

- **レ点**〈下の一字を先に読み、上に返る。〉

欲レスル然エント ▼然→欲 の順に読む。（然えんと欲す）

例 春眠不レ覚エ暁ヲ ▼春→眠→暁→覚→不 の順に読む。
（春眠暁を覚えず）

- **一・二点**〈下の二字以上を先に読んで、上に返る。〉

例 下ル二揚州一ニ ▼揚→州→下 の順に読む。（揚州に下る）

③**置き字**…訓読するときには読まない。

例 学ビテ而時ニ習レフ之ヲ ▼「而」を抜かして読む。
（学びて時に之を習ふ）

④**書き下し文**　訓読文を、**漢字仮名交じりの文**に改めたもの。

＊右の例で、（　）内に示したもの。

2 漢詩

中国唐代（7～10世紀）の詩人による漢詩が多く出題される。

①**漢詩の形式**

- **絶句**
  - **五言絶句**……一句が五字で、四句からなる。
  - **七言絶句**……一句が七字で、四句からなる。
- **律詩**
  - **五言律詩**……一句が五字で、八句からなる。
  - **七言律詩**……一句が七字で、八句からなる。

②**絶句の構成**

第一句＝**起句**（詩を歌い**起**こす）……江ハ碧ニシテ鳥ハ逾ヨ白ク
第二句＝**承句**（起句を**承**けて展開する）……山ハ青クシテ花ハ欲ス然エント
第三句＝**転句**（場面を**転**換する）……今春看ス又過グ
第四句＝**結句**（締めくくって**結**ぶ）……何レノ日カ是レ帰ル年ゾ

例 絶句　杜甫

※例は五言絶句の詩

③**表現技法**

●**対句**…構成が同じで、内容が対応する二つの句。

例
江 碧 鳥 逾 白
↔ ↔ ↔ ↔
山 青 花 欲 然

CHECK! 入試によく出る漢文
「論語」…孔子（中国古代の思想家）やその弟子たちの言行を記録したもの。

実戦トレーニング

解答・解説は別冊24ページ

1

次の【Ⅰ】～【Ⅲ】を読んで、後の問いに答えなさい。 茨城県

【Ⅰ】書き下し文

孔子曰く、薬酒は口に苦きも、病に利あり。[　　]、行ひに利あり。

【Ⅱ】訓読文（訓読するための文）

孔子曰、薬酒苦於口、而利於病。忠言逆於耳、而利於行。

【Ⅲ】現代語訳

孔子がこう言った、「薬酒は口に苦いが、病気には効き目がある。真心から出た言葉は耳に痛いが、行いには助けとなる。」

●【Ⅰ】の[　　]に入る語句として最も適切なものを、次から一つ選び、記号で答えなさい。

ア 耳に逆ふも忠言は　**イ** 忠言は逆ふも耳に

ウ 忠言は耳に逆ふも　**エ** 耳に忠言は逆ふも

[　　]

2

次の漢詩は、李白が友人の汪倫に対して、感謝の思いを詠んだものである。これを読んで、後の問いに答えなさい。 岐阜県

贈汪倫　　汪倫に贈る

李白乗舟将欲行　　李白舟に乗つて将に行かんと欲す（出発しようとした）

忽聞岸上踏歌声　　忽ち（ふと）聞く岸上（岸のほとり）踏歌の声

桃花潭水深千尺　　桃花潭水深さ千尺（とても深い）

不及汪倫送我情　　及ばず汪倫我を送るの情に

（注）**踏歌の声**＝足を踏み鳴らし、拍子をとって歌う声。
桃花潭＝汪倫が住む村を流れる川のこと。

お急ぎ！

(1) この漢詩の形式として適切なものを、次から一つ選び、記号で答えなさい。

ア 五言絶句　**イ** 五言律詩

ウ 七言絶句　**エ** 七言律詩

[　　]

(2) 「不及汪倫送我情」を「及ばず汪倫我を送るの情に」と読むことができるように、返り点を書きなさい。

［不　及　汪　倫　送　我　情］

HIGH LEVEL

(3) 次の□内の文章は、この漢詩の鑑賞文の一例である。A、Bに入る適切な言葉を、それぞれ現代語で書きなさい。ただし、字数はAは五字以内、Bは五字以上十字以内とする。

この詩は、「送別」をテーマにしている。村を船で出発しようとした李白は、A で汪倫が村人たちと一緒に別れを惜しんで歌う姿を見て、汪倫の友情の深さは、村を流れる桃花潭の B ものであると感じ、汪倫に感謝している。

A □□□□□

B □□□□□□□□□□

3

次の書き下し文と漢文を読んで、後の問いに答えなさい。　兵庫県

〔書き下し文〕

魏の明帝、宣武場上に於いて、虎の爪牙を断ち、百姓の之を観るを縦す。王戎七歳なるも、亦往きて看る。虎間を承ひ欄に攀ぢて吼え、其の声地を震はす。観る者辟易顛仆せざるは無し。戎湛然として動ぜず。了に恐るる色無し。

〔漢文〕

魏明帝、於宣武場上、断虎爪牙、縦(a)百姓観之。(①)王戎七歳、亦往看(b)。虎承間攀欄而吼、其声震地。(②)観者無不辟易顛仆。戎湛然不動。了無恐色。

（注）魏明帝――古代中国の魏の国の皇帝。
宣武場――兵士を訓練するための広場。練兵場。
王戎――人物の名。
辟易顛仆――たじろいで倒れ伏す。
湛然――しずかなさま。

お急ぎ！

(1) ──線部①の「之」とは何か。書き下し文から一語で抜き出して書きなさい。

［　　　］

(2) 書き下し文の読み方になるように、──線部②に返り点をつけなさい。

［観ル者無シ不ざルハ辟易顚仆セ］

(3) ──線部a・bの主語として適切なものを、次から一つ選び、それぞれ記号で答えなさい。

ア 魏の明帝　イ 百姓　ウ 王戎　エ 虎

a［　　］　b［　　］

(4) 本文では、王戎はどのように描かれているか。その説明として最も適切なものを、次から一つ選び、記号で答えなさい。

ア 大人しく、積極的に行動することができない子ども。

イ 度胸があり、落ち着いて状況をとらえられる子ども。

ウ 無鉄砲で、後先を考えることなく行動する子ども。

エ 強い意志を持ち、人の意見に流されない子ども。

［　　］

4

次の《説明文》と《漢文》を読んで、後の問いに答えなさい。（説明文についての問いは省略）

岩手県・改

《説明文》

幸福と希望のあいだには、どんなちがいがあるのでしょうか。

私たちが今、とても幸福な状態にあるとしましょう。すべてが満ち足りている。何もかもが楽しく思える。目にするすべてが美しくみえる。そんな状態が、幸福という言葉からは連想されます。

幸福な状態にある人が思うことは、ただ一つ。その状態がいつまでも続いてほしい。そう願うことでしょう。幸福は、継続を求めるものなのです。

幸福を周囲に感じさせる例として、結婚式の披露宴があります。私もたまにむかしの学生や職場の同僚から、披露宴に招かれたりします。会場のひな壇に座る新郎・新婦は、まさに幸福の（注1）オーラに包まれているものです。友人からのスピーチや恋愛時代の写真が紹介されて、ときおり顔を見合わせてにこやかにほほ笑みあったり。二人は、この幸福が永遠に続きますようにと、ゼッタイにあり得ないことを本気で信じていたりします。

「継続」を求める幸福に対し、希望は「変化」と密接な関係があります。夢とちがって希望は、苦しい現実のなかで意識的にあえて持とうとするものであるといいました。過酷な現在の状況から良い方向に改善したい。苦しみから少しでもラクになりたい。もしくは誰かをラクにしてあげたい。そんな思いが、希望という言葉には宿っているのです。

希望は、現状の維持を望むというよりは、現状を未来に向かって変化させていきたいと考えるときに、表れるものなのです。

だとすれば、希望を持つためには、きびしい現実から目を背けないことが、まず重要になってきます。過去から現在まで続いている挫折や試練を正面から受け止めることで、その状況を変えるんだという思いは、生まれます。

ただ、変化を起こすことが、一人ひとりの力だけではむずかしいこともあります。そんなときは、同じ変化を希望する人たちと、どんな方向に変えていきたいのかという希望をともにしながら、一緒に行動できるかどうかに、変化の実現はかかってきます。

幸福と希望は、人生によろこびを得るための二つの大きな要素です。幸福と希望のどちらがすぐれていて、どちらが劣っているというものではありません。頑張ればずっと変わらずに守り続けられるものがあって、維持できる見通しがあれば、それは幸福につながります。一方で、現状のきびしさを認めつつも、より良い未来が待っていると信じられるような変化が期待できるときに、希望は育まれていくのです。

希望、夢、幸福などと並んで、近年（注2）とみに重要視されている価値観が、安心です。

安心は、希望とは大きく異なるものです。安心が今日これだけ注目されるようになったのは、それだけ不安が広がっていることの裏返しです。将来の先行きが見えないとか、経済の不確実性が高まっているという思いが、安心を求める気持ちを強めているのです。

では、どうすれば安心は得られるのでしょうか。たとえば老後の生活の問題で、政府が「安心してください、年金は必ず受け取れます」といったとします。しかし、それが確実に保証されているという見通しがなければ、安心はできません。安心には確実であることが欠かせない条件です。

それに対して希望は、先行きが確実にみえているわけではありません。むしろ希望は、きびしい状況のなかで、先がみえないからこそ、勇気をもって前に進むために必要とされるものです。ある程度の見通しを持てたほうが希望は持ちやすいこともありますが、かといって先が完全にみえてしまっているのであれば、希望など持つ必要もなくなります。

希望を持つとは、先がどうなるかわからないときでさえ、何かの実現を追い求める行為です。安心が確実な結果を求めるものだとすれば、希望は模索の過程（プロセス）

そのものなのです。

　不安が大きい社会では、つい確実なものを求めがちになります。

　しかし不安を招きやすい、変化の激しい時代には、かつて確実と思っていたものが、あっという間に役に立たなくなったりします。

　いっとき、プロ野球の世界で「勝利の方程式」というい方が流行したことがありました。先発ピッチャーが交代した後、二番手は誰、その後の三番手は誰、そして最後の抑えは誰と確実に決めておけば、勝利に結びつきやすいと考えられました。

　勝利の方程式があれば、安心してピッチャーの継投策を考えることができます。たしかにそれで成功したチームもありましたが、そんな成功もふりかえってみれば、一時的なものにすぎませんでした。チームのピッチャーの状態も変わりますし、相手チームの打線の特徴も年々変わっていくでしょう。そうなれば、状況の変化にあわせて方程式も変えていかなければなりません。永久不変の勝利の方程式など、あったら安心ですが、本当はどこにもないのです。

　希望も同じです。どうすればもっとよい将来をもたらすことができるかを考え、ときに思い悩みながら、試行錯誤を続ける。そこから希望は、生まれるのです。

　安心に比べれば、希望には、不安や不確実性がつきものです。でも、みんなが安心を与えられることばかりを求めて、自分から模索することを望まない社会なんて、実におもしろみのない社会です。


（玄田有史「希望のつくり方」による）

（注1）オーラ…人や物が発する雰囲気。
（注2）とみに…急に。

《漢文》

九十歳になる愚公は、他の町との行き来をしやすくするため、家族と一緒に大きな山を平らにし始めました。

（注1）河曲の智叟、①＿＿笑つて之を止どめて曰く、「甚だしいかな、汝の不恵なる。残年の余力を以てしては、曽ち山の一毛を毀つ能はず。其れ土石を如何せん。」と。
（あきれたものだ、君のものわかりの悪いのには。老いの身に残されたわずかな力 山に生えている草一本だって取り除くことはできない。それなのに、土や石などをどうするつもりなのだ。）

北山愚公長息して曰く、

（深くため息をついて）


「汝が心固なり。固徹すべからず、曽ち（注2）孀妻の弱子に若かず。我は死すと雖も、子有りて存す。子又孫を生み、孫又子を生む。子又子有り、子又孫有り。子子孫孫、窮匱無し。而るに山は加増せず。何若ぞ平がざらん。」と。

（君は、わからずやだ。君の考えはこり固まっていてどうにもならず、あの幼い子供にも及ばない。たとえわたしは死んだとしても、 いつまでも尽きることはない。 どうして平らにできないことがあるものか。）


河曲の智叟、以て応ふる亡し。

（「列子」による）

（注1）河曲の智叟…黄河のほとりに住む利口な老人。
（注2）孀妻の弱子…愚公を手伝いに来た隣人の子供。

お急ぎ！
(1)《漢文》の～～線部　子又孫有り　とありますが、これを漢文で書くと「子又有孫」となります。波線部のとおりに読めるように、返り点を付けなさい。

［ 子 又 有 孫 ］

HIGH LEVEL
(2) ――線部①　笑つて　とありますが、「河曲の智叟」が「愚公」を笑ったのはなぜですか。それを次のように説明するとき、［　］にあてはまる言葉を、二十字以上二十五字以内で書きなさい。

［　　　　　　　　　　　　　　　　　　　　　　　　　］と思ったから。

HIGH LEVEL
(3)《説明文》の破線部　おもしろみのない社会　とありますが、《漢文》の「愚公」からは、《説明文》の筆者が主張する「おもしろみ」と共通する態度が読み取れます。それはどのような態度ですか。次から一つ選び、記号で答えなさい。

ア　実現が難しくとも山を平らにしようと考えた愚公の、実現不可能なものなら可能になるまで待とうという態度。

イ　実現が難しくとも山を平らにしようと考えた愚公の、最終的な目的の達成に向けて自ら動きだそうという態度。

ウ　実現が難しく山を平らにすることを子孫に任せた愚公の、最終的な目的の達成に向けてただ祈ろうという態度。

エ　実現が難しく山を平らにすることを子孫に任せた愚公の、実現不可能なものなら誰かの力に頼ろうという態度。

［　　］

これだけは！ 入試に出る文学史

入試前に、最低限押さえておきたい日本の文学史は、以下のものである。
分野ごとに、時代や作品名、作者、内容をチェックしておこう。
作品名や作者は、漢字で正しく書けるようにしておくこと。

和歌集

▼万葉集

奈良時代後期に成立した**現存する最古の和歌集**。主な歌人は**柿本人麻呂**・**山上憶良**など。五七調が多く、力強く素朴。

▼古今和歌集

平安時代前期に成立した最初の**勅撰和歌集**。主な歌人は**紀貫之**・**在原業平**など。七五調が多く、優美で繊細。

▼新古今和歌集

鎌倉時代前期に成立した八番目の勅撰和歌集。主な歌人は**藤原定家**・**西行**など。七五調が中心。幽玄の境地を重んじる。

物語

▼竹取物語

平安時代前期に成立した**現存する最古の伝奇物語**。作者不明。「**かぐや姫**」の物語として有名。

▼平家物語

鎌倉時代に成立した**軍記物語の代表作**。作者不明。源氏と平家の争いと、**平家の滅亡**を描いた。

随筆

▼枕草子

平安時代中期に**清少納言**が書いた。鋭く細やかな感覚で、宮中における作者の見聞や自然に対する感想などを描く。「**をかし**」の文学とよばれる。

▼徒然草

鎌倉時代末期に**兼好法師**（**吉田兼好**）が書いた。自然や人生に関する豊かな知識や意見が述べられている。**仏教的な無常観**が根本に流れる。

その他の文学

▼おくのほそ道

江戸時代前期に**松尾芭蕉**が書いた。**俳句と俳文**で構成された**紀行文**。江戸から奥羽・北陸地方を経て大垣に至る旅を記録した。

読解I［出題形式別］

読解の頻出題形式

1 心情の問題（文学的文章）

① 登場人物の状況に注目して心情を捉える

- **どんな出来事が起こっているか**…いつ・どこで・誰が・何をしたかに注目する。
- **場面の状況はどうか**…その出来事が起きた場面で登場人物がどんな立場にいるか、周囲はどんな状況なのかに注目する。

② 登場人物の発言や、様子や心情を表す部分から心情を捉える

直接的表現	「悲しかった」「いらいらする」など、**心情が直接的に表された部分**に注目する。
間接的表現	登場人物の**行動**・**表情**などについて書かれた部分に注目する。**風景や天候などの情景描写**にも注意。

2 文脈の理解の問題

① 指示語の指し示す内容を捉える

指示語の指し示す内容は指示語よりも前にあることが多いので、まず**直前の部分**から探す。

▶ 指示語の指し示す内容を見つけたら、**その内容を指示語と置き換え**て、文意が通るかどうかを確認する。

② 接続語の働きを確かめて、前後の関係を捉える

順接	だから・それで・すると・したがって・それゆえ
逆接	だが・しかし・けれども・ところが・が・でも
並立・累加	そして・また・それから・そのうえ・しかも・なお
対比・選択	それとも・あるいは・もしくは・または
説明・補足	すなわち・つまり・ただし・例えば・なぜなら
転換	ところで・さて・では・次に・一方・時に

③ 場面の移り変わりを捉える（文学的文章）

背景	**季節・登場人物のいる場所・時間・時代**など、登場人物を取り巻く状況の変化に目を向ける。
人物	中心的な登場人物の心情や置かれた立場がどのように変化していくか、**登場人物どうしの関係**を中心に見ていく。
事件	話の流れとともに起こる**個人的、あるいは社会的な出来事**に対する登場人物の心情や立場に注目する。

3 主題の問題

「主題」とは、小説や随筆などの書き手が、その文章を通して訴えようとしている、中心的な思いのこと。

小説	中心的な登場人物の**考え方や心情、人物像、クライマックス**（**作品の山場**）に注目して捉える。
随筆	事実を述べた部分と意見・感想を述べた部分を区別し、**意見・感想の部分**から捉える。文章の最後にまとめられていることが多い。

4 韻文の表現技法の問題

①詩の主な表現技法を押さえる

印象を深める

- **直喩**…「～ようなみたいな」などの言葉を使って直接たとえる。
  例 氷のように冷たい手
- **隠喩**（**暗喩**）…「～ような・みたいな」などの言葉を使わずにたとえる。
  例 彼の氷の手がふり下ろされる
- **擬人法**…人ではないものを人に見立ててたとえる。
  例 空がすすり泣いている

強調・余韻

- **倒置法**…語の順序を普通とは逆にする。
  例 出かけよう、明るい日差しを浴びながら
- **体言**（**名詞**）**止め**…行末を体言（名詞）で止める。
  例 部屋に残された花の香り

リズムを生む

- **対句法**…形の上からも内容の上からも対応する語句を並べる。
  例 小鳥は楽しげにさえずり、子どもたちはにぎやかに歌う
- **反復法**…同じ語句、または似た語句を繰り返す。
  例 出会えば笑顔に　出会えば笑顔に

②短歌・俳句のきまりを押さえる

句切れ	一首（句）の途中で、文としての意味が切れる部分のこと。俳句では「切れ字」があることが多い。
俳句の季語	季節を表す言葉で、一句に一つ詠み込むのが原則。
俳句の切れ字	詠嘆や強調を表す助詞「や・ぞ・か・かな」や助動詞「けり・なり」。

CHECK! 季節を誤りやすい季語
・残雪（春）
・若葉（夏）
・天の川（秋）
・小春（冬）

5 意見の理由・説明の問題

事実と意見を読み分ける…事実を述べている文と意見を述べている文とを読み分ける。
（「～と思う。」「～ではないだろうか。」「～しなければならない。」など。）

意見の理由・根拠を捉える…理由や説明を示す言葉「なぜなら～から（ため）である」「つまり～である」などに注目する。

6 要旨の問題

各段落の中心文（その段落の話題の中心をまとめた文）を見つけ、要点を捉える。
（段落の初めか終わりにあることが多い。）

各段落のつながりを捉えて要点を押さえる。

結論を押さえ、結論部分の内容を中心にまとめる。

1 心情の問題（文学的文章）

実戦トレーニング

1 次の文章を読んで、後の問いに答えなさい。　宮崎県・改

➡ 解答・解説は別冊26ページ

［眠人たちは、夜の公園で、沖縄の楽器「三線」の練習をしていた。帰ろうとしたとき、大人たちに声を掛けられる。］

「眠人の三線は遊びじゃないぞ。眠人、みんなに聞かせてやれ。春帆から本気で習ってたんだって弾いて証明してやれ」

「あんたたちなに言ってんの。いまの状況わかってる？　その三線ってやつを夜にここで弾いてたのがそもそもの問題だったんじゃない。悪いことしてたって自覚がまるでないじゃないの」

銀ぶち眼鏡のおばさんが［　　］。「まあまあ」と警察官がなだめてくれた。

眠人はぐるりと見回した。薄暗い中、野次馬を合わせて二十人あまりの人がいて、すべての視線が眠人に注がれていた。好意的な視線はゼロだ。きっとみんな眠人と竜征を悪い子供と思っている。また線が引かれていた。線の向こうは正しくて、こっちは悪い。

でもどうしてこっち側の事情を聞いてくれないのか。こっち側の本当を知ろうとしないのだろう。

外で三線を弾いていたのは家では無理だからだ。春帆は変な女子高生などではなく、やさしくて尊敬できる人だ。おばさんたちは親の教育が悪いなんて思っているようだけれど、親に関してはこっちだって被害者なのだ。

事実や事情を知ろうともせず、交わされていた本当の言葉たちに耳を澄まそうともせず、勝手に線を引いて正しさで殴りかかってくる。

殴られる人間にだって心があるのに。

（関口尚「虹の音色が聞こえたら」〈集英社〉より）

(1) ［　　］に入る言葉として適切なものを次から一つ選び、記号で答えなさい。

ア 茶化す　**イ** いきり立つ
ウ ひるむ　**エ** もてはやす　［　　］

(2) ——線部「殴られる人間にだって心があるのに。」とあるが、この表現から眠人のどのような思いが読み取れるか。適切なものを次から一つ選び、記号で答えなさい。

ア 夜遊びは悪いけれども練習した僕は正しいと認めてほしい。
イ 大人でも間違いはあるので子供の過ちも受けいれてほしい。
ウ 一方的に決めつけないで僕の言い分や事情を知ってほしい。
エ 注意であっても大勢の前で恥をかかせるのはやめてほしい。　［　　］

2

次の文章は、小学六年生の雪乃が、曾祖父（父の祖父）である茂三と早朝から農作業をすると約束をしていたが、寝坊してしまった場面を描いたものである。これを読んで、後の問いに答えなさい。

岐阜県・改

慌てでパジャマのまま台所へ飛んでいくと、ヨシ江[1]が洗い物をしているところだった。

「さっき出かけてっただわ。」

「おはよ。ねえ、シゲ爺は？」

「ああ、おはよう。」

「シゲ爺[2]は？」

「うそ、なんで？」

ほんのちょっと声をかけてくれたらすぐ起きたのに、どうして置いていくのか。部屋を覗いた曾祖父母が、〈よーく眠ってるだわい〉〈可哀想だからこのまま寝かせとくだ〉などと苦笑し合う様子が想像されて、地団駄を踏みたくなる。

「どうして起こしてくんなかったの？　昨日あたし、一緒に行くって言ったのに。」

するとヨシ江は、スポンジで茶碗をこすりながら雪乃をちらりと見た。

「起こそうとしただよう、私は。けどあのひとが、ほっとけって言うだから。」

「……え？」

「『雪乃が自分でまっと（もっと）早起きして手伝うから連れてけって言っただわ。こっちが起こしてやる必要はねえ、起きてこなけりゃ置いてくまでだ』って。」

心臓が硬くなる思いがした。茂三の言うとおりだ。

（村山由佳「雪のなまえ」〈徳間書店〉より）

（注）　1ヨシ江＝雪乃の曾祖母。　2シゲ爺＝茂三のこと。

正答率 93%

● ――線部「茂三の言うとおりだ」とあるが、このときの雪乃の気持ちとして適切なものを次から一つ選び、記号で答えなさい。

ア　初めは起こしてもらえなかったことに悲しさを感じていたが、ヨシ江から茂三の言葉を聞き、自分は茂三との約束を守れていたのだと気づき、満足している。

イ　初めは起こしてもらえなかったことにいらだちを感じていたが、ヨシ江から茂三の言葉を聞き、自分の言動の無責任さに気づき、後悔している。

ウ　初めは起こしてもらえなかったことに寂しさを感じていたが、ヨシ江から茂三の言葉を聞き、自分に対する期待の高さに気づき、うれしくなっている。

エ　初めは起こしてもらえなかったことに怒りを感じていたが、ヨシ江から茂三の言葉を聞き、自分の思いが茂三に誤解されていたことに気づき、残念に感じている。

［　　］

2 文脈の理解の問題（説明的文章）

実戦トレーニング

解答・解説は別冊26ページ

1 群馬県・改

次の文章を読んで、後の問いに答えなさい。

畑や花壇の土は、地表面の近くが乾燥していても、地中の深くでは、水を含んでいます。そのため、「根は、その水を求めて、下に向かって伸びていくのではないか」と考えることはできます。

ところが、地球上には重力があり、根には重力の方向に伸びるという性質があります。ですから、根が水を求めて下に伸びていることは、重力と切り離して証明しにくいのです。そのため、「根が水を求めて下に向かって伸びていく」とは、これまではっきりといわれてきませんでした。

しかし、近年は、「根が水を求めて下に向かって伸びていく」ことが、はっきりと認められるようになりました。その根拠は、主に、次の三つに整理できます。

一つ目は、根が水のある方向に向かって伸びる現象がよく見られることです。これは、多くの人に何となく感じられてきたものです。たとえば、土の中の配水管などの割れ目から水が漏れていると、割れ目に向かって多くの根が伸びる現象が観察されてきました。

二つ目は、シロイヌナズナという植物に、突然変異で重力を感じなくなった個体が生まれたことです。この個体の根は、重力を感じることはありません。ところが、その根は土の中深くに多くある水を求めて下に伸びるのです。

三つ目は、宇宙ステーションでの実験です。宇宙ステーションの中では、重力ははたらいていません。それにもかかわらず、シロイヌナズナをはじめ、レタスやヒャクニチソウなどのタネが発芽すると、根は下に伸びたのです。このとき、発芽した芽生えの下には、水を含んだ*ロックウールが置かれていました。

（田中修「植物のいのち」〈中央公論新社〉より）

（注）*ロックウール＝岩石を加工して、水を含むようにしたもの。

● ――線部「その根拠は、主に、次の三つに整理できます」とあるが、その根拠について説明したものとして適切なものを次から全て選び、記号で答えなさい。

ア 根拠の一つ目では、根が水のある方向へ伸びる現象について述べている。

イ 根拠の二つ目では、土と水がないと植物は成長できないことを述べている。

ウ 根拠の三つ目では、根が伸びるには地球の重力が大きく影響することを述べている。

エ 三つに整理された根拠は、根には水を求めて伸びる力があることを示すものとなっている。

［　　］

2

次の文章を読んで、後の問いに答えなさい。 島根県・改

　言葉にはまず、ものをグループ分けする働き、つまり①カテゴリー化する働きがあります。そこでは、いま目の前にしているリンゴ、たとえば紅玉（こうぎょく）の独特の赤い色とか、それ特有の甘酸（あまず）っぱい味、あるいはそれが私の好みであるとかいったことは問題にされません。むしろリンゴに共通の性質ですべてのものをひとくくりにすることがその場合の唯一（ゆいいつ）の関心事です。

　しかし、たとえば友人に「紅玉はおいしいよね」と語ったとき、この「紅玉」ということばは、その基礎（きそ）的な意味を相手に伝えるだけでなく、相手がその味を知っている場合には、その人のなかに、紅玉独特の強い酸味のきいた甘さをありありとイメージさせることができます。それを言葉の喚起（かんき）機能と呼んでよいと思いますが、わたしたちは、「紅玉」ということばを聞いたとき、その音声越（ご）しに基礎的な意味を聞くだけでなく、さらにその意味を越えて、このことばがもつ豊かな意味あいをも聞くことができるのです。ここに鍵（かぎ）がありそうです。

　たしかに、わたしたちはいくらことばを重ねても、紅玉の微妙（びみょう）な味をことばで表現し尽（つ）くすことはできません。そこに言葉の限界があります。しかし他方、いま言った機能によって、その味を直接相手のなかに喚起することができます。そのような働きがあるからこそ、わたしたちの会話は、平板な意味のやりとりに終始せず、いきいきとしたものになるのだと言えるのではないでしょうか。

　しかし、そのような機能が発揮されるのは、相手が自分と同じ経験をしている場合だけにかぎられるのでしょうか。わたしは②言葉の喚起機能はもう少し広がりをもったものだと考えています。

（藤田正勝（ふじたまさかつ）『はじめての哲学（てつがく）』〈岩波書店〉より）

(1) ——線部①「カテゴリー化する働き」とあるが、これはどのような働きか。適切なものを次から一つ選び、記号で答えなさい。

ア 同じような意味の言葉が、時代や地域によっていくつも生み出される働き。

イ 似たようなものをすべてまとめて、それらを一つの言葉で言い表す働き。

ウ 一つのものをさらに細かく分けて、それぞれに言葉を当てていく働き。

エ 文法に従って、世の中のすべてのものを論理的に名づけていく働き。

［　　］

HIGH LEVEL

(2) ——線部②「言葉の喚起機能は……もったものだ」とあるが、どういうことか。——線部②より前の文章中の言葉を用いて、五十五字以上六十五字以内で答えなさい。ただし、「リンゴ」「紅玉」という言葉を用いないこと。

3 文脈の理解の問題（文学的文章）

実戦トレーニング

解答・解説は別冊26ページ

1 次の文章を読んで、後の問いに答えなさい。 宮城県・改

〔中堅漫画家の亮二は、人気の衰えを感じ、引退して実家の家業を手伝うことにして向かった空港で、似顔絵描きの老紳士と出会う。老紳士は亮二の作品を知っており、自身もかつては漫画家だったと語る。〕

ふうっと老紳士はため息をつき、笑った。

「楽しかったんです。ああこれが自分の天職だったのか、と思いました。毎日毎日笑顔を見つめて、笑顔を写し取り、描き残してゆく。笑顔でお礼をいわれ、笑顔を描いて得たお金に感謝し、笑顔に囲まれて暮らしてゆける。なんて幸せな日々を得たのだろうと思いました」

なるほど、と亮二はうなずいた。

「わかるような気がします。――俺も、故郷に帰ったら、似顔絵に挑戦してみようかな」

半ば思いつき、半ば本気でそう口にしたとき、

「あなたは、似顔絵じゃなく、漫画を描けばいいですのに」

静かな、けれど強い声で老紳士がいった。

「え、でも、俺はもう田舎に帰るんですし」

「ご自分でさっきおっしゃってたじゃないですか。いまはどこにいても漫画が描ける、都会から遠くにいても、出版社とやりとりはできるし描けるって担当さんに説得されたって。そして、担当さんたちはあなたの復帰を待っていてくれてるって。おうちのお手伝いをしながら、自分のペースで少しずつ描くこともできるんじゃないですか?」

（村山早紀「風の港」〈徳間書店〉より）

● ――線部「俺も、故郷に帰ったら、似顔絵に挑戦してみようかな」とあるが、亮二がこのように言ったのはなぜか。適切なものを次から一つ選び、記号で答えなさい。

ア これまでの生き方を語る老紳士の話を聞いて、似顔絵を描くことが自分の天職であると気づいたから。

イ 似顔絵を描く楽しさはわかるような気がするが、似顔絵を描くことを仕事にするのは不安なので、よく考えようと思ったから。

ウ 似顔絵を描くことを仕事にすることにまだ迷いはあるが、ためらっていても仕方がないので、早く決断すべきだと気づいたから。

エ 老紳士の話に共感するとともに、似顔絵であれば、自分にも描けるのではないだろうかと思ったから。

〔　　〕

2

次の文章を読んで、後の問いに答えなさい。　青森県・改

〔四国の山村留学センターで十三人の仲間と共同生活を送る小学校四年生の「ぼく（壮太）」は、釣りの帰りにみかんの葉の上にアゲハチョウの幼虫を見つける。飼育ケースの中でアゲハチョウは順調に育ち、ついに羽化の時を迎える。〕

アゲハはゆっくりと時間をかけて前脚を壁にかけ、体全体を出そうとするんだけど、飼育ケースのプラスチックがつるつるすべるせいで、うまくいかない。

――しまった。ダンボールかなにか、すべらない入れ物に移してやればよかった。

後悔したけど、もう遅い。動かなくなったサナギに興味を失ってしまった自分をなぐりつけたくなった。今となってはもう、息を［　］見守ることしかできなかった。

ようやくなんとかカラから抜け出すことに成功したアゲハは、抜け殻の中におしっこをした。

「きゃははは、おしっこ、おしっこ」

大声をあげるたくとに、ふたたびみんなが「しー」と指をたてた。

次の瞬間だった。ふるふるふるふるえるアゲハの細い脚が壁をつーとすべって、アゲハは飼育ケースの床に落下してしまった。

「あー」

今度は全員の口から声がもれた。

飼育ケースの床に落ちたアゲハは動かなかった。まだぬれているような羽も閉じられたままだ。

――死んだのか？

体中の血がさーと引いて、心臓が音をたてて鳴り始めた。

だれも、なにも言わなかった。十秒、二十秒……。アゲハはまったく動かない。見守っていたみんなは一人、二人と引き上げていった。

（八束澄子「ぼくらの山の学校」〈PHP研究所〉より）

(1) ［　］に入る言葉として適切なものを次から一つ選び、記号で答えなさい。

ア ぬいて　**イ** つめて

ウ いれて　**エ** はずませて　［　　］

(2) ――線部「飼育ケースの床に落ちたアゲハは動かなかった」とあるが、この後の場面の表現について述べたものとして適切なものを次から一つ選び、記号で答えなさい。

ア 「ぼく」の体の血の流れや心臓の動きを描くことで、「ぼく」の緊張が解けていっていることを表現している。

イ 誰も言葉を発しない様子を描くことで、「ぼく」の周りの人物がアゲハへの興味を失ったことを表現している。

ウ 過ぎていく時間の秒数を示すことで、子どもたちがアゲハをじっと見続けていることを表現している。

エ 引き上げていく人数を示すことで、子どもたちの宿題の時間が近づいてきたことを表現している。

［　　］

4 主題の問題（文学的文章）

［実戦トレーニング］

解答・解説は別冊27ページ

1 次の文章を読んで、後の問いに答えなさい。

（北海道・改）

［中学三年生の千穂は、進学のことを考えている。ある日、塾へ行く途中、小学生の頃よく遊んでいた公園へ立ち寄り、木登りをして枝から落ちたことがある大樹に登ってみる。］

まん中あたり、千穂の腕ぐらいの太さの枝がにゅっと伸びている。足を滑らせた枝だろうか。よくわからない。枝に腰かけると、眼下に街が見渡せた。金色の風景だ。光で織った薄い布を街全部にふわりとかぶせたような金色の風景。そして、緑の香り。

そうだ、そうだ、こんな風景を眺めるたびに、胸がドキドキした。この香りを嗅ぐたびに幸せな気持ちになった。そして思ったのだ。

あたし、絵を描く人になりたい。

理屈じゃなかった。描きたいという気持ちが突き上げてきて、千穂の胸を強く叩いたのだ。そして今も思った。

描きたいなあ。

今、見ている美しい風景を＊カンバスに写し取りたい。

画家なんて大仰なものでなくていい。絵を描くことに関わる仕事がしたかった。芸術科のある高校に行きたい。けれど母の美千恵には言い出せなかった。母からは、開業医の父の跡を継ぐために、医系コースのある進学校を受験するように言われていた。祖父も曽祖父も医者だったから、一人娘の千穂が医者を目ざすのは当然だと考えているのだ。芸術科なんてとんでもない話だろう。

絵描きになりたい？　千穂、あなた、何を考えてるの。絵を描くのなら趣味程度にしときなさい。夢みたいなこと言わないの。

そう、一笑に付されるにちがいない。①大きく、深く、ため息をつく。

お母さんはあたしの気持ちなんかわからない。わかろうとしない。なんでもかんでも押しつけて……あたし、ロボットじゃないのに。

ざわざわと葉が揺れた。

そうかな。

かすかな声が聞こえた。聞こえたような気がした。耳を澄ます。

そうかな、そうかな、本当にそうかな。

そうよ。お母さんは、あたしのことなんかこれっぽっちも考えてくれなくて、命令ばかりするの。

そうかな、そうかな、よく思い出してごらん。

②緑の香りが強くなる。頭の中に記憶がきらめく。

千穂が枝から落ちたと聞いて美千恵は、血相をかえてとんできた。そして、泣きながら千穂を抱きしめたのだ。

「千穂、千穂、無事だったのね。よかった、よかった。生きていてよかった」

美千恵はぼろぼろと涙をこぼし、「よかったよかった」と何度も繰り返した。

「だいじな、だいじな私の千穂」そうも言った。母の胸に抱かれ、その温かさを感じながら、千穂も「ごめんなさい」を繰り返した。ごめんなさい、お母さん。ありがとう、お母さん。

思い出したかい？

うん、思い出した。

そうだった。この樹の下で、あたしはお母さんに抱きしめられたんだ。しっかりと抱きしめられた。

緑の香りを吸い込む。

これから家に帰り、ちゃんと話そう。あたしはどう生きたいのか、お母さんに伝えよう。ちゃんと伝えられる自信がなくて、ぶつかるのが怖くて、お母さんのせいにして逃げていた。そんなこと、もうやめよう。お母さんに、あたしの夢を聞いてもらうんだ。あたしの意志であたしの未来を決めるんだ。


〈あさのあつこ「みどり色の記憶」『1日10分のぜいたく』〈双葉社〉より〉

（注）＊カンバス＝キャンバス。油絵用の画布。

(1) ――線部①「大きく、深く、ため息をつく」とあるが、このとき、なぜ千穂はため息をついたのか。適切なものを次から全て選び、記号で答えなさい。

ア お母さんは、芸術科のある高校に進学したいという私の気持ちを全くわかろうとしてくれないと思ったから。
イ 芸術科のある高校に進学するなんてとんでもない話だと、お母さんに言われたことを思い出したから。
ウ 医系コースのある高校に通いながら画家を目指す覚悟を、お母さんに認めてもらえる自信がなかったから。
エ お母さんは、ロボットのように感情を表に出さず、私の趣味を一笑に付すに違いないと思ったから。
オ お母さんは、父の跡を継ぐために医者になる未来を押しつけてくるに違いないと思ったから。

［　　　］

HIGH LEVEL　正答率 4.6％

(2) ――線部②「緑の香りが強くなる」とあるが、千穂が強くなったと感じた「緑の香り」は、千穂にどのようなことを思い出させ、どのような決意をもたらしたか。八十字程度で書きなさい。

5 韻文の表現技法の問題

実戦トレーニング

解答・解説は別冊27ページ

1 次の詩を読んで、後の問いに答えなさい。　滋賀県・改

初恋　島崎藤村

まだあげ初めし前髪の
林檎のもとに見えしとき
前にさしたる花櫛の
花ある君と思ひけり

やさしく白き手をのべて
林檎をわれにあたへしは
薄紅の秋の実に
人こひ初めしはじめなり

わがこころなきためいきの
その髪の毛にかかるとき
たのしき恋の盃を
君が情に酌みしかな

林檎畠の樹の下に
おのづからなる細道は
誰が踏みそめしかたみぞと
問ひたまふこそこひしけれ

（島崎藤村「若菜集」『藤村詩集』〈新潮社〉より）

(1) 〰線部「の」と同じ働きをしている「の」を、━線部A～Dから一つ選び、記号で答えなさい。　[　]

(2) お急ぎ！ ━線部「問ひたまふこそこひしけれ」を現代仮名遣いに直し、全て平仮名で書きなさい。　[　]

(3) 次は詩の各連の内容について説明したものである。第三連について説明したものを一つ選び、記号で答えなさい。

ア 林檎を仲立ちとするやり取りから、相手への思いが強まっている。
イ 少女のふとした何気ない言動すら恋しくてたまらなく感じられる。
ウ 林檎畑で見かけた少女の美しさに魅了される様子が描かれている。
エ 思いがけず漏らした恋心を、少女は優しく受け入れてくれている。

[　]

2

次の詩を読んで、後の問いに答えなさい。 岩手県・改

未明の馬　　丸山薫

夢の奥から蹄の音が駆けよってくる
それは私の家の前で止まる
もう馬が迎えにきたのだ

私は今日の出発に気付く
すぐに寝床を跳ね起きよう
いそいで身仕度に掛らねばならない

ああ　そのまも耳に聞こえる
彼がもどかしそうに門の扉を蹴るのが
焦ら立って　幾度も高く嘶くの□

そして　眼には見える
霜の凍る未明の中で
彼が太陽のように金色の翼を生やしているのが

（萩原昌好「日本語を味わう名詩入門10」〈あすなろ書房〉より）

(1) 詩の中の□には平仮名一字が入る。次のうちのどれが入るか。第三連、第四連に用いられている表現に着目して、適切なものを一つ選び、記号で答えなさい。

ア は　**イ** を　**ウ** で　**エ** が　［　　］

(2) 次の会話は、この詩の授業で話し合ったものの一部である。□に入る言葉として適切なものを後から一つ選び、記号で答えなさい。

友美さん　第四連は馬の様子が視覚的に描かれています。
昭雄さん　たしかに、第四連では「眼には見える」とあります。でも、「未明」を調べたら、夜明けよりも前を指す言葉だから、暗い時間帯のはずです。だから、馬の姿は暗闇の中に浮かび上がっているように感じられます。そこから、□がわかります。

ア 馬のイメージがよりはっきりと印象的に表現されていること
イ 過去に見た馬の姿を夢の中でぼんやりと思い出していること
ウ 暗闇でも馬の実際の姿をしっかり確認することができたこと
エ 馬の心情と私の気持ちの隔たりをうっすら予感していること　［　　］

HIGH LEVEL

(3) ――線部「未明の馬」とあるが、この詩で「未明の馬」は何を意味していると読み取れるか。適切なものを次から一つ選び、記号で答えなさい。

ア 大事な使命を果たした達成感と喜び。
イ 時間がない早朝の焦りともどかしさ。
ウ これからの未来に対する希望や期待。
エ 自分が置かれた状況の厳しさや不安。　［　　］

3

次の短歌を読んで、後の問いに答えなさい。 福島県・改

A　とぶ鳥もけもののごとく草潜り(くさくぐ)はしるときあり春のをはりは　前川(まえかわ)　佐美雄(さみお)

B　わたり来てひと夜を啼き(な)し[1]青葉木菟(あおばずく)二夜は遠く啼きて今日なし　馬場(ばば)　あき子(こ)

C　春の谷あかるき雨の中にして鶯(うぐいす)なけり山のしづけさ　尾上(おのえ)　柴舟(さいしゅう)

D　木木の芽に春の[2]霙(みぞれ)のひかるなりああ山鳩(やまばと)の聲(こえ)ひかるなり　前(まえ)　登志夫(としお)

E　二つゐて[3]郭公(かっこう)どりの啼く聞けば谺(こだま)のごとしかはるがはるに　島木(しまき)　赤彦(あかひこ)

F　[4]つばくらめ飛ぶかと見れば消え去りて空あをあをとはるかなるかな　窪田(くぼた)　空穂(うつぼ)

（注）　1青葉木菟＝フクロウの一種。
2霙＝雪がとけかけて雨まじりに降るもの。
3郭公どり＝カッコウ。　4つばくらめ＝ツバメ。

正答率 81.0％

(1)　鳥たちが交互(こうご)に鳴いて声が響き(ひび)わたる情景を、直喩(ちょくゆ)を用いて表現している短歌はどれか。A～Fから一つ選び、記号で答えなさい。　［　　］

(2)　春先の情景を描写(びょうしゃ)した言葉を、鳥の声の印象を表す際にも用い、新しい季節の訪れに対する喜びをうたった短歌はどれか。A～Fから一つ選び、記号で答えなさい。　［　　］

4

次の俳句を読んで、後の問いに答えなさい。 福島県・改

A　鷹(たか)の巣や[1]大虚(たいきょ)に澄め(す)る日一つ　橋本(はしもと)　鶏二(けいじ)

B　彼(かれ)一語我一語秋深みかも　高浜(たかはま)　虚子(きょし)

C　撥ね(は)飛ばす一枚恋(こい)の歌かるた　加古(かこ)　宗也(そうや)

D　秋や今朝一足に知るの[2]ごひえん　松江(まつえ)　重頼(しげより)

E　[3]不二(ふじ)ひとつ埋み(うず)のこして若葉かな　与謝(よさ)　蕪村(ぶそん)

F　春ひとり槍(やり)投げて槍に歩み寄る　能村(のうむら)　登四郎(としろう)

（注）　1大虚＝大空。
2のごひえん＝よくふいて表面が滑ら(なめ)かになっている縁(えん)側(がわ)。
3不二＝富士山(ふじさん)。

(1)　情景を順に追うような言い方を用いて、ゆっくりとした動きで黙々(もくもく)と競技の練習をする様子をよんだ俳句はどれか。A～Fから一つ選び、記号で答えなさい。　［　　］

(2)　上空から見下ろすような大きな視野の先に雄大(ゆうだい)な存在を描き(えが)出すとともに、盛んな生命の勢いを切れ字を用いて表現している俳句はどれか。A～Fから一つ選び、記号で答えなさい。　［　　］

実戦トレーニング

➡ 解答・解説は別冊28ページ

1 次の文章を読んで、後の問いに答えなさい。 島根県・改

①インターネットは本当に便利である。プライベートでも、書物を売る現場＝書店店頭においても、商品そのものや人物、事柄などの検索に、すばらしい力を発揮してくれる。

しかし、使えば使うほど、②この場合は書物の方が便利だな、と思うことも多くなってくる。書き込みができる、一覧性があるなど素材や形態にかかわることもそうであるが、何よりも情報がある目的に合わせて収集、整理されていることの恩恵を、強く感じるのだ。すなわち、「編集」の力である。

テクスト[1]という言葉は、もともと「布地」を意味する。多くの言説[2]を縦糸と横糸に編み込んで「布地」を生み出すのが、「編集」という作業である。

一方、インターネット空間は、言わば膨大な量の糸がバラバラのまま集まった状態である。確かにそこは、ユーザーが自由に選び取り、それぞれの必要と趣味に応じて時には自由に編み直すことができる原材料の宝庫といえる。だが、選んだ原材料がよいものである、あるいは編み直し方が正しいものである保証は、無い。言い換えれば、出来上がった布地に責任を負う者が、誰もいない。

（福嶋聡「紙の本は、滅びない」〈ポプラ社〉より）

（注） 1テクスト＝本文。テキストともいう。
2言説＝言葉で説明された考えや意見。

● ――線部①「インターネットは本当に便利である。」、――線部②「この場合は書物の方が便利だな、と思うことも多くなってくる。」について、次の1、2に答えなさい。

1 インターネットについて、筆者は何をするときに便利だと考えているか。文章中から漢字二字で書き抜きなさい。

□□

2 書物について、筆者が最も便利だと考えているのはどのようなことか。――線部②以降の文章中から二十字以上、二十五字以内で書き抜きなさい。

□□□□□□□□□□□□□□□□□□□□□□□□□

2

次の文章を読んで、後の問いに答えなさい。　福岡県・改

近頃は退屈しないように、あらゆる刺激が充満する環境が与えられているが、あえて刺激を絶ち、退屈でしかたがないといった状況を自ら生み出すのもよいだろう。

そんな状況にどっぷり浸かることで、自分自身の内側から何かがこみ上げてくるようになる。心の声が聞こえてくるようになる。

それが、**A** で **B** な生活から、**C** で **D** な生活へと転換するきっかけを与えてくれるはずだ。

そこで問題なのは、「一人はかっこ悪い」という感受性である。一人でいられないことの弊害を考えると、「ひとりはかっこ悪い」といった感受性を克服する必要がある。

かつてのように、若者たちが孤高を気取る雰囲気を取り戻すのは難しいかもしれないが、学校などで群れる時間をもちながらも、一人の時間をもつようにしたい。

一人でいられないのは、自分に自信がないからだ。絶えず群れている人間は弱々しく見えるし、頼りなく見える。無駄に群れて時間を浪費しているということは、本人自身、心のどこかで感じているのではないか。

一人で行動できるというのは、かっこ悪いのではなく、むしろかっこいいことなのだ。一人で行動できる人は頼もしい。一人の時間をもつことで思考が深まり、人間に深みが出る。そこをしっかり踏まえて意識改革をはかることが必要だ。

（榎本博明「『さみしさ』の力　孤独と自立の心理学」〈筑摩書房〉より）

正答率 80.8%

(1) **A** ～ **D** に入る言葉の組み合わせとして適切なものを次から一つ選び、記号で答えなさい。

ア　**A** 受け身　**B** 反射的　**C** 主体的　**D** 創造的
イ　**A** 主体的　**B** 創造的　**C** 受け身　**D** 反射的
ウ　**A** 反射的　**B** 主体的　**C** 受け身　**D** 創造的
エ　**A** 受け身　**B** 創造的　**C** 主体的　**D** 反射的

［　　］

HIGH LEVEL

(2) ――線部「むしろかっこいいことなのだ」とあるが、筆者は、なぜそのように述べているのか。その理由を、「一人で行動できる人は、」に続けて、解答欄に書かれている文字数を含め、五十字以上、六十字以内で書きなさい。ただし、自信、思考　という二つの語句を必ず使うこと。

一人で行動できる人は、

7 要旨の問題（説明的文章）

実戦トレーニング

解答・解説は別冊28ページ

1 次の文章を読んで、後の問いに答えなさい。 高知県・改

　合意といった具体的な成果が出てこないとしたら、対話などしても意味がない。そんなことを思っている人は、たぶん対話を行うことはできません。対話の可能性を信じない者、対話とは何かが分からない者は対話を行えないと言ったら、きっと猛烈に反発されることでしょう。［ア］将棋のルールを知らない人、将棋というゲームが成立すると信じていない人には、将棋を行うことも楽しむこともできないはずです。

　対話が私たちの生き方を作ってくれている、対話によって生かされていると考えるべきです。対話をなにかの役に立てようとか、そこから利益や成果を得ようと思っている人には、やはり対話はできません。それはなぜでしょう。対話とは、自分が結局は大切なことは分かっていないのだ、自分自身のことすら知らない存在であると自覚させてくれる契機です。［イ］分からないという事態を明瞭にしてくれることが対話の本質であるのに、<u>それを自覚しないで傲慢にもそれを利用しようとしたら、それこそ対話とは正反対の精神になってしまいます。</u>

　ソクラテスがいつも対話を始める際に語っていたように、「私はこのことを知らない。だからあなたと一緒に議論したいのだ」という姿勢が、対話には何よりも大切です。対話は相手になにかを教えてあげることでも、自分がなにかを得ることでもありません。［ウ］もっと言うと、対話する人は失うべきものは何一つもっていない。だから、真理に向けて一所懸命に言葉を交わしていくのです。

（納富信留「対話の技法」〈笠間書院〉より）

(1) 文章中から次の一文が抜いてあるが、［ア］～［ウ］のどこに入るか。一つ選び、記号で答えなさい。

・ですが、これは特におかしなことではありません。　［　　］

HIGH LEVEL　正答率 8.6 %

(2) ――線部「それを自覚しないで傲慢にもそれを利用しようとしたら、それこそ対話とは正反対の精神になってしまいます」とあるが、このことから、筆者は「対話の精神」を、どのように対話を行うことだと捉えていると考えられるか。その内容を、「成果」という言葉を必ず使って、六十字以上八十字以内で書きなさい。

2

次の文章を読んで、後の問いに答えなさい。

大阪府・改

人が何を考えているか、どんなことで悩(なや)んでいるのか、本当のところは知り得ない。それは、自分が人の話を聞いて文章を書く上での一番大切な心構えとして、常に意識していることです。自分自身について他の人が知り得ていることを想像してもそう思いますし、自分の最も身近な人について、自分が知っていることを思っても、そうなんだろうと感じます。だから、ましてやインタビューなどの形で会ってしばらく話を聞いたぐらいではまず人の核心(かくしん)部分には触(ふ)れられないし、取材によっていくら複数のエピソードを集めてみてもやはりそれは同じであろうことは、どうしても自覚しなければならないと思うのです。決してわかった気になってはいけない、と。

それでも、文章にするにあたっては、人から聞いた話を元にどうしても何らかの形を浮(う)かび上がらせないといけないし、広い意味で、一つの物語を紡(つむ)ぎあげる必要があります。そこに、人を取材して書くことの難しさがあるのです。

その点に関して、書き手にとって大切なのは何よりも、わかりえないことが必ずあると認め、でも、できる限り相手のことを理解しようと全力で耳を傾(かたむ)け、その上で、その人の核心部分はなんだろうかと十分に悩み、考えること。そして、文章によって表現する上でのさまざまな制約や限界を意識しつつ、その中で自分が伝えられることは何かと、誠心誠意考えて、文章として描(えが)き出そうと努力することなのだろうと思います。

書き手が、自分の知っていることはわずかでしかないという謙虚(けんきょ)さを持ち、かつ書いて伝えられることの限界を意識しつつ最高のものを書こうとすれば、その姿勢は必ず文章の端々(はしばし)ににじみ出ます。それはとりわけ、ちょっとした表現や言葉遣(づか)い、語尾(ごび)などの細部に表れます。自分は、そうして微(かす)かにでもにじみ出る書き手の意識や人間性こそ、文章の命であると思っています。そういった部分こそ、読み手がその文章に惹(ひ)かれたり、心を動かされたりする上で重要であるのだと考えています。

（近藤雄生(こんどうゆうき)「まだ見ぬあの地へ　旅すること、書くこと」〈産業編集センター〉より）

HIGH LEVEL

正答率 18.5%

● 人を取材して文章を書く上での書き手の姿勢について、筆者が述べている内容を次のようにまとめた。**a** に入る最も適切なひと続きの言葉を、本文中から二十五字で抜(ぬ)き出し、初めの五字を書きなさい。また、**b** に入る内容を、本文中の言葉を使って十五字以上二十字以内で書きなさい。

a を持ちながら、書いて伝えられることの限界を意識しつつ最高のものを書こうとすることが大切であり、そうすることによって文章の **b** こそが、読み手が惹かれたり心を動かされたりする上で重要である。

a

b

読解II［文章テーマ別］

読解の頻出文章テーマ

1 文化・社会がテーマの文章

①文章の傾向

●論説的な文章……文章の分野は、ほとんどが論説文。他には随想（論理的な随筆）がある。

②学習のポイント

●文脈の理解……指示語や接続語に注意して、文章の流れを押さえるようにする。

●要旨……選択肢問題にしても記述問題にしても、各段落の要点を正しく捉えるようにする。

●読書対策……日本の文化や日本文化と外国文化との比較などを題材にした作品に触れておこう。

2 人物の成長がテーマの文章

①文章の傾向

●文学的な文章……小説が圧倒的に多い。次いで随筆。小説では、中心的登場人物、随筆では、筆者自身、あるいは題材の中に登場する人物が心の成長を遂げていく姿を描いていることがほとんどである。

②学習のポイント

●文脈の理解……中心的登場人物（随筆の場合は、筆者自身か取り上げている人物）をめぐってどんな出来事が起こっているかを、時間的な流れに沿って、正しく捉える。

●クライマックス（山場）に注目

・心情の変化
・行動の変化
・考え方の変化

これらの変化を通して、登場人物が内面的にどう変わったかをつかむ。

3 韻文がテーマの文章

①文章の傾向

●融合形式……随筆・説明文の文章中に、詩・短歌・俳句などを含む場合がある。和歌・漢詩が取り上げられることもある。

②学習のポイント

●韻文の基礎知識……通常の読解問題の他に、表現技法や句切れ、季語などを問う場合もあるので、特に、表現技法、季語は押さえておくようにしよう。

4 言語・学問がテーマの文章

①文章の傾向

●論説的な文章……論説文・説明文がほとんど。

②学習のポイント

●意見の理由・説明……文章中の語句の内容吟味を伴うものが多い。言い換えの表現や段落の関係に目を向ける。

5 家族がテーマの文章

①文章の傾向

●**文学的な文章**……小説がほとんどだが、随筆でも時々テーマとして取り上げられることがある。

②学習のポイント

●**文脈の理解**……登場人物と家族との間にどんな出来事が起こり、どのように展開していくかを押さえる。

●**心情を捉える**

家族に対して……どんな出来事を通して、誰をどう思っているか。

自分の行動に関して……家族に対する行動について、どう思っているか。

→ **変化していく心情をつかむ。**

6 身体・科学がテーマの文章

①文章の傾向

●**説明的な文章**……科学をテーマとする文章がほとんど。時事的な話題を取り上げる場合も多い。

②学習のポイント

●**文脈の理解**……使われている用語は、専門的なものが多い。一文一文、語句の意味を確かめながら読んでいくようにする。注がある場合、その説明を手がかりにしよう。

●**読書対策**……話題になっている科学的な事柄を、普段からキャッチしておく。図書館や書店の新刊などに目を向ける。

7 学校・友情がテーマの文章

①文章の傾向

●**文学的な文章**……ほとんどが小説。たまに随筆でも取り上げられる。

②学習のポイント

●**文脈の理解**……話の背景をしっかり押さえておこう。

・時代はいつか。 ・どんな場所か。
・季節はいつか。 ・どんな人物が出てくるか。

●**心情を捉える**……主人公を中心につかむ。

・どんな学校生活を送っているのか。
・誰とどのような友情を結んでいるのか。
・関係が、どのように変化していくか。

8 自然・環境がテーマの文章

①文章の傾向

●**説明的な文章**……日本の自然環境・地球環境を話題にした文章がほとんどを占めている。

②学習のポイント

●**意見の理由・説明**……筆者が取り上げている話題についてどんな意見を述べているかを、理由とともに正しく押さえる。繰り返し出てくる言葉（キーワード）に注目する。

●**要旨**……筆者が述べようとしている事柄や主張を、結論部分の内容を中心につかむ。

1 文化・社会がテーマの文章

実戦トレーニング

1 次の文章を読んで、後の問いに答えなさい。なお、1～9はそれぞれの段落を示す番号である。 山口県・改

➡ 解答・解説は別冊29ページ

1「深く考える」とは、どういうことでしょうか。それは、自分が普段から、知らず知らずのうちに身につけてしまっている考え方や、「当たり前」と一方的に思い込んでいる自分の常識を、あらためて検討してみるということです。

2たとえば、*先ほどの「地方創生」というテーマでいえば、「町おこしと言うときに、何を〝おこす〟のか」という問いが出てきました。町おこしというと、町が賑やかになり、お店にはたくさん人が来て、経済的に潤う光景を頭に浮かべないでしょうか。それが町おこしの目的だと頭から信じて、①勝手に思い込んでいたのです。

3しかしそもそも、私たちは自分の町をどうしたいのでしょうか。私たちにとって「住みやすい町」とはどういう町でしょうか。その町で、私たちは、どのような生活や人生を送ろうとしているのでしょうか。自分たちの思い込みを排除して、はじめから考え直そうとしているときに、テーマを深く考えられるようになっているのです。

4当然視されていること、常識と思われていること、昔から信じ込まれていること、これらをもう一度掘り起こして、考え直してみることが「深く考える」ことの意味です。それは②自分が立っている足元を見直してみる態度だといえるでしょう。そうして考え直してみた結果、「もとのままでもよい」という結論が出るときもありますし、「部分的に改善していくほうがよい」という結論が出るときもありますし、「大きく変えたほうがよい」「全面的に新しいものにしたほうがよい」という結論が出るときもあるでしょう。

5科学の発見も、芸術の新しい表現も、斬新なイベントも、創造的なことはすべて、当然とされていることを一旦疑ってみる態度から生まれてくるのです。そしてこうした態度は、科学や芸術の分野だけではなく、日常生活にも当てはめてみるべきなのです。

6しかしながら、自分の思い込みや古い常識に、自分だけで気がつくことはなかなか難しいものです。自分の周りの人たちも一緒に信じてしまっている思い込みならなおさらです。

7それに気がつかせてくれるのが、自分とは異なる他者との対話です。③その他者は、できれば自分と違えば違うほどいいでしょう。

8生徒同士で対話する場合では、年齢はほとんど同じで、社会的立場はまさしく学校の生徒です。その意味で、かな

り似た部分の多い他者なのですが、それでもあなたの友人は、あなたには話していない意外なことを考え、普段は見せない意外な側面を持っているものです。

9また、自分がこれまでに出会った人のこと、あるいは、ニュース番組や書籍を通じて知った人たちのことを思い出してみましょう。多様な人がいるはずです。異なった人生を歩んでいればいるほど、異なった考え方をするでしょう。異なった考えの人と対話することが、深く考えるきっかけになります。異なった人の意見が貴重であることに気がつけば、異なった人に興味や関心をもてるようになります。

(河野哲也「問う方法・考える方法『探究型の学習』のために」〈筑摩書房〉より 一部省略がある)

(注) **＊先ほどの**＝文章以前の箇所で、筆者は「地方創生」について触れている。

(1) ――線部①「勝手に思い込んでいた」とあるが、それはどのような思い込みか。次の文がその説明となるように、□に入る適切な内容を、文章中から三十字以内で探し、初めと終わりの五字を書き抜きなさい。

・町おこしとは□ことという思い込み。

□□□□□ ～ □□□□□

(2) ――線部②「自分が立っている足元を見直してみる」とあるが、この比喩表現と同じ内容を述べているものとして適切なものを次から一つ選び、記号で答えなさい。

ア 自明だとされている通説について、自分なりにその内容を新たに分析すること。

イ ある問題を解決しようとするとき、科学的なデータを根拠として検討すること。

ウ 他者との対話をすすめるにあたって、それぞれの社会的な立場を考慮すること。

エ 芸術作品を創作する際に、習得した表現技法を組み合わせながら制作すること。 [ ]

HIGH LEVEL

(3) ――線部③「その他者は、できれば自分と違えば違うほどいいでしょう」とあるが、筆者がこのように述べているのはなぜか。文章の内容に即して、八十字以内で書きなさい。

(4) 文章における段落と段落の関係について説明したものとして適切なものを次から一つ選び、記号で答えなさい。

ア 1段落の説明とは反する内容を2段落で主張し、3段落では異なる話題を挙げて問題提起をしている。

イ 1段落で定義した内容を4段落で再定義し、9段落では具体的な方策を挙げてさらに論を進めている。

ウ 5段落では3段落で否定した内容を再度否定し、8段落でその具体例を挙げて主張の根拠としている。

エ 5段落では4段落で述べた主張と対立する意見を示し、6段落ではさらに具体的な課題を挙げている。 [ ]

2

次の文章を読んで、後の問いに答えなさい。 大阪府・改

あらゆる都市空間は「意図」を持って造られています。どんなに自然発生的に見える空間でも、まったくの自然環境の中にあるわけではないので、人の手が入っています。したがってそこには何らかの「意図」があるのです。都市空間は、ちょうど書物のひとつひとつの*プロットのようなものだといえるでしょう。書物には、当然ながら著者がいるので、ひとつひとつのプロットはいかに自然に見えても、何らかの「意図」のもとにあります。

もちろん、長年にわたり自然発生的に形成されてきた「けもの道」のような例もありますが、それにしても、多くの人が（あるいはけものも）歩き続けてきたことには、何らかの目的があり、そうした道が形成されてきた経過の中には、無意識的な「意図」が蓄積されて、道を形成してきたといえます。

そうした多様な「意図」の総量として、都市空間はできているのです。あたかも都市空間は、多数の著者がいる書物のようなものだと言えます。その意味で、あらゆる都市は書物なのです。

ただ、実際の書物と異なるところも多々あります。ひとつは、都市という書物には無数の著者がいるということです。あまりにも著者が多いために、誰の「意図」がどの都市空間にどのように反映されているのかといった対応はほとんど不可能です。あたかも多数から成る集合的な「意図」が都市空間というプロットを造っているように見えます。

しかし、都市空間のそれぞれの部分を子細に眺めていくと、そこには明確であるか、無自覚であるかは別にして、その造形には明らかな「意図」があることに気づきます。

□、住宅街ですと、個々の住宅にはそれぞれ住宅を建てた施主がいて、実際に建設に携わった工務店がいます。そもそもその地が住宅街になったのには、ある歴史的な経緯があるはずです。そこに通っている道路にしても、建っている店舗にしても、それなりの理由があって、現在地に存在しているはずです。行政もそこにはおおきく関与しているでしょう。地形や植生も住宅地の立地に影響を及ぼしているはずです。

都市内の駅や学校を始めとした公共施設、神社仏閣、さらには商店街や街道筋にしても、その気になって眺めてみると、なぜそこに立地しているのかには何らかの「意図」がありそうです。まるででたらめに立地している都市施設などというものはありません。

こうした「意図」の集積として都市の空間ができあがっているのです。そこには多数の著者がいます。

もうひとつ、都市という書物が実際の書物と異なる点があります。

それは、都市という書物はこれからも書き継がれる書物だということです。さらに言うと、無限に書き続けられていく書物なのです。

都市空間はこれからも変化を続けていきます。都市生活のあり方も変化していくのですから、都市空間も変化せざるを得ないのです。かつて存在していたものが壊され、新たな空間が造形されるでしょう。壊されるのを免れたとしても、その空間の意味は異なって取り扱われることも多いでしょう。あたかも油絵の具を塗り重ねて、終わりのない油絵を描いていくようなものです。

こう考えると、現時点のわたしたちの立場も明らかになります。つまり、過去から未来へと続く長い都市の歴史の中の、現在という一時点の読者であり、著者であるということです。傲慢に都市のすべてを決め付けることは論外ですが、今後も書き継がれる書物の一部として、謙虚に、しかし確固として自分の立場を見極めることが大切だと思います。

（西村幸夫「都市から学んだ10のこと　まちづくりの若き仲間たちへ」〈学芸出版社〉より）

（注）*プロット＝小説・物語などの筋。構想。

(1) ――線部「あらゆる都市は書物なのです」とあるが、筆者がこのように考える理由として最も適切なものを次から一つ選び、記号で答えなさい。

ア 都市空間も書物も、誰の「意図」がどのように反映されて形成されたのかという対応が明らかであるから。

イ あらゆる都市空間は、書物のひとつひとつのプロットのように自然発生的に形成されてきたものであるから。

ウ 都市空間においては、どんなに自然発生的に見える空間であっても、書物と同様に何らかの「意図」があるから。

エ 自然発生的に形成された「けもの道」のような例を除けば、都市空間は誰かの「意図」のもとに造られているから。

［　　］

正答率 84.6%

(2) □に入る言葉として適切なものを次から一つ選び、記号で答えなさい。

ア あるいは　**イ** 一方で　**ウ** さらに　**エ** たとえば

［　　］

正答率 19.1%

(3) 本文中では、都市という書物が実際の書物と異なるのは、都市空間がどのようなものであるからだと述べられているか。その内容についてまとめた次の文の□に入る内容を、本文中の言葉を使って二十五字以上三十五字以内で書きなさい。

・都市空間が、数多くの人たちのさまざまな□ものであるから。

2 人物の成長がテーマの文章

実戦トレーニング

1 次の文章を読んで、後の問いに答えなさい。

➡ 解答・解説は別冊29ページ

長崎県・改

> 伊豆諸島大島にある高校の陸上部主将を務める朝月渡（俺）は、受川空斗の走りに憧れてリレー競技に励んできた。ある日、渡は弟の翔が将来について両親と口論になっている場に出くわし、弟の思いを十分に聞かないまま、自分も弟の考えに反対だと告げてしまう。
> 　そして、渡が関東大会へと出かける朝、出かけるタイミングが被り、翔が本当に話したかったことを聞く。

「翔は、1酪農家になりたいのか」

「最初はそれだけ守れればいいって思ってた。でも酪農を勉強してみるとさ、そんな単純で簡単な問題じゃないなってすぐわかる。2塚本さんのやってること見てたら、牛一頭面倒見るのだって楽じゃないんだなって。まあ、そりゃ当たり前なんだけどさ、なめてたっていうか……景色を守るってことは、そういうことなんだって思わされた。自分がその景色の一部になるってことなんだなって」

　①翔は熱に浮かれたみたいにしゃべり続ける。俺はなんとなく俺にとっての空斗さんが、翔にとっての塚本さんなんだろうなと思う。

「親父たちは反対してる。言ってることもわかるよ。でも俺は……」

　急に言いよどんだ翔の頭に、俺はぽんと手を乗せた。

　人と人との関わりって、バトンパスみたいなのかもなと思う。バトンはもらった瞬間から、渡すことが始まる。俺はもらうばっかりだから、あんまりわかってないけど、自分という存在が誰かに何か影響を与えるってことは、そういうことなんじゃないのかな。誰かからもらったものを、パスする、みたいな。受け売りってやつ。ちょっと違うかな。でも似てるんじゃないかな。

　まあ、えらそうに言えるほど、自分もできちゃいない。でも少なくともこの言葉は、リレーのことがなかったら、絶対に言えなかった。

「俺は翔がやりたいようにやればいいと思う」

　翔がこっちを向いて、［　　］。

「あー、いや、こないだと全然違うこと言ってるのは自覚あるけどさ……」

　酪農は、動物に依存する職業だ。自然と同調して生きる道だ。ましてや大島は火山島で、気まぐれな自然に寄り添い、逆らうことなく、そういう不安定な要素と折り合いをつけて生きていかなければならない。自分の身一つでどうにもならないことが、たくさんある。

それは、生き物と自然に人生を捧げるということ。②甘っちょろい覚悟でできることじゃない。そういう意味じゃ、両親の反対は決して間違っていない。

「けど、なんでそういうこと考えたのかも知らずに否定するのって、やっぱ違うかなと思う。少なくとも今俺は、翔の話聞いて生半可な覚悟じゃないんだなって思ったし、じゃあ信じてみようって思った」

翔は黙っている。俺は翔の方を見る。

「父さんたちにも、そこまでしっかり話したか？」

「いや……」

「もう一回、きちんと話してみろよ。だめそうなら、俺も一緒に話すよ」

③背中を強めに二度叩くと、翔がつんのめって、「いてえって」と呻いた。

（天沢夏月「ヨンケイ!!」〈ポプラ社〉より）

（注） 1 **酪農家**＝酪農（牛などを飼育し、乳や乳製品を生産する農業）を営む人のこと。
2 **塚本さん**＝三年前に島に来た若い酪農家。翔は、たまに仕事を手伝わせてもらっている。

(1) ――線部①「俺にとっての……なんだろうな」とはどういうことか。解答欄に合う形で三十字以内で書きなさい。

・俺が空斗さんに影響を受けてリレーに取り組んだように、［　　］ということ。

(2) ［　　］に入る表現として適切なものを次から一つ選び、記号で答えなさい。

ア 色を失った　**イ** 頭を抱えた
ウ 口をはさんだ　**エ** 目を見張った　［　　］

HIGH LEVEL 正答率 4.5%

(3) ――線部②「甘っちょろい覚悟でできることじゃない」について、「俺」がこのように考えるのはなぜか。五十字以内で書きなさい。

正答率 86.8%

(4) ――線部③「背中を強めに二度叩くと」とあるが、このときの「俺」についての説明として適切なものを次から一つ選び、記号で答えなさい。

ア 酪農について語る弟の言葉から将来に対する確かな思いを感じ取り、弟の考えを否定することなく、寄り添い励まそうとしている。

イ 弟の夢をむやみに否定する両親に怒りを覚え、何があっても自分だけは弟を信じようという思いを伝えて、慰めようとしている。

ウ 将来について語る弟の真剣さに影響され、安易に相手に同調してしまう自分の軽薄さに気づき、慌てて取りつくろおうとしている。

エ 弟の言葉から酪農への強い憧れを感じ、両親の反対により夢を諦めてしまった弟に、酪農家になる覚悟を再び持たせようとしている。　［　　］

2

次の文章を読んで、後の問いに答えなさい。

> 食品商社「コメヘン」で米田社長の秘書をしている樋口まりあは、取引先の「恵比須や」の岡本が会社を訪れた際、岡本に手作りの簡単な昼食を振る舞う。その後、まりあは、岡本が持参した、味を改良中の羽二重餅を試食するよう勧められた。
>
> 石川県・改

まりあは羽二重餅をひと口、口にいれた。

「おいしい」

岡本がまりあを嬉しそうに見る。

「口のなかでとけていきました。いくらでも食べられちゃいます……すみません、ちゃんとした感想をお伝えできなくて」

「なに、おいしいっていうのがいちばんだ。でも、お嬢さん、せっかく褒めてもらったけど、その羽二重餅は今日きり食べられないよ」

「どうしてですか？　こんなにおいしいのに」

「それはね、味噌汁だよ。あなたが作ってくれた小松菜の味噌汁を飲んでね。ああ、やっぱり今までどおりでいこうって決めたんだ」

①岡本の言葉にまりあは首を傾げた。

「*かみさん、一昨年、俺より先に逝っちまったんだが、そのかみさんがよく小松菜の味噌汁を作ったんだ。具は菜っ葉だけ。菜っ葉だけの味噌汁なんて、物足りないよ。俺はさ、油揚げのはいった味噌汁が好きなんだ」

お気に召さなかったのかしらという杞憂と、羽二重餅と小松菜の味噌汁とがどうつながっていくのかわからないまま、まりあはうなずいた。

「油揚げをいれろよって、言ったわけさ。若いころだ。それからは大根の味噌汁にもワカメの味噌汁にも、あいつは油揚げをいれるようになった。ところが、小松菜の味噌汁を作るときにかぎっては、小松菜だけなんだ」

「どうしてでしょう？　そのほうがおいしいんでしょうか？」

「どうしてかねえ。でも、うまくないってことはたしかだったな」

「すみません」

まりあは思わず詫びた。

「いや、樋口さんのは、きちんと出汁が取れてうまかった。かみさんはあんなに丁寧に出汁なんて取らない。インスタントのやつをパッパッてね」

岡本はそう言うと笑った。

「二年ぶりに菜っ葉だけの味噌汁を飲んだよ。懐かしかった。それを飲みながら、気づいたんだ。うまいもんを作るだけじゃだめなんだって」

「たしかにそうだな」

と、米田も言った。

まりあにはまだ話が見えてこない。

「職人っていうのは、もっといいものを、今よりいいものをって、いっつも追いかけてしまう生き物なんだ。だけど、こういう言葉があるね。変わらない味。これ、誉め言葉かい？　それとも貶し言葉？」

「誉め言葉です」

「そうだね。何百年経っても、同じ味。上にも下にもいかないってことも、上を目指すのと同じように、いや、それ以上に難しいことなんだね。それを食べれば、記憶のなかの味が甦る。甦るのは味だけじゃない」

「記憶そのものが甦るんですね」

「その通りなんだよ。だから変えちゃいけない。うちの羽二重餅を食べてこれを食べたときはあんなことがあったなあ、そう思ってくれるひともいるかもしれないんだ。そんなありがたいお客さんの思い出を奪っちゃいけない。そのことをあなたの味噌汁が教えてくれたんだ。ありがとう」

　岡本の話をうなずきながら聞いていたまりあは、②最後のひと言に首を横に振った。

「じゃあ、岡本さん、米はこれまでと同じで、だね」

「そういうことだ。それにしても、菜っ葉がくたくたのところまで、かみさんの味噌汁と一緒だったよ」

「気をつけていたんです。でもつい、煮過ぎてしまって」

「いや、くたくたでよかったんだ。いつかまた頼むよ」


（石井睦美「ひぐまのキッチン」〈中央公論新社〉より）

（注）＊かみさん＝ここでは、岡本の妻のこと。

(1) ——線部①「岡本の言葉にまりあは首を傾げた」とあるが、その理由を五十字以内で書きなさい。

(2) ——線部②「最後の……横に振った」とあるが、このときの、まりあの心情として適切なものを次から一つ選び、記号で答えなさい。

ア 感動　**イ** 混乱
ウ 謙遜　**エ** 失望

［　　］

HIGH LEVEL

(3) 岡本が羽二重餅の味の改良をやめたのは、和菓子職人としてどういうことが大事だと気づいたからか。六十字以内で書きなさい。

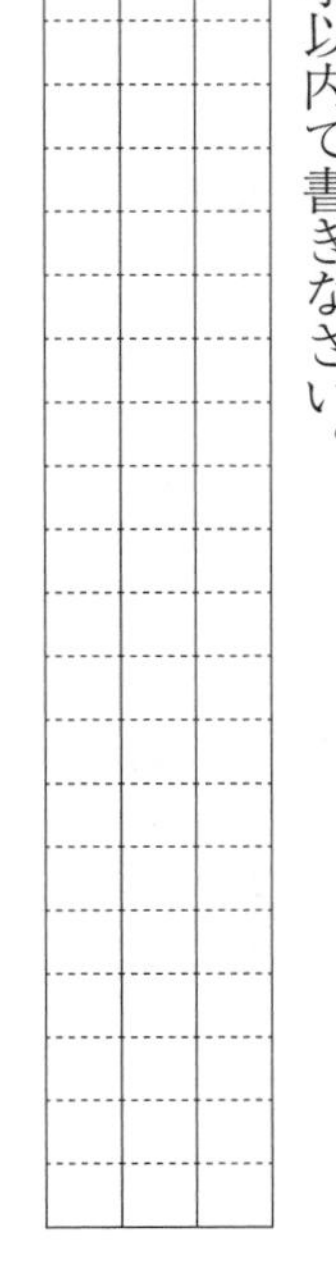

実戦トレーニング

1 次の《文章》と《詩》を読んで、後の問いに答えなさい。　岩手県・改

➡解答・解説は別冊30ページ

《文章》

　　春の岬　　三好達治

春の岬旅のをはりの鷗どり
浮きつつ遠くなりにけるかも

　春に旅をして、岬にやってきた。そこが旅の終着点。海ではカモメが波に揺られている——。

　ここに描かれているのは現実の風景のようにも思えますし、またじっさい詩人が見た風景であるのでしょうが、しかしそれはむしろ、詩人の心の風景なのです。

　春に憂鬱な心を懐いて（たとえば失恋などをして）、ひとり宛のない旅に出て、どこかの岬までやってきたが、心は晴れないまま。岬の先は海で、もうそれ以上の行き先のない「旅のをはり」——。

　回れ右をして別の方向へ行けばいいのに、などと賢いことを言ってはいけません。それは鬱屈した若い心が辿り着いた行き止まりの場所、回れ右のできない場所なのですから。そのときぼんやりと立つ青年の目に映ったのが、波に緩やかに揺られながら次第に遠ざかっていくカモメなのです。

　そのときカモメは、自分の見ている対象でありながら、同時に自分自身です。自分自身が緩やかに揺られつつ、自分自身から遠ざかっても行くような不思議な感覚。

　感傷的と一言で切り捨てれば切り捨てられる青年期の憂愁です。しかし、そうした憂愁もまた人生の一断片で、それをイメージの力でゆるやかに捉え、ことばに残すのも、詩の働きの一つです。

　この詩は春ということばで始まる。そして春とは希望の象徴である。だからこの詩は、たとえ失恋しても希望へ向かおうとしている青年の、前向きの心を映している——。教室でこの詩を扱ったとき、そういう読み方をした人がいました。

　これは〈誤読〉の非常に単純な例ですが、詩を読むときに気をつけるべき点を考えるのに役に立ちます。

　春イコール新学期イコール希望、というような連想は、今の社会で流通している常識の一つです。しかし詩のことばは、そういう流通する常識に逆らうことで新しい力を獲得する。読者も社会流通の常識に捉われずに、自由な心で

詩のことばを読むことが必要です。

（柴田翔「詩への道しるべ」〈筑摩書房〉より）

《詩》

春の河　　山村暮鳥

たつぷりと
春は
小さな川々まで
あふれてゐる
あふれてゐる

（山村暮鳥「雲」より）

(1) ――線部「詩を読むときに気をつけるべき点」とはどういうことですか。それを、次のように説明するとき、□に当てはまる言葉を、十五字以内で書きなさい。

・詩のことばを、□こと。

(2) ……線部「じっさい詩人が見た風景であるのでしょうが、しかしそれはむしろ、詩人の心の風景なのです」とある。この考え方に従って、《文章》の詩と《詩》「春の河」について次の表のようにまとめたとき、X・Yに当てはまる言葉はそれぞれ何か。Xは十字以内で書き、Yは後から適切なものを一つ選び、記号で答えなさい。

	詩人が見た風景	詩人の心の風景
《文章》の詩	カモメが波に揺られている岬の風景	旅のおわりの行き止まりを感じさせる岬の風景
「春の河」	X風景	Y

Yの選択肢

ア　冬が終わる寂しさを感じさせる川の風景
イ　春を待つ楽しみを感じさせる川の風景
ウ　春を迎えた喜びを感じさせる川の風景
エ　夏へと向かう希望を感じさせる川の風景

X

Y［　　］

2

次の文章を読んで、後の問いに答えなさい。（東京都立青山高・改）

古い時代、平安朝中期ですが、そのころにたいへんに愛されてうたわれた『[1]和漢朗詠集（わかんろうえいしゅう）』の一つの詩があります。

燭（ともしび）を背けては共に憐（あは）れむ深夜の月
花を踏（ふ）んでは同じく惜（を）しむ少年の春
[2]白居易（はくきょい）

白居易（白楽天（はくらくてん））の詩の一節です。『和漢朗詠集』ではこれを巻上の《春夜》という題のところに置いていて、和歌も同時に付け合わせています。①この詩は白楽天の人気絶大な『和漢朗詠集』のたくさんの漢詩文のなかでも、特別に日本人に愛された詩文の一つだと思います。

「燭を背けては共に憐れむ……」、燭を壁（かべ）に向けて暗くしては友と二人、深夜の月光をめでた。「花を踏んでは同じく惜しむ少年の春」、落花を踏んでは過ぎ行く若い歳月（さいげつ）を二人とも同じように哀惜（あいせき）する。「少年」は「幼い」というよりはむしろ「若い歳月」のこと。ですから「青春の春」と言ってもいいでしょう。初々（ういうい）しい詩句で、これはたいへんに日本人に受けました。受けたというのは日本人が桜の花をいつの間にかとても愛するようになったからです。

なぜそんなに桜の花が愛されたかといえば、一方ではちょうど春の霞（かすみ）がかかり、夕暮れになれば朧（おぼろ）に桜の花がそっと、しかし明らかにそこに、あるということがわかるように咲（さ）いている、――そういう実在感がある花ですから、共通してみんなが愛したわけです。

桜の花の愛され方ですが、一方では「麗（うるわ）しく咲いている」という咲き方で愛されたわけですが、もう一方では、比較（ひかく）的早く、それも豪勢（ごうせい）な散り際をとても愛した、ということがあると思うのです。咲いているときも美しいが、散るときも美しい、というところで、桜の花は日本人の感受性にぴったりとくるところがあったのだと思います。

桜は、中国から渡（わた）ってきた梅のような花木とは違（ちが）って、日本の土着の花であるというところも、親しみ深く愛された一因かもしれません。中国人は桜の花についてはべつに何とも言っていませんが、日本人が、殊（こと）に桜の散るというところに特徴（とくちょう）を見いだしたことが、私はとても大事な点だと思っているのです。

平安時代に[3]在原業平（ありわらのなりひら）が堀川太政大臣藤原基経（ほりかわだじょうだいじんふじわらのもとつね）という人の四十歳の賀（さい）のときに詠（よ）んだ歌で、②賀の歌としてはまことに不思議な作り方をされている歌があります。

さくら花散り交ひ曇（くも）れ老いらくの
来むといふなる道まがふがに
在原業平

桜花よ、散り交じって、花の散る勢いでそのへんを曇らせろ。「老いらく」ということばは「老ゆ」を名詞化し、擬人（ぎじん）化したものですが、ここから、老いがやって来るというその道が、散りまごう桜花によって見えなくなってしまうように、という歌です。

これは賀の歌としてはまったく異例な作り方です。「散る」「曇る」ということを最初に出していますし、「老いらく」ということばを四十歳のお祝いの歌で使うのも、実に挑戦的とさえ言っていいでしょう。

これは、『古今集』の巻七に載る歌ですが、いまみたいに書いて発表したのではなくて、うたいあげたに違いないのです。在原業平がお祝いの歌をうたうのでみんなが注目して聞いているわけですが、聞いた瞬間に「散る、曇る、老いらく」ということばが聞こえてきたのですから、みんなおどろいたに違いない。それをわざとやっておいて、下の句で全部引っ繰り返している。――老いがやってくるような道を紛らせてしまえ、見えなくしてしまえというので、最後のところでまことにみごとなお祝いの歌になっているのです。これは業平の、ときの権力者であった藤原氏に対する一種の反骨精神のあらわれだったかもしれないという気がするくらい、珍しい作りの歌です。

（大岡信「瑞穂の国うた　句歌で味わう十二か月」〈新潮社〉より）

（注）1 **『和漢朗詠集』**＝平安時代の和歌と漢詩を集めた詩歌集。
2 **白居易**＝中国唐代の詩人。
3 **在原業平**＝平安時代の歌人。

(1) ――線部①「この詩は白楽天の人気絶大な『和漢朗詠集』のたくさんの漢詩文のなかでも、特別に日本人に愛された詩文の一つだと思います。」とあるが、筆者がそう思うのはなぜか。その理由を二十字以上二十五字以内で書きなさい。

HIGH LEVEL

(2) ――線部②「賀の歌としてはまことに不思議な作り方をされている歌」とあるが、どのような点が「不思議な作り方」なのか。その説明として適切なものを次から一つ選び、記号で答えなさい。

ア 「散る」「曇る」「老いらく」という桜花にゆかりがある言葉を連ねることで、直接桜を詠むよりはかえって春の印象が強まり、長寿を祝う席にふさわしい歌になっているという点。

イ 「散る」「曇る」「老いらく」という言葉を歌の最初に出すことによって、聞いている者には長寿を祝う歌だとは思わせず、権力者に対する反骨精神を表した歌になっているという点。

ウ 「散る」「曇る」「老いらく」という四十の賀にはふさわしからぬ言葉を続けているのに、桜花の美しい様子があたかも目に見えるように表現されている歌になっているという点。

エ 「散る」「曇る」「老いらく」という長寿を祝う歌にはふさわしくない言葉を歌の上の句に並べながらも、下の句まで詠めば不老を願うという意味の祝いの歌になっているという点。

［　　］

4 言語・学問がテーマの文章

実戦トレーニング

1 次の文章を読んで、後の問いに答えなさい。

長崎県・改

➡解答・解説は別冊31ページ

　言語は、それを用いる個人のアイデンティティ[1]に大きな影響を及ぼします。たとえば、二〇一七年にノーベル文学賞を受賞した小説家、①カズオ・イシグロ（一九五四〜）は、日本人の両親をもつ日系イギリス人です。ルーツ[2]を見れば、イシグロは日本人ということになりますが、幼い頃からイギリスで育ち、彼のパーソナリティ[3]の大部分は英語文化圏で形成されていきました。そして英語で思考するカズオ・イシグロは、一九八二年に自らの意志で自分が生まれた日本の国籍を手放し、イギリス国籍を選択しました。つまり、彼は生まれた国ではなく、育った国（第一言語を得た国）を自らの母国としたのです。

　イシグロの場合、日本からイギリスへ移住したのが幼少期（五歳）と早い時期であったこともあり、イギリスの文化を自らのアイデンティティとして享受することも難しくなかったのかもしれません。

　一方で、大人になってから違う言語圏へ移住した人であっても、その土地の言語や文化によって自らのアイデンティティを揺さぶられることは少なくないようです。

　あるアメリカ人は、日本でしばらく生活し、日本語に慣れ親しんだ頃にアメリカへ帰国したところ、「あなたは、イエス、ノーがはっきり言えない人になってしまったね」と友人たちに言われたそうです。日本文化に身を置き、日本語に親しむうちに、振る舞い方や考え方まで日本人的になってしまったというのです。

　もちろん個人差はあるものですが、言語の与える影響というものは深く、人のアイデンティティの根幹にまで及ぶものなのです。

　日本語を幼い頃から体に染みこませて暮らしてきたということ。それは同時に、私たちが日本語の運命を過去から現在、そして未来へとつなぐ運び手の一部であることを意味します。

　イギリスの進化生物学者であり動物行動学者でもある、クリントン・リチャード・ドーキンス（一九四一〜）は、一九七六年に著書『利己的な遺伝子』の中で、「生物は遺伝子によって利用される〝乗り物〟に過ぎない」とする遺伝子中心視点を提唱し、世界に衝撃を与えました。この論考には私も驚きました。確かにそうかもしれない、自分の人生とは言っても、自分一人の運命を生きているのではないのかもしれない……と目が開かれた思いがしたものです。

今になって、このドーキンスの論考を読み直してみると、これは長い歴史を経て受け継がれてきた②「言語」においても同じことが言えるのではないかと思えてきます。私たちは、自らの力で日本語を習得し、この言語を自在に操って生きているように思いこんでいますが、もしかすると「日本語を生かすため」にこの世に生きているだけなのかもしれません。この「人間＝言語の運び手論」に当てはめて考えると理解しやすいのが、アイヌ[4]語です。

アイヌの言葉は、日本語とは異なる言語体系を有しており、語彙も異なります。もちろん、日本語がアイヌ語に影響を及ぼした言葉もありますし、逆に稚内や登別など、北海道の地名にはアイヌ語由来のものがたくさんあります。石狩川という名称ひとつを取っても、「塞がる」という意味を表す「イシカリ」、「美しく・作る・川」を意味する「イシカラペツ」、「非常に曲がりくねった川」を指す「イシカラアペツ」など、その由来には諸説あるようです。

（齋藤孝「日本語力で切り開く未来」〈集英社〉より）

（注）1アイデンティティ…自己同一性。自分は確かに自分であるとの確信を持つこと。
2ルーツ…起源。祖先。ここでは出身地を指す。
3パーソナリティ…その人に固有の性格。個性。
4アイヌ…北海道とその周辺地域で生活を営んできた先住民族。

(1) ——線部①「カズオ・イシグロ」はどのようなことを示すための具体例として挙げられているか。空欄にあてはまる内容を、**A**は本文から五字で書き抜き、**B**は適切なものを後から一つ選び、記号で答えなさい。

・個人のアイデンティティは、**A**よりも、**B**に影響を受けるということ。

ア 幼いときに海外に移住するという体験
イ 自分自身のルーツに関わる人物の母語
ウ パーソナリティの形成に関わった言語
エ 自分の意志で自由に国籍を選んだ経験

A □□□□□
B [　]

正答率 82.1%

(2) 次の文は、——線部②「『言語』においても同じことが言える」について説明したものである。空欄にあてはまる内容を、**1**は文章中から三字で書き抜き、**2**は文章中の語句を用いて二十五字以内で書きなさい。

・生物は**1**によって利用される〝乗り物〟に過ぎないということと同様に、**2**ということ。

正答率 2.7%

1 □□□

2

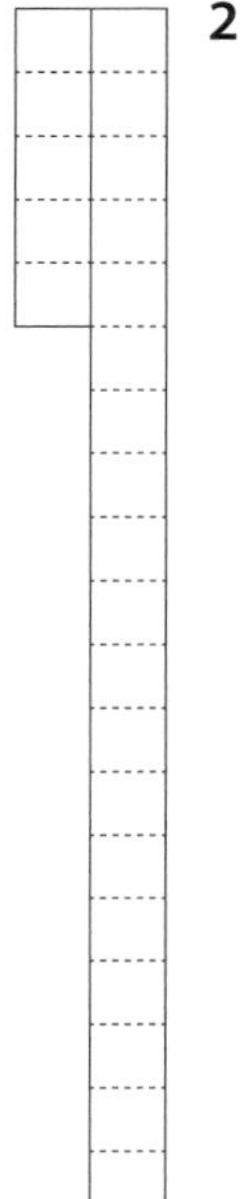

2

次の文章を読んで、後の問いに答えなさい。

静岡県・改

見テ[1] 知リソ 知リテ ナ見ソ

見てから知るべきである、知ったのちに見ようとしないほうがいい、という意味でしょうが、実はもっと深い意味があるような気がする。つまり、われわれは〈知る〉ということをとても大事なこととして考えています。しかし、ものごとを判断したり、それを味わったりするときには、その予備知識や固定観念がかえって邪魔(じゃま)になることがある。だから、①まず見ること、それに触(ふ)れること、体験すること、そしてそこから得る直感を大事にすること、それが大切なのだ、と言っているのではないでしょうか。

ひとつの美術作品にむかいあうときに、その作家の経歴や、その作品の意図するものや、そして世間でその作品がどのように評価されているか、また、有名な評論家たちがどんなふうにその作品を批評しているか、などという知識が頭の中にたくさんあればあるほど、一点の美術品をすなおに、自分の心のおもむくままに見ることが困難になってくる。それが人間というものなのです。実際にものを見たり接したりするときには、これまでの知識をいったん横へ置いておき、そして裸(はだか)の心で自然に、また無心にそのものと接し、そこからうけた直感を大切にし、そのあとであらためて、横に置いていた知識をふたたび引きもどして、それと照らしあわせる、こんなことができれば素晴らしいことです。そうできれば、私たちの得る感動というものは、知識の光をうけてより深く、より遠近感を持った、豊かなものになることはまちがいありません。[　　]、実はこれはなかなかできないことです。

では、われわれは知る必要がないのか、勉強する必要もなく、知識を得る必要もないのか、というふうに問われそうですが、これもまたちがいます。そのへんが非常に微妙(びみょう)なのですが、柳宗悦(やなぎむねよし)[2]が戒(いまし)めているのは、知識にがんじがらめにされてしまって自由で柔軟(じゅうなん)な感覚を失うな、ということでしょう。おのれの直感を信じて感動しよう、というのです。どんなに偉(えら)い人が、どんなに有名な評論家が、自分とまったく正反対の意見をのべていたり解説をしていたとしても、その言葉に惑(まど)わされるなということです。

作品と対するのは、この世界でただひとりの自分です。自分には自分流の感じかたがあり、見かたがあります。たとえ百万人の人が正反対のことを言っていたとしても、自分が感じたことは絶対なのです。しかし、また、その絶対に安易によりかかってしまうと人間は単なる独断と偏見(へんけん)におちいってしまう。

自分の感性を信じつつ、なお一般(いっぱん)的な知識や、他の人々の声に耳をかたむける余裕(よゆう)、このきわどいバランスの上に私たちの感受性というものは成り立たねばなりません。それは難しいことですが、少なくとも柳宗悦の言葉は、私たちに②〈知〉の危険性というものを教えてくれます。

（五木寛之(いつきひろゆき)「生きるヒント　自分の人生を愛するための12章」〈文化出版局〉より）

（注）１見テ　知リソ　知リテ　ナ見ソ＝日本の美術評論家である柳宗悦の言葉。
２がんじがらめ＝縛られて身動きの取れない状態。

正答率 76.9%

(1) ——線部①「まず、見ること、……と言っているのではないでしょうか」は、本文全体の中で、どのような働きをしているか。その説明として適切なものを次から一つ選び、記号で答えなさい。

ア 柳宗悦の言葉をそのまま引用することで、本文の展開に対する興味や関心を読者に持たせる働き。
イ 引用した柳宗悦の言葉を筆者自身が解釈することで、本文で述べたい内容を読者に提示する働き。
ウ 筆者の言葉を抽象的な表現で言い換えることで、本文の展開を読者に分かりやすく説明する働き。
エ 筆者の考え方を柳宗悦の言葉を用いて表現することで、柳宗悦の主張への疑問を読者に投げかける働き。

［　　］

正答率 96.7%

(2) □に入る言葉として適切なものを次から一つ選び、記号で答えなさい。

ア それとも
イ もしくは
ウ しかし
エ なぜなら

［　　］

(3) 本文には、筆者の考える、ものごとに対するときの理想的な過程について述べた一文がある。その一文の初めの五字を書き抜きなさい。

HIGH LEVEL

(4) 筆者は、本文で、作品に対するときの危険性の一つとして、——線部②「〈知〉の危険性」について述べているが、——線部②とは異なる危険性についても述べている。筆者が述べている、——線部②とは異なる危険性を、五十字程度で書きなさい。

5 家族がテーマの文章

実戦トレーニング

解答・解説は別冊31ページ

1 次の文章を読んで、後の問いに答えなさい。　栃木県・改

高校一年生の清澄（きよすみ）は祖母（本文中では「わたし」）に手伝ってもらいながら、得意な裁縫（さいほう）を生かして姉の水青（みお）のためにウェディングドレスを作っている。ある日、姉が働く学習塾（じゅく）を訪ね、夕方になって帰ってきた。

裁縫箱を片手に、わたしの部屋に入っていく。1鴨居（かもい）にかけた、仮縫（かりぬ）いの水青のウェディングドレス。腕組（うでぐ）みして睨（にら）んでいると思ったら、いきなりハンガーから外して、裏返しはじめた。（　ア　）

「どうしたん、キヨ。」

清澄は2リッパーを手にしている。ふーっと長い息を吐（は）いてから、縫い目に挿（さ）しいれた。

「えっ。」

驚（おどろ）くわたしをよそに、清澄はどんどんドレスの縫い目をほどいていく。

「水青になんか言われたの?」

「なんも言われてない。」

［　　］ドレスを解体していく手つきと裏腹に、清澄の表情は歪（ゆが）んでいた。声もわずかに震（ふる）えている。

「でも、姉ちゃんがこのドレスは『なんか違（ちが）う』って言った気持ちが、なんとなくわかったような気がする。」

学習塾に行った時、水青はしばらく清澄たちに気づかずに、仕事をしていたという。「パソコンを操作したり、講師の人となんか喋（しゃべ）ったりする顔が。」と言いかけてしばらく黙（だま）る。（　イ　）

「なんて言うたらええかな。知らない人みたい、ともちょっと違うし……うん。でもとにかく、①見たことない顔やった。」

清澄はリッパーをあつかう手をとめて、空中を睨んでいた。そこに、次に言うべき言葉が漂（ただよ）っているみたいに、真剣（しんけん）な顔で。

「たぶん僕（ぼく）、姉ちゃんのことあんまりわかってなかった。」

生活していくために働いている。やりたいこととか夢とか、そんなのはいっさいない。いつもそう言っている水青の仕事はきっとつまらないものなのだと決めつけていた、のだそうだ。

「でも仕事してる姉ちゃん、すごい真剣っぽかった。」

「はあ。」

「生活のために割りきってる、ってことと、真剣やないってこととは違うんやと思った。」

でもそれが、なぜドレスをほどく理由になるのか、わたしには今いちわからない。（　ウ　）

「姉ちゃんはな、ただわかってないだけやと思っとってん。ドレスのこととか、ぜんぶ。僕とおばあちゃんに任せたらちゃんと姉ちゃんがいちばんきれいに見えるドレスをつくってあげられるのにって。どっかでちょっと、姉ちゃんのこと軽く見てたと思う。わかってない人って決めつけて。せやから、これはあかんねん。わかってない僕がつくったこのドレスは、たぶん姉ちゃんには似合わへん。」

水青のことを尊重していなかった。清澄が言いたいのは、要するにそういうことなのだろうか。そういうことなん？ と訊ねるのはでも、やめておく。たとえ拙い言葉でも自分の言葉で語ろうとしている。大切なことを見つけようとしている。邪魔をしてはいけない。

「わかった。そういうことなら、手伝うわ。」

自分の裁縫箱から、リッパーを取り出す。向かい合って畳に座った。指先にやわらかい絹が触れた瞬間、涙がこぼれそうになる。真剣な顔でひと針ひと針これを縫っていた清澄の横顔を思い出してしまった。（ エ ）

「一からって、デザイン決めからやりなおすの？」

「②そうなるね。」

（寺地はるな「水を縫う」〈集英社〉より）

（注）1鴨居＝ふすまや障子の上部にある横木のこと。
2リッパー＝縫い目などを切るための小型の裁縫道具。

正答率89.5%

(1) □に入る語句として適切なものを次から一つ選び、記号で答えなさい。

ア ためらいなく　イ 楽しげに
ウ たどたどしく　エ 控えめに

［　］

正答率78.3%

(2) ――線部①「見たことない顔」とあるが、ここでは姉のどのような顔のことか。その説明として適切なものを次から一つ選び、記号で答えなさい。

ア 夢を見つけてひたむきに頑張っている顔。
イ 仕事に対してまじめに取り組んでいる顔。
ウ 家族の生活のために働いて疲れている顔。
エ 職場の誰にでも明るくほほえんでいる顔。

［　］

(3) 本文中の（ ア ）～（ エ ）のいずれかに、次の一文が入る。適切な位置を一つ選び、記号で答えなさい。

・自分で決めたこととはいえ、さぞかしくやしかろう。

［　］

HIGH LEVEL

(4) ――線部②「そうなるね」とあるが、清澄はどのように考えて、一からドレスを作り直そうとしているのか。文末が「と考えたから。」となるように三十字以内で書きなさい。ただし文末の言葉は字数に含めない。

と考えたから。

2

次の文章は、昭和四十年代に、ある地区で電気が初めて通じたことを祝う式典の場面を描いたものである。式典の中で、父親の安雄は、小学生の娘の朝美が児童代表として作文を朗読しているのを聞いている。安雄は式典が終わり次第、飼っていた牛の「桃子」を売却し、その代金で電気洗濯機を買うつもりでいる。これを読んで、後の問いに答えなさい。（岐阜県・改）

参列者に深々と一礼した娘が原稿用紙を広げ、作文を読み始める。

「私の家は、全部で六人家族です。」

最初にそう聞こえた瞬間、うわっ、いきなりなんて間違いを！　と頭を抱えた。どの家が何人家族で誰がどうでと、住民どうしがすべて知っている狭い地区のことである。ん？　という顔をした者だけならまだしも、失笑の声が聞こえたり、参列者のあいだをさざ波のようにざわめきが動いたりと、穴があったら潜ってしまいたい気分になる。

だが、当の朝美は、いたって堂々と、まったく臆する様子も見せずに朗読を続ける。

「六人家族というのは、父と母、兄と弟に私、そして牛の桃子のことです。」

それを耳にした大人たちが、なるほど、と得心[1]してうなずきを交し合い、安雄も、ああそうか、と胸を撫で下ろした。

やっぱり、①さすが自慢の娘である。最初にこんなふうに大人の意表をつくなんて、心憎いばかりの作文だと、寸前の恥ずかしさが瞬時に誇らしさに取って替わり、安雄は椅子の上で、私があの娘の父親です、とばかりに胸をそらした。

（中略）

「──家のなかは電気で明るくなりましたが、一ヵ所だけ、暗いままのところがあります。それは桃子の牛舎です。私が桃子だったら、お家のなかは明るくていいなあと、とても寂しくなると思います。これから、長くて厳しい冬がやってきます。桃子だけに寂しい思いをさせるのは可哀相でなりません。牛舎にも電気があれば、桃子も寂しくなくなり、これからやってくる冬を安心して乗り越えられると思います。だから私は、今日、家に帰ったら、桃子の牛舎にも電気をつけてくれるように、父にお願いするつもりです。」

式典が無事に終了したあと、背広姿の安雄は、桃子の鼻輪に通したロープを曳いて、静子[2]と肩を並べて歩いていた。向かっているのは、自宅である。

結局、桃子は組合のトラックには乗せなかった。あんな作文を娘に読まれたあとでは、桃子を売り飛ばすことなど無理である。

「朝美、わざとあんな作文を書いたんだっちゃ（だよね）ねえ。」

女房が隣で苦笑する。

「わざとって、どういうこった？」

安雄が尋ねると、

「だってえ。あれだけ大勢の前で、あいな（あんな）作文を読まれだっ（たら）たら、みんなの手前、売りたくても売れなくなるすべ（なるでしょう）。朝美はね、それが分がってで（分かってて）、わざとあんな作文を書いたの。そうやって、あんだ（あなた）のことを上手に操ったのっしゃ（ですよ）。」

「んだべがな（そうかなあ）……。」

「んだに決まってっぺ（そうに決まってるでしょ）。」

「うーむ……。」

男親である安雄は、娘の作文にただただ感動し、娘にとっての大事な家族を手放すことなどできやしないと、そう単純に思っただけなのであるが、②女親の静子のほうは、少々見方が違うようだ。

まあしかし、それはどちらでもいいことだ、と安雄は思う。俺にしたって、本当は桃子を手放したくなかったのだ。桃子と別れたくはなかったのだ。桃子の売却を思い留まらせるために、朝美があの作文を書いたのだとしたら、③それはそれで感謝すべきことである。

（熊谷達也「桃子」『稲穂の海』〈文藝春秋〉より）

（注）1 **得心**＝納得すること。
2 **静子**＝安雄の妻。朝美の母親。

(1) ――線部①「さすが自慢の娘である」とあるが、次の文は、このときの安雄の気持ちについて、本文を踏まえてまとめた一例である。**A**・**B**に入る最も適切な言葉を、それぞれ本文中から書き抜きなさい。ただし、字数は**A**・**B**にそれぞれ示した字数とする。

・「六人家族です」という言葉から、最初は娘が家族の人数を間違えたと思い、**A**（五字）を感じたが、その後の内容から大人の意表をつく見事な表現だと気づき、朝美が自分の娘であることに**B**（四字）を感じている。

A □□□□□

B □□□□

(2) ――線部②「女親の静子のほうは、少々見方が違うようだ」とあるが、朝美の作文に対する静子の見方として適切なものを次から一つ選び、記号で答えなさい。

ア 作文で朝美がうそをついてしまったことで、家族に対する地域の人々からの信頼がなくなったという見方。

イ 作文で朝美が桃子を家族の人数に含めることで、地域の人々に作文の出来をほめられたかったという見方。

ウ 作文で朝美がわざと家族は六人だと言い切ることで、母親である自分に不満を伝えたかったという見方。

エ 作文で朝美が桃子のことを取り上げることで、父親の考えを変えようとしたという見方。

［　　］

HIGH LEVEL

(3) ――線部③「感謝すべきことである」とあるが、安雄はなぜ感謝すべきと考えたのか。「…ことになったから」。に続くように、三十五字以上四十字以内でまとめて書きなさい。ただし、「本当は」、「作文」という二つの言葉を使うこと。

（解答欄）

ことになったから。

身体・科学がテーマの文章

実戦トレーニング

解答・解説は別冊32ページ

1 次の文章を読んで、後の問いに答えなさい。　石川県・改

進化についてのよく耳にする誤解は、①人間が一番進化しているという誤解である。これにはそれなりの理由がある。何といっても人間には、他の動物には類を見ない桁はずれに大きな脳があることだ。その大きな脳は期待にたがわず、これまた動物界では例を見ないすばらしい文明を築き上げ、人間特有の文化的生活を実現してきたからである。

しかしある動物のある形質を取り上げ、他の動物の同じ形質と比較して、どちらがより進化しているなどと序列をつけ、それに基づいてどちらが進化しているなどと断じることは、進化学とは無縁の所業である。

生物は、それぞれの種に固有の環境によりよく適応するように形質を特殊化させてきた。海に進出したオットセイやアザラシなどの哺乳類は、水中でより効率的に移動するために、哺乳類に典型的な長い四肢を短縮縮小し、脚を魚の鰭に似た形状にして水中での移動器官に変形した。水中の環境に適応して四肢を特殊化したのだ。同じくコウモリは前肢の指を長く伸長し、その間に皮膜を張って飛行器官に特殊化した。このためこれらの動物は哺乳類一般の四肢の機能を失った。

このようにそれぞれの環境で生活する動物は、体の構造や器官などをその環境に合うように特殊化することで適応を身につけた。そしてそれぞれの環境に適応しているという点では、それぞれの動物は動物界の先頭に立っている。換言すれば動物はそれぞれの環境への適応については、みな第一人者であり、エキスパートである。すなわち動物はみなそれぞれの環境で進化の先頭に立っていて、横一線に並んでいるのだ。

したがってそれぞれ異なる特殊化をなし遂げた、互いに異質の形質どうしを種間で比較することは意味がない。それをすることはあたかもハンマー投げのエキスパートと走り幅跳びのエキスパートのどちらがアスリートとして優れているか、と問うようなものである。

進化は進歩的変化、という誤解もよく耳にする。これも元をただせば人間中心主義がもたらした誤解であろう。たとえば「科学技術は日々急速に進化している」など、人間社会の科学技術の進歩を言い表すために進化という用語がしばしば使われるが、これは明らかに進化イコール進歩、という誤解に根ざす用法であろう。このような意味合いで用いられている進化という言葉は本来、改善とか改良、向上あるいは上達などの言葉に置き換えられるべきことであって、生物学の進化とは全く関係ない。

進化とは、集団における任意の遺伝子によって形成される形質、またはその形質を有する個体（あるいはその遺伝子）の頻度（割合）が、世代の経過とともに変化（増加）することである。したがって進化という言葉は、そもそも世代交代によって生命を引き継いでいく生物界固有の事象についての用語であって、非生物界の事象にこの用語を適用する余地は全くない。

しかし進化には退歩や退化など、進歩発展と逆方向の変化も含まれる。また個体がそれ以前より適応的な形質を獲得した場合、確かにその個体はその時点、あるいはその後しばらくの間は自然*淘汰上有利になり子孫を増やすことになるが、より長期的に見るとある環境への適応、すなわち特殊化は、別の新たな環境への適応を困難にし、進化の道を阻む可能性があることも考慮する必要がある。

進化という用語はまた、〇〇選手の打撃の進化など、スポーツ選手の運動スキルの上達などに対してもしばしば使われるが、これまた②進化に該当しない。これが進化という用語に該当するためには、その技術は遺伝子に基づく技術であるうえに、その技術を持っていることが子供をより多く生むうえで有利に働かなければならない。そしてその選手は、実際に他の人よりより多くの子を遺さなければならない。

（小原嘉明「入門！ 進化生物学 ダーウィンからDNAが拓く新世界へ」〈中央公論新社〉より）

（注）＊淘汰＝環境に適応できないものが滅ぶこと。

HIGH LEVEL

(1) ――線部①「人間が一番進化しているという誤解」とあるが、人間が一番進化しているわけではないと筆者が考えている理由を、四十五字以内で書きなさい。

(2) 本文において、第三段落で「オットセイ」「アザラシ」「コウモリ」の話題が挙げられている目的は何か。適切なものを次から一つ選び、記号で答えなさい。

ア 新たな問題を提起し、読者の興味関心を引き出すため。
イ 具体的な説明をすることで、読者の理解を助けるため。
ウ より高度な話題を提示し、筆者の主張を強調するため。
エ 異なる分野の例を付け加え、筆者の考えを広げるため。

［　　］

(3) ――線部②「進化に該当しない」とあるが、それは筆者が「進化」という用語をどのようなものだと考えているからか。本文中から三十三字で探し、初めの四字を書き抜きなさい。

2

次の文章を読んで、後の問いに答えなさい。なお、文章中の1～13は、段落を示す番号である。（静岡県・改）

1 危険に対する選択肢は二つ。逃げるか、戦うか。[1]交感神経系を優位にして、心拍や血圧を上げ、筋肉や脳に優先して血液を送る。だからふだんは出せないような大きな力が発揮できることもある。「窮鼠猫を噛む」や「火事場の馬鹿力」の科学的な根拠だ。

2 人間の場合、原始的な恐怖発生システムが作動してから、[2]大脳新皮質の理性によるシステムで、危険の正体をつきとめる。さまざまな知識や経験を参照して、だいじょうぶ、これは危険ではない、あるいは危険は去ったと判断すると、[3]副交感神経系が優位になり、恐怖の臨戦態勢が解かれる。そのほっとするスイッチが、脳の報酬系だ。脳内麻薬物質ともいわれるエンドルフィンなどの神経伝達物質が放出され、快を感じる。ジェットコースターなど、安全が保証された範囲での恐怖が癖になるのはそのせいだとされる。

3 「美しい」が「怖い」と親和的な要因も、一つはこの報酬系にありそうだ。神経美学の川畑秀明さんらの研究によると、絵を見て美しいと感じるときにも、やはり報酬系が関わっているという。

4 自分が恐怖を感じた体験をあらためて思い返してみると、「美しい」につうじる部分はほかにもありそうだ。

5 たとえば、恐怖は頭よりも先にからだで感じるということ。原始的なシステムの方が、危険を察知してからの反応時間が短いからだ。見た物が「なにか」を認識するより先に、身がすくんで、冷や汗をかき、心臓がどきどきする。ふだん自分の心臓の動きを自覚することはあまりないけれど、このときばかりは心臓がその存在を主張する。自分のからだに、自分の意思や意識を超えた「自然」を感じるときでもある。

6 また、恐怖の反応として、置かれた状況を正しく把握するために、感覚や知覚が鋭敏になるということもある。神経伝達物質のノルアドレナリンが作用して、[4]瞳孔も開かれ、世界がいつもより色鮮やかに感じられる。

7 そして、恐怖を感じた出来事は記憶にも鮮明に残る。今後似たような危険に遭遇したときに、もっとすばやく対応できるよう、神経細胞をつなぐ[5]シナプスの結びつきを強めるからだ。たしかに、こころをざわざわさせた芸術作品も、記憶に残りやすい。

8 あらためて考えてみると、それは「生きている」ことを実感させるような部分なのかもしれない。恐怖が、危険や死に直面したときのしくみであるからこそ感じる「生きている」という[6]感覚だ。

9 はじめてボルネオの熱帯雨林を訪れたとき、驚いたのは、森がたくさんの音にあふれていることだった。圧倒的な種類の鳥や昆虫、ヤモリにカエルに、テナガザル。たくさんの生き物が発する声や音、なかにはいままで聞いたことのないような奇妙な物音までが、折り重なるように聞こえてくる。音だけではない。土のなかから樹高三〇メートルの木々の上まで、大小さまざまな無数の生き物の気配に満ちあふれていた。

10目をこらすと、生き物同士が関わりあい、いまそこで命のやりとりが淡々とおこなわれている。そのなかに身を置くのは、ざわざわするような、ひりひりするような格別の感覚だった。

11そんな複雑な生態系のなかでは、すぐ先の未来も予測がつかない。次の瞬間に、おいしい餌にありつけるかもしれないけれど、次の瞬間には捕食者に襲われて命を落とすかもしれない。うっかり大きな生き物に踏みつぶされたり、スコール[7]で吹き飛ばされたりすることだってある。だからこそ、恐怖は多くの動物にとって、生死に直結するだいじな情動として進化してきた。

12人間の場合はさらに、想像力を手に入れたことで、未来におこりうるよくない出来事を予想し、さきまわりの恐怖を感じるようになった。「不安」だ。だからこそ、危険を遠ざけるために、知恵をしぼって身のまわりの環境をつくりかえてきた。

13でも「美しい」ものにぞくぞくする感覚は、頭で考えるもやもやした不安ではない。それは、予測のつかない自然のなかに身を置くときの、ざわざわひりひりするような感覚と似ている。

（齋藤亜矢「ルビンのツボ」〈岩波書店〉より）

（注）　**1交感神経系**・**3副交感神経系**＝それぞれ、神経の系統の名称。　**2大脳新皮質**＝脳の一部の名称。　**4瞳孔**＝眼球の中央部にある黒い部分。　**5シナプス**＝神経細胞の間の接合部。　**6ボルネオ**＝東南アジアにある島。　**7スコール**＝熱帯地方特有の激しいにわか雨。強風や雷を伴うこともある。

(1) 本文には、――線部「『窮鼠猫を嚙む』『火事場の馬鹿力』の科学的な根拠」について述べた一文がある。その一文の、初めの五字を書き抜きなさい。

(2) 筆者は、本文の9〜12の段落で、人間が「不安」を感じるようになった理由を述べている。その理由を、多くの動物にとって恐怖がどのようなものとして進化してきたかを含めて、六十字程度で書きなさい。

正答率 79.3%

(3) 本文で述べている内容として適切でないものを次から一つ選び、記号で答えなさい。

ア　ジェットコースターなど、安全が保証された範囲での恐怖が癖になるのは脳の報酬系が原因だとされる。

イ　恐怖を感じた出来事は記憶に鮮明に残るように、こころをざわざわさせた芸術作品も記憶に残りやすい。

ウ　生き物同士の命のやりとりが淡々とおこなわれる熱帯雨林のような場所にだけ、本当の美は存在する。

エ　美しいものにぞくぞくする感覚は、予測のつかない自然のなかでのざわざわひりひりするような感覚と似ている。

［　　］

7 学校・友情がテーマの文章

実戦トレーニング

解答・解説は別冊33ページ

1

次の文章は、「実弥子(みやこ)」の絵画教室に通っている小学生の「ルイ」、「まゆ」、「ゆず」たちがお互(たが)いを描(か)き、その絵を見せ合っている場面である。「実弥子」は、「なんのために絵を描くのか」と以前尋(たず)ねられ、うまく答えることができなかったことを気にしていた。読んで、後の問いに答えなさい。（山口県・改）

「なんだろう、これ……。こんなふうに描いてもらうと、自分が今、ちゃんと生きてここにいるんだって、気がついた気がする……」

まゆちゃんがつぶやいた。<u>実弥子ははっとする。</u>

ルイが、まゆちゃんをモデルに絵を描いた。ただそれだけの、シンプルなこと。でも、描かれた絵の中には、今まで見えていなかったその人が見えてくる。言葉では言えない、不思議な存在感を放つ姿が。ルイと希一(きいち)*、それぞれの母親がふと口にした「なんのために絵を描くのか」という問いの答えが、もしかするとこうした絵の中にあるのではないかと、実弥子は思った。

「ねえ、ルイくんって、何年生？」まゆちゃんが訊(き)いた。

「三年」

「うわあ、私より二コも下なんだあ。やだなあ、こっちは、見せるのはずかしすぎる」

まゆちゃんが A自分の絵を隠(かく)すように、覆(おお)いかぶさった。

「まゆちゃん、絵はね、描き上がったときに、描いた人を離(はな)れるんだよ」

実弥子がやさしく言った。

「え？　離れる……？　どういうことですか？」

まゆちゃんが、絵の上に手をのせたまま顔を上げた。

「でき上がった絵は、ひとつの作品だから、でき上がった瞬間(しゅんかん)に、作者の手から離れて、まわりに自分を見てもらいたいな、という意志が生まれるのよ。それは作品自体の心。描いた人の心とは別に、新しく生まれるの」

「……ほんとに？」

まゆちゃんの眉(まゆ)が少し下がり、不安そうに B数度まばたきをした。

「そうよ。たとえば、今ルイくんの描いたこの絵は、ルイくんだけのものだって思う？　ルイくんだけが見て、満足すれば、それでいいと思う？」

実弥子の質問に、まゆちゃんは C長い睫毛(まつげ)を伏(ふ)せてしばらく考えた。

「そりゃあ、ルイくんの絵は、上手だから……みんなで一緒(いっしょ)に見たいなあって思うけど……」

「まゆちゃんの絵も、みんなが一緒に見たいなあって思ってるよ」

実弥子がそう言ったとき、ルイがその言葉にかぶせるように「見せてよ」と言った。

まゆちゃんは、少し照れたような表情を浮かべて、ルイにちらりと視線を送ってから背筋を伸ばした（D）。

「わかった。モデルのルイくんが見たいって言うなら、見せないわけにはいかないよね」

（東直子「階段にパレット」〈ポプラ社〉より）

（注）＊希一＝実弥子の夫。

(1) 「実弥子ははっとする」とあるが、「実弥子」はどのようなことに気づいたのか。次の文がそれを説明したものとなるように、[　　]に入る適切な内容を、四十五字以内で書きなさい。

●「ルイ」の絵に関する「まゆ」のつぶやきから、絵には、[　　]ということに気づいた。

(2) 次は、〰〰線部A～Dにみられる「まゆ」の様子の変化について【ノート】にまとめたものである。【ノート】が文章の内容に即したものとなるように、[Ⅰ]・[Ⅱ]に入る語として適切なものを、後からそれぞれ選び、記号で答えなさい。また、[Ⅲ]に入る適切な内容を、文章中から六字で書き抜きなさい。

【ノート】

○ まゆの様子	○ 変化のきっかけとなった言葉の内容（発言した人物）
A 自分の絵を隠すように、覆いかぶさった ―[Ⅰ]	・まゆより年下の三年生である（ルイ）
← B 数度まばたきをした ―不安	・[Ⅲ]が新しく生まれる（実弥子）
← C 長い睫毛を伏せてしばらく考えた ―思案	・絵は描いた人だけのものではない（実弥子）
← D 背筋を伸ばした ―[Ⅱ]	・まゆの描いた絵を見たい（実弥子とルイ）

ア 失望　イ 自慢　ウ 鼓舞
エ 嫌悪　オ 羞恥　カ 嫉妬

Ⅰ[　　]　Ⅱ[　　]　Ⅲ[　　　　　　]

(3) 文章中にみられる表現の特徴として適切なものを次から一つ選び、記号で答えなさい。

ア 絵の内容を色彩感覚豊かに記述することで、描かれた人物と周囲との関係を具体的に読者に伝えている。

イ 特定の登場人物の視点から説明することで、その場面の切迫した状況を冷静に詳しく読者に伝えている。

ウ 端的な言葉で複数の会話を叙述することで、生き生きとした人物像を臨場感をもって読者に伝えている。

エ 擬人法を用いながら情景を描写することで、幻想的な雰囲気の中で絵の価値について読者に伝えている。

[　　]

2

次の文章を読んで、後の問いに答えなさい。

東京のスイミングクラブに通っていた「おれ」(向井航)は、ある日を境に挫折し、水泳をやめた。佐渡に引っ越した「おれ」は、近くのプールで練習していた海人・龍之介・信司に出会う。スイミングクラブに通っていたことを知られた「おれ」は海人と泳ぐことになり、わずかな差で負けてショックを受ける。

三重県・改

海人はすっかり息が整って、涼しそうな顔をしている。

こいつ、何者なんだ?

体は細いのに、スケールの大きさを感じるのはどうしてなんだ?

しかもこいつは、きっとまだまだ速くなる。

なぜかそう確信させる力が、海人からみなぎっている。

じゃあ、おれは?
①おれは……もう、これ以上泳げないと思っていた。
でも、海人と泳いでいた時、何かが違った。

となりで泳いだ全身の感覚が、そう言っている。

「……向井くん、やっぱり、水泳一緒にやらない?」

信司がおずおずと聞いてきた。

海人が大きくうなずき、龍之介は関心なさそうに首を回している。

海人と泳げば……何かが変わるかもしれない。

今までとは違う世界が、見えてくるのかもしれない。

でも、久しぶりの泳ぎはビクトリーでのくやしさや、みじめな感情も一緒に呼びさました。

「……わかんない」

「えっ」

信司の目がくるんと回る。

「そんなかんたんに決められないよ」

信司の顔から笑みが消えた。海人は表情を変えない。

おれは耳に入った水を、頭をふって追い出した。そして、やっとひとこと、吐き出した。

「……でも、とりあえず、また来るかも」

「マジかよ?」

龍之介の声が裏返る。

「向井くん……本当?」

信司が口をぽかんと開けてたずねる。
②海人がニヤリとした。
「いや、まだ入るってわけじゃ……」

言葉とはうらはらに、あの時からずっと沈んでいた心が、ほんの少しだけ軽くなる気がした。

信司はプールサイドを「やった、やった」と、飛びはねた。

海人は薄いくちびるの端をスッと上げた。

「きっと、向井くんは、また来るよ。そして、まだまだ速くなる」

「……なんでおまえにわかるんだよ」

「となりで泳いだから、わかる」

海人はくすっと笑った。

……となりで泳いだから……だって?

③なんで、同じこと、考えてんだよ。

窓の外に目を向けると、オレンジ色の大きな太陽が、海に溶けるように沈んでいく途中だった。

プールもその光を受けて、うすい橙色にそまっていた。

〈高田由紀子「スイマー」〈ポプラ社〉より〉

※一部表記を改めたところがある。

(1) ――線部①「おれは……もう、これ以上泳げないと思っていた」とあるが、次の文は、「おれ」が海人と泳いだことでどのような気持ちに変わったかについてまとめたものである。[　　]に入る言葉を、本文中の言葉を使って三十字以上四十字以内で書きなさい。（句読点も一字に数える。）

●「海人と泳げば、[　　]」という前向きな気持ちに変わった。

(2) ――線部②「海人がニヤリとした」とあるが、このときの海人の心情を説明したものとして適切なものを次から一つ選び、記号で答えなさい。

ア 海人は、「……でも、とりあえず、また来るかも」と言った「おれ」の言葉や表情によって「おれ」の迷いにはじめて気づき、「おれ」のことを支えようと心に決めている。

イ 海人は、「……でも、とりあえず、また来るかも」と言った「おれ」の言葉を聞き、「おれ」が東京のスイミングクラブで再び水泳を始める気持ちになったことをうれしく思っている。

ウ 海人は、「……でも、とりあえず、また来るかも」と言った「おれ」の言葉を聞く前から、「おれ」がまた来るだろうと予想をしていたので、やはり自分の思ったとおりだと感じている。

エ 海人は、「……でも、とりあえず、また来るかも」と言った「おれ」の言葉が、「おれ」の本心だと龍之介や信司が気づいていたことをおもしろがっている。

〔　　〕

HIGH LEVEL

(3) ――線部③「なんで、同じこと、考えてんだよ」とあるが、「おれ」と海人が考えた「同じこと」とはどのようなことか。「……ということ。」につながるように、本文中の言葉を使って、二十字以上三十字以内で書きなさい。

ということ。

8 自然・環境がテーマの文章

実戦トレーニング

解答・解説は別冊34ページ

1

次の文章を読んで、後の問いに答えなさい。（一部表記を改めたところがある。また、[1]～[12]は各段落に付した段落番号である。）　富山県・改

*[1]ソメイヨシノでは、春に葉っぱが出る前に、花が咲きます。そのためには、春に葉っぱが出るまでに、ツボミができていなければなりません。

[2]ツボミは、開花する前の年の夏につくられるのです。でも、そのまま成長して秋に花が咲いたとしたら、すぐにやってくる冬の寒さのために、タネはできず、子孫を残すことができません。そこで、[Ⅰ]に、硬い「越冬芽」がつくられ、その中にツボミは、包み込まれて、冬の寒さをしのぎます。

[3]越冬芽は、「冬芽」ともよばれ、寒さに耐えるためのものですから、寒くなる前につくられなければなりません。そのために、①ソメイヨシノは光周性を使います。光周性は、夜の長さに反応する性質であり、草花のツボミの形成を支配しましたが、越冬芽の形成にもはたらいているのです。光周性の復習になりますが、次のことを確認してください。

[4]夜の長さがもっとも冬らしく長くなるのは、冬至の日で、一二月の下旬です。一方、寒さがもっともきびしいのは、二月ころです。夜の長さの変化は、寒さの訪れより、約二ヵ月先行しているので、夜の長さをはかれば、寒さの訪れを約二ヵ月先取りして知ることができるのです。

[5]夜の長さを感じるのは、「葉っぱ」です。一方、越冬芽は「芽」につくられます。とすれば、葉っぱが長くなる夜を感じて「冬の訪れを予知した」という知らせは、「芽」に送られなければなりません。

[6]そこで、夜の長さに応じて、葉っぱが、「アブシシン酸」という物質をつくり、[a]に送ります。芽にアブシシン酸の量が増えると、ツボミを包み込む[b]ができるのです。植物は、光周性によって、夜の長さの変化で季節の訪れを予知し、その先に備えていのちを守るという生き方を身につけているのです。

[7]このようにして、冬には、ソメイヨシノをはじめ、多くの樹木の芽は、越冬芽となり、硬く身を閉ざしています。[Ⅱ]、一方で、越冬芽は、春になると、いっせいに芽吹き、花を咲かせます。

[8]この現象を見て、「なぜ、春になると、ソメイヨシノは花咲くのか」と問いかけてみます。すると、多くの人から、即座に、「[Ⅲ]」という答えが返ってきます。

[9]ソメイヨシノが花を咲かせるためには、暖かくならなけ

ればなりません。ですから、この答えは誤りではありません。しかし、ソメイヨシノは、暖かくなったからといって、花を咲かせるものではありません。

10 たとえば、秋にできた越冬芽をもつ枝を、冬のはじめに暖かい場所に移しても、花が咲きはじめることはありません。気温が低いという理由だけで、冬に花が咲かないのではないのです。

11 このように、暖かさに出会っても花を咲かせないソメイヨシノは、〝眠(ねむ)っている〟状態であり、「〝休眠(きゅうみん)〟している」と表現されます。越冬芽は、「休眠芽」ともいわれ、冬のはじめには、②〝眠り〟の状態にあります。

12 すでに紹介(しょうかい)したように、秋に越冬芽がつくられるときに、アブシシン酸が葉っぱから芽の中に送り込まれています。アブシシン酸は、休眠を促(うなが)し、花が咲くのを抑(おさ)える物質です。ですから、これが越冬芽の中に多くある限り、暖かくなったからといって、花が咲くことはないのです。

（田中修(たなかおさむ)「植物のいのち」〈中央公論新社〉より）

（注）＊ソメイヨシノ…桜の品種の一つ。

(1) Ⅰ に入る最も適切な季節を、次から一つ選び、記号で答えなさい。

ア 春　イ 夏
ウ 秋　エ 冬

［　　］

(2) ――線部①「ソメイヨシノは光周性を使います」とあるが、ソメイヨシノは光周性を使うと、どのようなことができるのか。それを説明した次の文の（ A ）・（ B ）に入る言葉を、4段落中からAは四字、Bは五字で書き抜(ぬ)きなさい。

●（ A ）をはかることで、（ B ）を知ることができる。

A ［　　　　］
B ［　　　　　］

(3) a ・ b に入る言葉を、それぞれ5段落中から書き抜きなさい。

a ［　　］　b ［　　］

(4) Ⅱ に入る言葉として適切なものを次から一つ選び、記号で答えなさい。

ア すると　イ だから
ウ つまり　エ しかし

［　　］

(5) Ⅲ に入る言葉として適切なものを次から一つ選び、記号で答えなさい。

ア 春になって、新しい季節になるから
イ 春になって、いっせいに芽吹くから
ウ 春になって、暖かくなってきたから
エ 春になって、昼の長さを感じるから

［　　］

(6) ――線部②「〝眠り〟の状態」とあるが、どのような状態のことか。「アブシシン酸」「花」という言葉を用いて書きなさい。

［　　　　　　　　］

2

次の【表】と文章を読んで、後の問いに答えなさい。 秋田県・改

【表】植物の戦略タイプ（筆者による説明をまとめたもの）

C	競合型。競争に打ち勝って成功する剛腕タイプ。
S	ストレス耐性型。じっと我慢の忍耐タイプ。
R	攪乱耐性型。柔軟性を備えた臨機応変タイプ。

Cタイプ、Sタイプ、Rタイプ。この三つの戦略のうち、雑草はRタイプと、CタイプとRタイプの中間型（C—Rタイプ）に該当するものが多い。つまり雑草は予測不能な環境変化に強い臨機応変タイプと言える。

Rタイプは、予測不能な変化に強いとされている。この予測不能な変化は、一般に「攪乱」と表現されるものだ。攪乱とは穏やかでない言葉である。平穏な安定した植物の生息環境が、ある日突然掻き乱されるのである。たとえば、洪水や山火事、土砂崩れなど天変地異がその一例である。もちろん、天変地異ばかりではない。攪乱はもっと身近なところにも起こる。草刈りや除草剤の散布も、植物にとっては天変地異に等しい大きな攪乱である。車が通って踏みにじられることも九死に一生の事件だろう。田んぼや畑に生息する植物にとっては、ある日いきなり耕されることも一大事である。のどかな田園風景で行われる野良仕事も、この世の終わりのような大事件なのである。

Rタイプである雑草は、予測不能な変化に適応し、攪乱が起こる条件を好んで繁栄している。洪水や山火事のような天変地異や草刈りや除草剤などによる攪乱は生命を脅かす存在であるはずなのに、そんな条件を好むとは一体どういうことなのだろう。

雑草にとって、攪乱という逆境を克服したことは①成功の大きな鍵となった。そして今や、多くの植物の生存を困難にしている攪乱が、雑草の生存にとっては必要不可欠なものにさえなっている。

②予測不能な攪乱がなぜ雑草にとって有利なのか。その理由は、自分にとって生存が困難な環境は、ライバルとなる他の多くの植物にとっても不利な条件であるということである。まず、このような環境では強大な力を持つはずのCタイプは必ずしも成功しない。そこで要求されるのは、けんかの強さよりも、次々と襲いかかる困難に対応するサバイバル能力なのである。

人間の世界でもそうだが、安定した環境下では実力どおりの結果になり、番狂わせの可能性は低い。たとえばサッカーの試合を考えてみよう。風もなく、天気もよい、芝の状態も最高。そんな好条件で試合が行われれば、格下の弱小チームが強豪チームに勝つことは難しい。ほぼ、実力どおりの結果になるだろう。ところが、風雨が強く、ぬかるんだグラウンドで試合が行われたとしたらどうだろう。弱小チームにとっても、雨天の試合はやりにくいことに間違いない。しかし、それは相手チームにとっても同じである。どちらも実力が出しきれない状況では、勝負の行方はわからない。もしも、格下のチームが雨天での経験を積ん

でいたとしたらどうだろう。試合の有利不利はまったく逆の結果になることになるだろう。番狂わせの可能性も出てくるのである。

　プロの将棋の対局では、自分が不利になると、意図的に定跡[2]を外れた手や、常識的な読み筋を外した奇抜な手を指すことがある。苦し紛れに見えるそんな手が、最善手である可能性は低い。しかし、定跡どおりに進めば有利不利の関係が逆転することは少ない。その安定した関係を乱すために、奇抜な一手を放つのである。もちろん、どちらにとっても定跡どおり指すほうが楽である。定跡を離れれば、自分も知らない未知の世界、予測不能な世界である。しかし、その条件はどちらも同じ。そういう状況に持ち込めば逆転の可能性が出てくるのである。プロの棋士はそうして逆転の機を狙っている。

　雑草の勝負に対する考え方も同じである。悪条件な環境を生存競争の場とすれば、「弱い植物」とされている雑草にも活路が見いだせる。むしろ悪条件での戦い方を身につければ、強い相手よりも有利になるチャンスなのである。撹乱が起こる環境は、どんな植物にとっても不利な環境だ。しかし、その不利を克服する力が他の植物よりも強いという相対的な強さで、雑草は他の植物を圧倒しているのである。③雑草にとって、逆境は敵ではない。自らの生存に必要な味方なのである。

（稲垣栄洋「雑草の成功戦略　逆境を生きぬく知恵」〈ＮＴＴ出版〉より）

（注）　1 **撹乱**＝かき乱すこと。混乱させること。
　　　2 **定跡**＝将棋で、その局面で最善とされる決まった指し方。

(1)　――線部①「成功」とあるが、ここでの成功とはどういうことか。解答欄に合うように、これより前の本文中から二字で書き抜きなさい。

●環境に適応して生息し、□□していること。

正答率 78.2%

(2)　――線部②「予測不能な撹乱」とあるが、このような状況下で求められるのはどのような力か。本文中から十四字で書き抜きなさい。

HIGH LEVEL　正答率 24.0%

(3)　――線部③「雑草にとって、逆境は敵ではない」とあるが、筆者がこのように考えるのはなぜか。「克服」「生存競争」の二語を用いて、解答欄に合うように三十五字以内で書きなさい。

●撹乱が起こる環境では、

ことができるから。

知っておこう！ 入試によく出る著者

近年の入試の読解問題によく出題される著者を一覧にして紹介する。
その著者に、どのようなテーマの作品が多いのかを押さえておけば、
文章の要旨や主題をつかむのに役立つはずだ。

▼重松清（作家）

家族や親子、**学校をテーマ**にした作品が多い。**いじめや不登校**、**家族崩壊**など現在の社会問題を鋭く、かつ温かく描く。

▼外山滋比古（言語学者・評論家）

自分で考えることの大切さを説いた『思考の整理学』がベストセラーになった言語学者。広く**「言葉」の問題を考察した日本語論**や幼児教育の重要性を提言した**教育論**に注目。

▼森本哲郎（ジャーナリスト・評論家）

新聞社を退社後、世界各国を歴訪。以後、評論家として**文明批評や旅行記**などの著述を中心に活動。**歴史や文化を考察**した紀行文、論評を通して人間の本質に迫る。

▼養老孟司（医学博士、解剖学者）

心の問題や社会現象を、脳科学や解剖学などの知識を交えながら解説する。「この本は私にとって一種の実験なのです」という『バカの壁』はベストセラーとなる。

▼鷲田清一（哲学者）

哲学の視点から、**身体**、**他者**、**言葉**、**教育**、**アート**などを論じると共に、さまざまな社会・文化批評を行う。医療や介護、教育の現場に**哲学の思考**をつなぐ「臨床哲学」を提唱・探求する。

▼藤田正勝（哲学者・思想史研究者）

『はじめての哲学』で**「何のために生きるのか」「何を目指して生きればよいのか」**という根本の問題について取り組む。偏見をもたずに自由に議論する必要性を語る。

▼稲垣栄洋（農学博士、植物学者）

農業研究に携わるかたわら、**雑草や昆虫など身近な生き物**に関する著述や講演を行い、若い世代に向け、雑草の「生き方」について説いている。

▼齋藤孝（教育学者）

『声に出して読みたい日本語』がベストセラーに。**「思考力」「語彙力」「読解力」「質問力」**などの必要性を説く。

▼あさのあつこ（作家）

少年少女たちの**青春の思い**を、**繊細な心理描写と詳細な状況描写**で表現する。野球をテーマにした青春小説『バッテリー』はベストセラー。

▼村山由佳（作家）

家族や周囲との関係性に悩む人々の心に寄り添うような物語が多い。**人間の心の機微**を丁寧に表現する作風。

▼瀬尾まいこ（作家）

元中学校の国語教諭。**家族や学校など**を題材に、優しく温かみのある作風で、**登場人物の内面**を描き出す。

表現

入試の作文の書き方

1 入試の作文の注意点と特徴

入試の作文では、問題文の指示をよく読み、何についてどのように書くことを求められているかをつかむことが大切である。

①テーマが決められている…「〇〇についてあなたの考え（意見）を書きなさい」と書くテーマが指定されている。

②字数制限がある…「百六十字以上二百字以内で」など字数が指定されている。（二百字前後が多い）

➡これらは「条件作文」にも「課題作文」にも共通している。

2 条件作文の特徴と書き方

条件作文とは、与えられた条件に従って書く作文。文章の要約や資料の分析などを行う。条件作文には次のようなものがある。

例
- ある文章を読み、その内容を要約したり、意見を述べたりするもの。
- グラフや統計などの資料から読み取った事柄を説明したり、意見を述べたりするもの。
- 短歌や詩などを読み、その鑑賞文や感想を書くもの。
- 複数の異なる考え（意見）を読み、いずれかの立場に立って意見を述べるもの。

以下のようなポイントを押さえて書くようにする。

①ポイントを絞って書く…全てを網羅しようとせず、主な事柄を一つ選び、それについての分析と意見をまとめるようにする。字数が限られているので、的を絞って書くことが大切である。

②基本は二段構成で書く…前段では与えられた条件についての分析、後段ではそれについての考え（意見）を述べる。

3 課題作文の特徴と書き方

課題作文とは、与えられた課題に沿って書く作文。多くの場合は、書き方の注意が示されている。

①手順に沿って作文の構成を立てる…次のような手順で構成する。

1 課題に基づいて題材*を決める。
2 考え（意見）の中心を決める。
3 主張したい考え（意見）に合った題材かどうか確認する。

＊題材＝具体例（経験・事実）

★具体例（経験・事実）の選び方…鮮明に印象に残っているようなことを選ぶとよい。次のようなポイントを押さえて選ぶ。

1 与えられた課題に沿ったもの
2 強く印象に残っている事柄
3 自分の身近な出来事
4 独自性の強い経験

入試データ　近年は、どちらかというと条件作文が出題されることが多い。

②二段構成で書く指示がある場合、前段に具体例（経験・事実）、後段に考え（意見）を書く ※「三段構成で」と指示がある場合は、①具体例、②具体例に含まれた問題点など、③考え（意見）などのように、内容に応じて段落ごとに分けて書く。

③具体例（経験・事実）は簡潔に書く…前段の具体例は、作文全体の半分程度の量（多くても六割）にする。また、後段の考え（意見）に結びつくかどうか確認する。

④考え（意見）のまとめ方…次のような点に注意する。

1**考え（意見）は二つに分けて書く**…まず具体例（経験・事実）に含まれた問題点や気になった点などを挙げ、その後でそれについての考え（意見）を述べるようにする。

2**考え（意見）の中心を明確にする**…主張したい考え（意見）は一つに絞り、「なぜ」そのように考えたのかを明らかにする。

3**考え（意見）は自分の言葉で書く**…新聞やテレビで見聞きしたことの受け売りではなく、自分が感じ、考えたことを自分の言葉で書くようにする。

4 原稿用紙の使い方

①書き出しや段落の初めは、一ます空ける

②文字は原則、一ますに一字書く（句読点やかぎ、符号なども同様）

例外

1句読点が行末からはみ出す場合は、最後の字と同じますの中か、欄外に書く。

2疑問符（?）や感嘆符（!）の後は、一ます空ける。

③会話文は原則として改行して「　」で囲み、末尾は句点とかぎを同じますに書く

　小学校六年生の三学期のことだった。
「引っ越すことになったよ。イギリス支社に
異動命令が出たんだ。」
と、父に言われた。

5 推敲のしかた

書き終えたら、必ず推敲を行う。次のようなポイントを押さえる。

内容

①題材は課題にふさわしいか
②伝えたいことが明確に表れているか
③構成は適切か
④指示された注意事項を守っているか

表記

①漢字・仮名遣いの誤りはないか
②読点や符号の使い方は適切か
③一文が長過ぎないか⇩八十字程度までを目安に
④文末表現は統一されているか⇩敬体（「です・ます」）か常体（「だ・である」）のどちらかで統一
⑤主語・述語の関係が明確か、文がねじれていないか
⑥同じことを無駄に繰り返していないか

1 条件作文の書き方

実戦トレーニング

解答・解説は別冊35ページ

1 総合的な学習の時間で、「これからの社会」というテーマで学習している。次の調査結果を参考にして「情報通信機器が可能にする社会」について考えることになった。実現したら使いたいと思う情報通信機器①～⑤の中から一つ選び、後の**【条件】**に従って書きなさい。

（富山県）

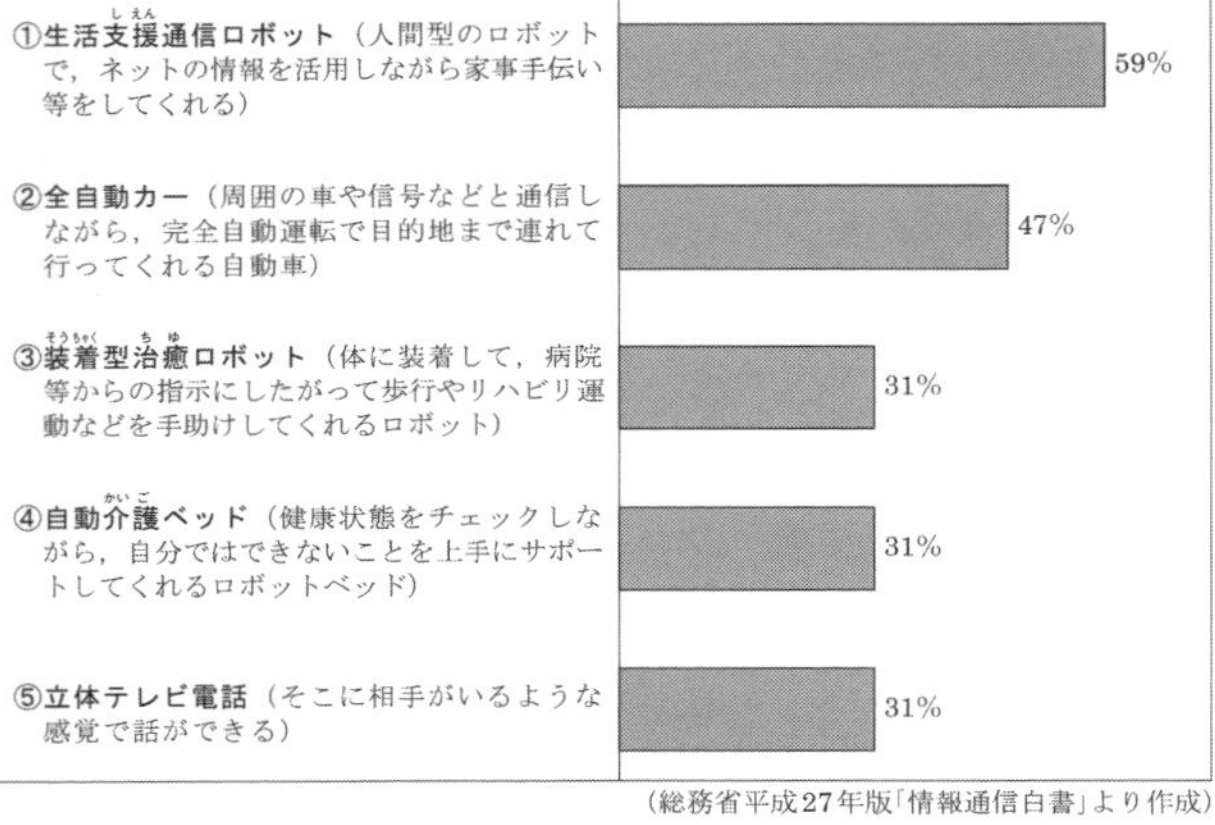

【条件】

1　二段落構成とし、各段落の内容は次の2、3のとおりとする。
2　第一段落は、選んだ情報通信機器に関わる、現在の社会の状況や課題について、あなたの体験や見聞を踏まえて書く。
3　第二段落は、その情報通信機器を使用することで、どのような社会になるか、あなたの考えを書く。
4　原稿用紙の使い方に従い、百八十字以上、二百二十字以内で書く。

● 選んだ情報通信機器の番号　［　　］

220　180

2

次の【資料】は、内閣府が十三歳以上二十九歳以下の人を対象に実施した「子供・若者の意識に関する調査（令和元年度）」についての結果をまとめたものである。これを見て、あとの問いに答えなさい。

三重県・改

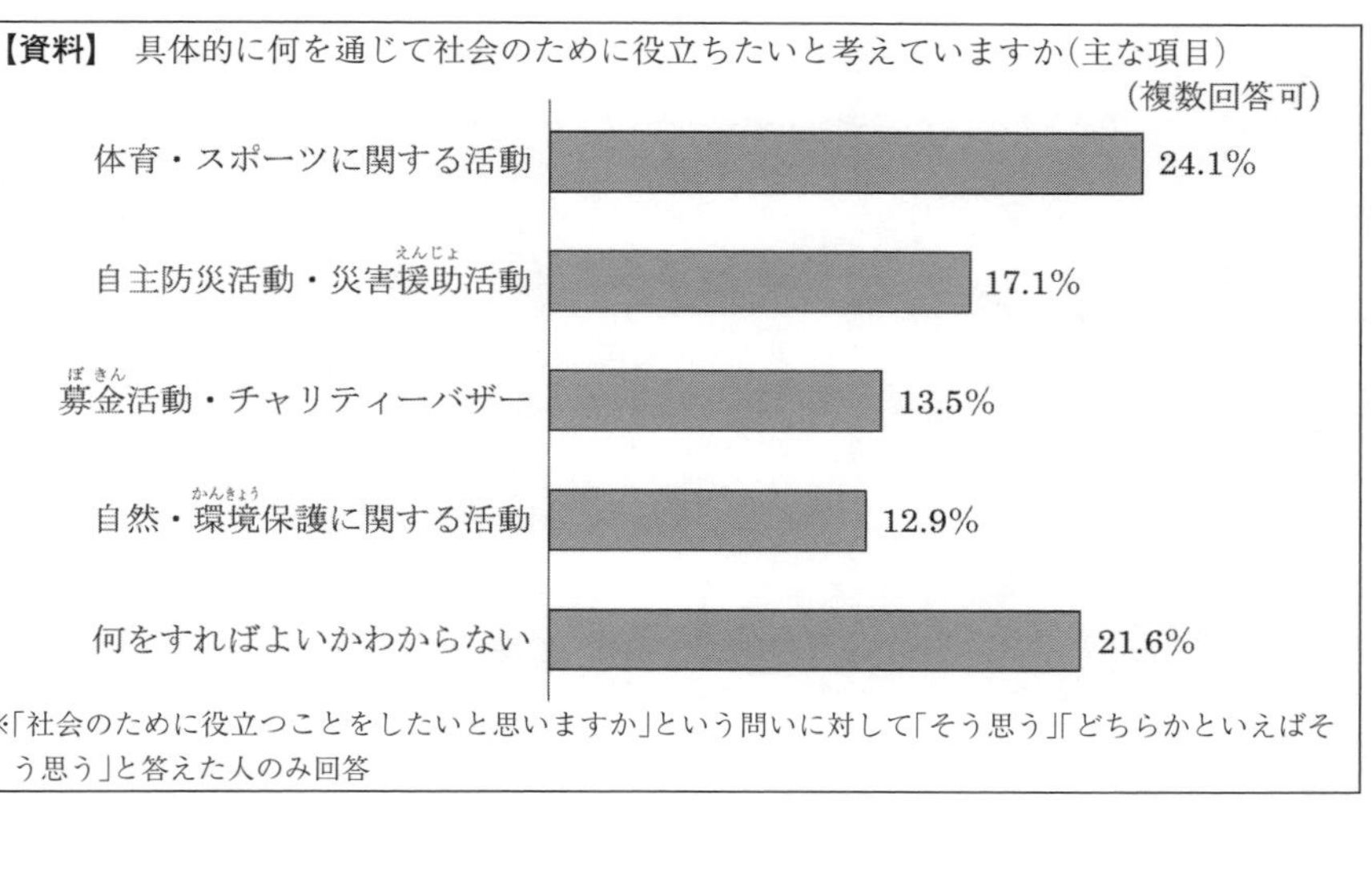

（内閣府「子供・若者の意識に関する調査（令和元年度）」から作成・一部改）

【資料】から、具体的な活動を通じて社会のために役立ちたいと考えている人がいることがわかる。あなたはどのようにして社会のために役立ちたいと考えるか。あなたの考えを、次の【作文の注意】に従って書きなさい。

【作文の注意】

1 題名は書かずに本文から書き出しなさい。
2 あなたが考える理由を明らかにして、具体的に書きなさい。なお、【資料】の項目は、参考にしてもしなくてもよい。
3 あなたの考えが的確に伝わるように書きなさい。
4 原稿用紙の使い方に従い、全体を百六十字以上二百字以内にまとめなさい。

3

次の【対話】は、敬語を使うことについて、AさんとBさんが話をしている内容である。【対話】を読んで、あなたの意見を書きなさい。ただし、【条件】に従って書くこと。（佐賀県）

【対話】

（Aさん）　来週、テストで難しかったところを、先生が解説してくれるって言っていたよ。

（Bさん）　そういう時って、先生が「言っていた」じゃなくて、「おっしゃっていた」って言った方が良いよ。

（Aさん）　今は、先生はいないから、「言っていた」で良くないかな。

（Bさん）　私たちより年上の人には、敬語を使うって習ったじゃない。

（Aさん）　でも、ここに先生はいないよ。

（Bさん）　先生のことを話すなら、どんな時でも先生の動作は敬語にした方が、失礼にならないよ。

（Aさん）　敬語って難しいなあ。いつも使うわけではないし。年上の人には必ず使うものなのかな。

（Bさん）　そうだね。相手の人を尊敬している気持ちを表す言葉だからね。

（Aさん）　でも、先輩と話す時には敬語を使わない時があるよ。

（Bさん）　先輩にも先生と同じで、きちんと敬語を使うべきだと思うよ。

（Aさん）　状況によっては、敬語を使わなくても、相手を尊敬している気持ちが伝わるんじゃないかな。

（Bさん）　どんな状況でも、先生や先輩、年上の人に対しては、敬語を使わないと失礼になるよ。

【条件】

・百一字以上、百二十字以内で書くこと。
・状況によって敬語を使うことについて、Aさんと、Bさんのどちらに賛成か、自分の立場を明らかにすること。
・自分がその立場に立つ理由を、具体的な例を示しながら書くこと。
・原稿用紙の使い方に従って書くこと。

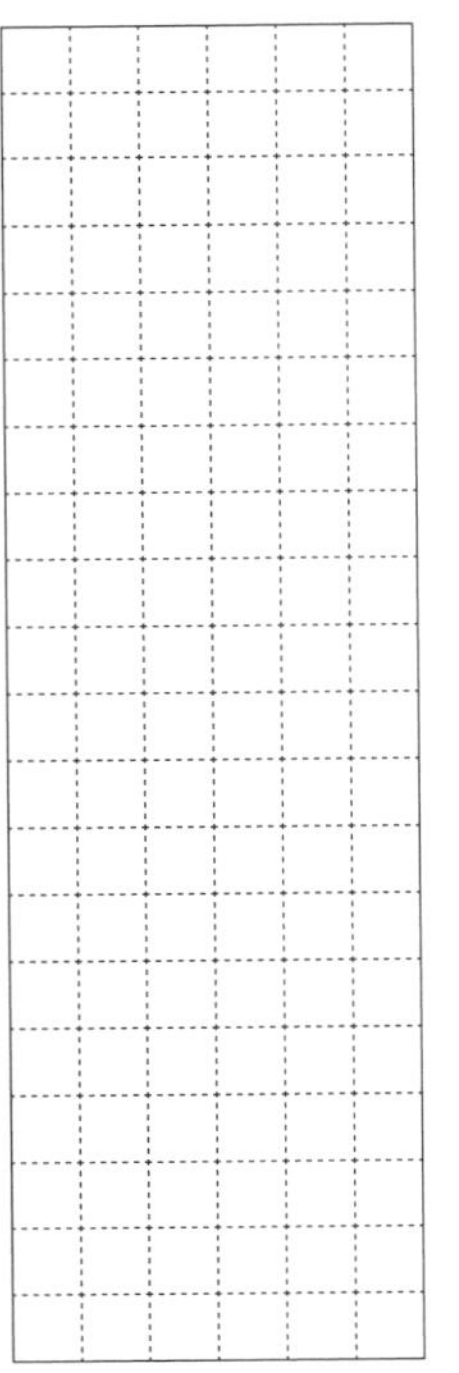

120　100

4

はがくれ中学校では、はがくれ町からの依頼で町の広報紙作成に協力することになった。広報紙は、町外の人がはがくれ町を訪れてくれるようになることを目的としている。次の、広報紙の作成に向けた生徒による二回目の**【話し合い】**と、**【作成中の広報紙の紙面】**を読んで、あとの問いに答えなさい。 佐賀県・改

【話し合い】

(司会者) それでは、今回は広報紙に何をどのように書くかを決めていきましょう。

(Aさん) 前回は、「はがくれ町に訪れる人が少ない」や「文化遺産がない」、また、「海や砂浜が美しい」や「水平線から昇る日の出が美しい」といった意見がありました。

(司会者) 前回の整理をすると、魅力は特に何もないという意見と、美しい自然が魅力であるという意見が出ました。それぞれの意見についてどう思いますか。

(Bさん) せっかく美しい自然があるのに、宣伝が足りていないと思います。広報紙には、はがくれ町の長所である美しい自然について、書けば良いのではないでしょうか。

(Cさん) そうですね。訪れる人が少ないことや文化遺産がないことは、マイナスの印象を与えるので書けませんよね。

(司会者) 訪れる人が少ないことは、マイナスにしかならないのでしょうか。

(Aさん) 訪れる人が少ないことも、逆手にとれば、魅力につなげられると思います。

(Bさん) 私は、ストレートに魅力をアピールした方が分かりやすいと思います。

(司会者) 短所を逆手に取って表現すると、印象に残りやすいけれども、分かりにくいということもあります。一方で、長所をストレートに表現すると、言いたいことが分かりやすいけれども、逆手にとった表現に比べると印象は薄いですね。

(Cさん) どちらの表現の仕方にも良さがありそうですね。

(司会者) では、広報紙の紙面の内容は、海や砂浜、日の出が美しいことと、訪れる人が少ないことを、両方の表現の仕方で掲載するということでどうでしょうか。

(みんな) 良いと思います。

(司会者) では、次回は実際に紙面を作りながら、見出しを考えていきましょう。

【作成中の広報紙の紙面】

〈見出し〉

青い海・白い砂浜

海と砂浜は日本一の美しさ！波打つ青い海と真っ白な砂浜がみなさんの心を癒(い)やします！

水平線に輝く日の出

写真コンテストでグランプリに輝(かがや)いた、海に浮かぶ日の出。浜辺(はまべ)から見る神々(こうごう)しい景色は、一度見たら忘れられません！

みなさんにひとこと！

はがくれ町には何もないから誰(だれ)も来ない。だからこそ、きれいな自然をひとりじめ。ぜひ一度、はがくれ町にお越(こ)しください！

【作成中の広報紙の紙面】の〈見出し〉に入れるものとして、あなたは〈見出しA〉と〈見出しB〉のどちらが良いと考えるか。あなたの考えとその理由を書きなさい。ただし、あとの【条件】に従うこと。

〈見出しA〉はがくれ町の海はまるでプライベートビーチ

〈見出しB〉はがくれ町の絶景を見においでよ

【条件】

・百一字以上、百二十字以内で書くこと。
・理由は、選んだ〈見出し〉の良さを挙げながら、【話し合い】や【作成中の広報紙の紙面】を参考にし、具体的に書くこと。
・原稿用紙の使い方に従って書くこと。

120 100

5

のぞみさんは、次の【資料Ⅰ】、【資料Ⅱ】を見て、宿題のレポートを書こうとしています。【資料Ⅰ】は、ある調査で、テレビ、新聞、インターネット、雑誌の四つのメディアそれぞれに対して、「情報源として重要だ」と回答した人の割合をまとめたものである。また、【資料Ⅱ】は、同じ調査で、それぞれのメディアに対して、「信頼(しんらい)できる」と回答した人の割合をまとめたものである。【資料Ⅰ】、【資料Ⅱ】を見て、後の問いに答えなさい。

岩手県・改

【資料Ⅰ】 情報源としての重要度（全年代・年代別）

		テレビ	新聞	インターネット	雑誌
全年代		88.1%	53.2%	75.1%	19.3%
年代別	10代	83.8%	28.9%	85.9%	7.7%
	20代	81.0%	32.2%	87.7%	18.5%
	30代	83.0%	34.0%	83.0%	16.6%
	40代	90.8%	54.0%	80.1%	18.7%
	50代	92.1%	70.1%	74.1%	23.4%
	60代	93.1%	80.0%	49.3%	24.5%

【資料Ⅱ】 各メディアの信頼度（全年代）

メディア	信頼度
テレビ	65.3%
新聞	68.4%
インターネット	32.4%
雑誌	18.7%

0　10　20　30　40　50　60　70　80（%）

（総務省「令和元年度 情報通信メディアの利用時間と情報行動に関する調査報告書」から作成）

【資料Ⅰ】と【資料Ⅱ】の両方から、インターネットはどのように受け止められていると読み取ることができますか。また、読み取ったことを踏(ふ)まえて、インターネット上の情報を利用する際、あなたはどのようなことに注意しますか。後の【条件】1～4に従ってあなたの考えを説明する文章を書きなさい。

【条件】

1　説明する文章は、原稿(げんこう)用紙の正しい使い方に従って、二つの段落で構成し、60字以上105字以内で書くこと。

2　第一段落は、【資料Ⅰ】と【資料Ⅱ】から読み取れるインターネットの受け止められ方について書くこと。

3　第二段落は、第一段落を踏まえて、インターネット上の情報を利用する際に注意することについて書くこと。

4　資料で示された数値を書く場合は、次の例に示した書き方を参考にすること。

例

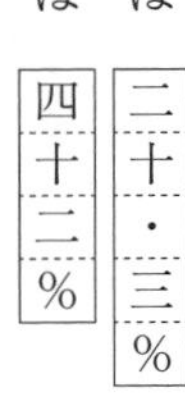

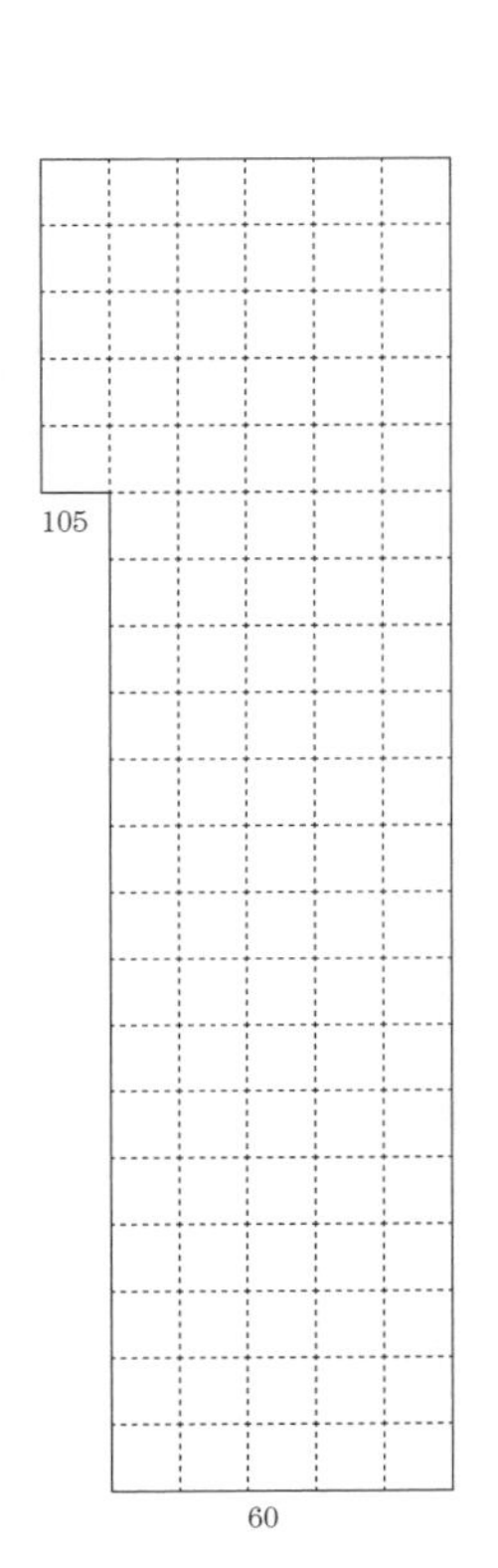

実戦トレーニング

解答・解説は別冊36ページ

1 次に示す二人の先人の言葉を読んで、あなたの考えを後の注意に従って書きなさい。なお、作文は二段落構成とし、一段落目には二つの言葉から感じ取ったことをまとめて書き、二段落目には「あなたの未来」についての考えを書きなさい。（山口県）

・あなたが今まく種はやがて、あなたの未来となって現れる。（夏目漱石（なつめそうせき））
・未来とは、あなたが予知しようとするものではなく、自分で可能にするものだ。（サン＝テグジュペリ）

【注意】
○氏名は書かずに、1行目から本文を書くこと。
○原稿用紙の使い方に従って、150字以上240字以内で書くこと。
○読み返して、いくらか付け加えたり削ったりしてもよい。

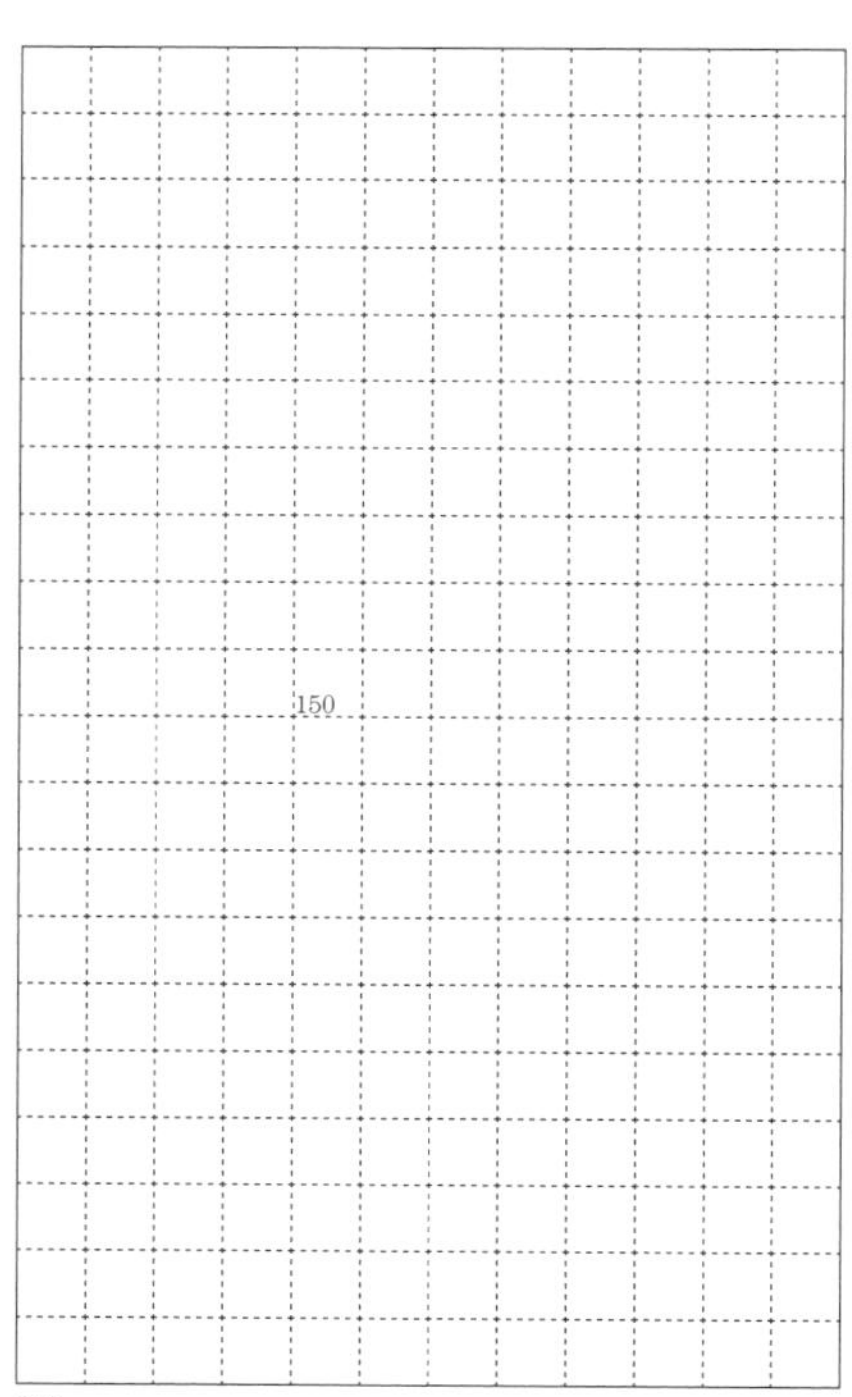

模擬試験

実際の試験を受けているつもりで取り組んでください。
制限時間は第1回，第2回とも45分です。

制限時間がきたらすぐにやめ，
筆記用具を置いてください。

模擬試験

［第1回］

時間45分

100点満点

点

↓解答・解説は別冊37ページ

1

次の文章を読んで、後の問いに答えなさい。

〔(1)各1点　(2)・(3)各4点　(4)〜(6)各6点　(7)7点　計38点〕

> バスケットボール部部長の滝桐吾（＝オレ）は、両親の都合でイギリスのロンドンへの転校が決まったが、部活のことを考えると受け入れがたく、晴れない気持ちのまま、昼休みを一人で過ごしたくて校舎裏のベンチで寝転び、うとうとしかけていた。ふと人の気配を感じて体を起こすと、隣のベンチで一年生の宮本剣が松葉杖を横に置いて弁当を食べていたので、声を掛けた。

「バスケ部、見学に来てるだろ？　あれって、マジで興味あるわけ？」

宮本は答えない。

「バレー部の部長に聞いたけど、おまえ、バレーでパラリンピック目指そうとしたんだろ？　で、ⓐコトワられて今度はバスケを見にきて。正直、なんでもいいのかよ、ってオレは思ってた」

また答えないで、宮本はミートボールを口へ放り込む。

「でも昨日、1東山としゃべったんだ。いいとこなんだろ？」

「あ、はい……」

「東山は、別のことを言った。おまえはきっと新しい扉を開きたいんだって。『剣は病気になったからこそ、新しい世界に出会えた、という、経験をしたいんだと思う』って」

花壇の花が、風に吹かれてⓑ揺れている。紫色の花びら。地面に「クレマチス」という立て札が差してある。

「①それって本当にバスケなのか？」

「うーん……たぶん違うと思います」

「えっ」

もし歩きながら話していたら、②オレはズッコけて転んだかもしれない。

ⓒ覚悟していたのだ。「バスケをやりたいです！」と言われたら、車椅子バスケがどんなものか調べたり、部員たちに相談したり、いろいろやらなきゃな、と。

「ぼく……小四まで元気で、卓球やりまくってて」

「うん」

「それが急に病気になって、納得できなかった。膝に人工関節入れたけど、ぼくは運動神経いいし、スポーツ、やり続けられるって思ったんですよ。③逆にスポーツ続けなきゃ、って思いこんでいるようなとこもあった」

少しわかる。ロンドンで2クリケットやラグビーをやったらどうだと言われても、納得できなかった。バスケを続けたい気持ち、整理できていない。

「だからバレーを考えて、次にバスケもありかなって」

「うん」

「でも、本当はもっと気になることを見つけてて」

「え？」

「それはスポーツじゃないから、なんか意地張っちゃって。まだ決心が」

「何部のこと言ってんのかよくわかんねーけど」

「まだⓓヒミツ」

「でも、④その選択、きっといいんじゃないか？」

宮本はけへへ、と笑った。

「知らないのに、いいんじゃないかって言っちゃいます？」

「オレも、そうだから」

「え?」

「新しい扉がそこにあるのに、なかなか開ける気になれなくてさ。つまり、転校するのがイヤでイヤで」

「転校するんですか?」

「うん、十月に。ありえねえーって思ってた。でも行けば、きっと新しい景色が見えるんだよな? 昨日、東山と話したときに、ヒントもらった。東山の叔母ちゃんってのが、すげー強烈な人らしくて、新しいことに挑戦しないのは『怠慢』なんだってさ」

宮本がくすくすと笑いだした。歯にノリがくっついている。

「あの、先輩。その東山の叔母ちゃんって、ぼくのお母さんですよ」

「えっ、そうなのか! おまえ、めちゃくちゃ大変だろうな」

顔を見合わせて、爆笑してしまった。


(吉野万理子「部長会議はじまります」〈朝日学生新聞社〉より)

(注) 1東山=卓球部の女子。
2クリケットやラグビー=イギリス発祥の球技。

(1) ——線部ⓐ~ⓔの漢字は読み方を平仮名で、片仮名は漢字に直して書きなさい。

ⓐ[ ] ⓑ[ ] ⓒ[ ]
ⓓ[ ] ⓔ[ ]

(2) 〰線部「れ」と同じ意味・用法のものを次から一つ選び、記号で答えなさい。

ア 授業で先生に指名される。 イ 校長先生が出席される。
ウ 幼い頃のことが思い出される。 エ 駅まで五分で行かれる。
[ ]

(3) ━線部「怠慢」の意味として適切なものを次から一つ選び、記号で答えなさい。

ア 責任感をもって対応しようとしないこと。
イ 自信がもてず、尻込みすること。
ウ 簡単に済ませようとすること。
エ なまけて、当然すべきことをしないこと。 [ ]

(4) ——線部①「それ」が表している内容を、——線部①の前の部分から五字で書き抜きなさい。

□□□□□

(5) ——線部②のときの「オレ」の気持ちとして適切なものを次から一つ選び、記号で答えなさい。

ア バスケでなくてよかったとほっとした気持ち。
イ バスケだと予想して意気込んでいたのに拍子抜けした気持ち。
ウ バスケを否定してどうするのかと厄介に感じる気持ち。
エ バスケを選ばないことをいらだたしく思う気持ち。[ ]

(6) 宮本のどんな思いについて「少しわかる」というのか。次の文の□に入る熟語を、文章中から書き抜きなさい。

＊スポーツをやり続けられないことが、□できないという思い。

□□

(7) ——線部④「その選択、きっといいんじゃないか?」とあるが、「オレ」がこう言ったのはなぜだと考えられるか。次の言葉に続けて、文章中の言葉を使って簡潔に書きなさい。

＊挑戦することを恐れずに自分で選択したことを実行するならば、

[ ]

2

次の文章を読んで、後の問いに答えなさい。

〔(1)各1点　(2)・(3)各4点　他各6点　計43点〕

環境問題とは、別な言い方をすれば①「なにかを手に入れたこと」のツケである。農薬や遺伝子組みⓐ換え作物の問題は、その典型であろう。ここでも「丸儲けはない」のである。多摩動物公園の昆虫園に勤めている人の奥さんに聞いた話がある。ご主人がスーパーマーケットで小松菜を買ってきて、飼っているバッタに食べさせたら、みんな死んでしまったという。奥さんは、「人間は丈夫なんですね」と笑った。その後、中国野菜の農薬残留問題がⓑ浮上した。虫をⓒ扱っていれば、そういうことなら、専門家より先にわかるのである。

小松菜が虫に食われるのは、②税金みたいなものだと思う。税金を払っているから、安心して食べられる。税金を払うのがいやだと、農薬を使ったために、もっと請求額の多いツケが回ってきた。二〇〇二年の夏には、野菜に残留している農薬が基準値をⓓ超えていたとか、許可されていない農薬が農協ぐるみで使用されていたという事例がいくつも明らかになった。許可されていない添加物が加工食品に入っていたという話も、連日のように報道された。新聞の社会面のいちばん下の欄に関係者のお詫び広告がずらりと並び、問題の作物や食品が回収されたり、処分されるようすがニュース画面に流れた。

人間の欲望はきりがない。虫に食われていない、きれいな野菜が食べたい。すぐに食べられる調理済み食品がほしい。すこしでも風味のよいものを食べたい。日持ちがいいと助かる。おかげで農薬漬けの野菜とか、保存料や人工の調味料がふんだんに添加された加工食品が出回る。なんのことはない。見た目がきれいなうえに、便利な食品を手に入れた代わりに、③税金より高いツケに苦しんでいるのである。

便利な生活に由来する、もう一つの大きなツケは、大量のゴミである。ゴミというと、ファーストフードやカップ麺の容器を想像するかもしれないが、じつは食品自体が大量のゴミになっている。あるコンビニエンスストアが、売れ残った弁当を堆肥にする工場をつくったという話をテレビで見た。堆肥にするのは結構な話だが、工場が神奈川県にあり、東京都での売れ残りは生ゴミだから他県に運べない。④そのことを問題にしていた。じつはその番組を見て私がいちばん驚いたのは、コンビニの弁当の四割が売れ残るという話だった。

売れ残りは堆肥になり、野菜となってまた弁当に入る。ということは、弁当の四割は、人間を通過せずにⓔ無駄な循環をするわけである。まさに花見酒の経済が進行している。弁当―売れ残り―堆肥―作物―弁当という循環が成立し、それが経済活動に組み込まれているからである。江戸時代には糞尿はすべて田畑の肥料となっていた。もちろん、大量の食品を無駄にできるだけの生産力はなかっただろうから、食品はほとんどが人の口に入ったはずである。つまり、食品は人の体を通って、ほとんど一〇〇パーセント循環していたのである。現代の社会では、人の体の外を通る食品がGDP*を生み出す。食品に限らない。どうしても必要なわけではない品物がたくさん売られ、それを買う人がいて経済がようやく回っている。多くの人が「もうほしいものはない」と感じているのに。

（養老孟司「いちばん大事なこと」〈集英社新書〉より）

（注）　*GDP＝国内総生産。

(1) ――線部ⓐ～ⓔの漢字の読み方を、平仮名(ひらがな)で書きなさい。

ⓐ[　　] ⓑ[　　] ⓒ[　　]
ⓓ[　　] ⓔ[　　]

(2) ━━線部「専門家」と同じ組み立ての三字熟語を次から一つ選び、記号で答えなさい。

ア 新社屋　**イ** 真善美
ウ 工芸品　**エ** 再開発　[　　]

(3) 〰〰線部「すこしでも風味のよいものを食べたい。」とあるが、この文を文節に分けるとどうなるか。適切なものを次から一つ選び、記号で答えなさい。

ア すこしでも／風味のよい／ものを／食べたい。
イ すこしでも／風味の／よい／ものを／食べたい。
ウ すこしでも／風味／の／よいもの／を／食べたい。
エ すこし／でも／風味／の／よい／もの／を／食べたい。

[　　]

(4) ――線部①「なにかを手に入れたこと」とあるが、ここでいう「なにか」に**当てはまらない**ものを次から一つ選び、記号で答えなさい。

ア 見た目のきれいな野菜。
イ すぐに食べられる調理済み食品。
ウ 風味がよりよい食品。
エ 虫に食われた小松菜。

[　　]

(5) ――線部②「税金」とあるが、これはどんなことの比喩(ひゆ)として使われているか。次の文の□に入る二字の言葉を、文章中から書き抜(ぬ)きなさい。

＊見た目は悪いが、□して食べられるというしるし。

(6) ――線部③「税金より高いツケ」とあるが、この「ツケ」の内容が具体的に書いてあるのはどこか。第二段落からひと続きの二文を探し、初めと終わりの五字を書き抜きなさい。(句読点も字数に含(ふく)む。)

□□□□□ ～ □□□□□

(7) ――線部④「そのこと」が指している内容を、文章中の言葉を使って簡潔に書きなさい。

[　　　　　　　　]

(8) この文章で筆者が言おうとしているのは、どんなことか。適切なものを次から一つ選び、記号で答えなさい。

ア 我々の生活にとって「食の安全」は重要な課題だ。一日でも早くその対策を考えるべきである。
イ 我々の経済生活にとって、多少の無駄は、活性化を図(はか)るためにはしかたのないことだ。
ウ 我々は便利な生活を手にした代わりに、環境問題を引き起こし、無駄なものを大量に生み出している。これは問題だ。
エ 我々の欲望はきりがないが、今ストップをかけなければ日本の経済は成り立たなくなってしまうだろう。

[　　]

3

次の文章を読んで、後の問いに答えなさい。

〔(1)各2点　他各3点　計19点〕

昔、①男ありけり。身はいやしながら、母なむ宮なりける。その母、長岡とⓐいふ所に住み給ひけり。子は京に宮仕へしければ、詣づとしけれどしばしばえ詣でず。ひとつ子にⓑさへありければ、②いとかなしうし給ひけり。さるに、師走ばかりに、「とみの事」とて御文あり。③驚きて見れば、歌あり。

老いぬればさらぬ別れのありといへば
いよいよ見まくほしき君かな

かの子、いたううち泣きて詠める

世の中にさらぬ別れの無くもがな
④千代もと祈る人の子のため

（「伊勢物語」より）

（注：本文の傍訳）官位は低い身であったが／皇族であった／京に出て宮仕えしていたので／おうかがい／しようとしたけれどおうかがいできない／とてもかわい／がっていらっしゃった／ところが／急な用です／お手紙／避けられない別れ／いうことですから／会いたいと思う／ですよ／ひどく／よんだ歌／なければいいのに／千年

---

(1) ——線部ⓐ「いふ」、ⓑ「さへ」の読み方を、それぞれ現代仮名遣いで書きなさい。

ⓐ［　　　］　ⓑ［　　　］

(2) ——線部①の「男」には、他に兄弟や姉妹がいないように読み取れる。そのことがわかる言葉を、文章中から四字で書き抜きなさい。

(3) ——線部②「かなしうし給ひけり」、③「驚きて見れば」の主語は誰か。それぞれ、文章中の言葉で書きなさい。

②（　　　）　③（　　　）

(4) ——線部④「千代も」の後に省略されているものとして適切なものを次から一つ選び、記号で答えなさい。

ア 親は時を大切にしてほしい
イ 親は愛を保ち続けてほしい
ウ 親は長く生きてほしい
エ 親は夢にも出てきてほしい

［　　］

(5) 母が、「師走ばかりに、『とみの事』と『文』を送ったのは、どういう気持ちからだと考えられるか。二十字以内で書きなさい。（句読点も字数に含む。）

模擬試験

［第２回］

時間45分

100点満点

点

↓解答・解説は別冊38ページ

1

次の文章を読んで、後の問いに答えなさい。

〔(1)各１点　(2)・(3)各３点　他各５点　計41点〕

草紙や巻物などの薄絹の表紙はすぐにすり切れてしまうので困ると、ある人がこぼしたところ、1頓阿法師が「薄絹の表紙というものは上下のⓐ端のところがすり切れ、2螺鈿をちりばめた巻物の軸というのはその螺鈿の貝が落ちてしまってからがいいのだ」といったという話が『徒然草』にある。3兼好は頓阿のこの言葉にいたく感心し、4「心まさりて覚えしか」と記している。私もまたそのようなものの見方に大いに共感するのは、私がやはり日本人だからであろう。これこそ日本独特の不完全の美学なのである。

　そこで私は新刊書を買うとき、書店の店員が表紙の上に包装紙さらにカヴァーをつけようとするのを見ると、「あ、そんなことしなくて結構です」とことわり、出来ればセロハン紙も取りⓑ払ってもらう。そして、たいへんいい気分になる。頓阿法師のようなつもりになるのだ。『徒然草』のおなじ段には、「何でもひとそろいにそろっていないと気がⓒスまないというのは、つまらぬ人間の根性だ」という5弘融僧都の言葉が引かれている。弘融僧都によれば、「不ぞろいのほうがいい」のである。で私は古本屋を歩くときには必ず弘融僧都の言葉をⓓ肝に銘じ、一巻か二巻か欠けている全集でも平気で買うことにしている。欠けた全集というのは値段がぐんと安い。何とも有難いことである。

　といっても、私は本を道具のように考えているわけではない。本は読むためにあるのだから表紙が汚れていたり、ⓔヤブれていたって中身とは関係ない、と割り切っているのではない。書物というものは内容とともに、①形もまた大切な要素だと思っている。書物の魅力は往々にして、いや、どんな本でも例外なくその装いにあるのだ。ただ、どんな装いが美しいのか、という美学が問題なのである。私は頓阿法師のように、②新しくピカピカの書物をけっして美しいとは思わないだけである。

　なぜか。まだページを繰ったことのない新しい本には読書の歴史がないからだ。まっさらというのはそれなりの魅力かもしれないが、こと書物に関しては真の美しさとはいえない。書物の真の美しさとは、その本がどれだけ読まれたか、という読書の歴史がつくりあげるものなのだ。ただし、その歴史は、あくまで自分がつくりあげた歴史でなければならないこと、いうまでもない。つまり、一冊の書物を一種の芸術品にまで仕上げること、それが読書なのである。そんな芸術品をいくつ持っているかで、その人の精神生活の価値がきまるのだ。③「読書百遍、義おのずから見わる」とは中国の名言であるが、私はむしろ、それをこういいかえたい。「読書百遍、④美おのずから見わる」と。

　書物の美とは、繰りかえし読むことによって書物ににじんでくる美しさである。すなわち、「羅は上下はづれ、螺鈿の軸は貝落ちてこそいみじけれ」といった頓阿法師の愛でるあの美しさだ。

（森本哲郎「読書の旅」〈講談社〉より）

（注）
1・5頓阿・弘融＝どちらも鎌倉時代の僧。頓阿は歌人としても有名。
2螺鈿＝おうむ貝・夜光貝などの真珠色に光っている部分を切り取って漆器などの表面にはめ込んだもの。
3兼好＝「徒然草」の作者、吉田兼好。
4心まさりて覚えしか＝感心させられた。

(1) ──線部ⓐ〜ⓔの漢字は読み方を平仮名で、片仮名は漢字に直して書きなさい。

ⓐ［　　］　ⓑ［　　］　ⓒ［　　］
ⓓ［　　］　ⓔ［　　］

(2) ━線部「独」を楷書で書く場合、太い部分は何画目に書くのが正しいか。漢数字で答えなさい。

独

［　　画目］

(3) 次の──線部の動詞の中から、〰〰線部の動詞と同じ活用の種類の動詞を一つ選び、記号で答えなさい。

ア 図書館で調べることにした。
イ 信じられないことが起こった。
ウ 弟は、張り切って出かけた。
エ 急げば、まだ間に合うかもしれない。

［　　］

(4) 『徒然草』に出てくる二つの言葉に共感している筆者は、その気持ちをどんな行動で表しているか。そのことがわかる文を二つ探し、それぞれ初めの五字を書きなさい。

□□□□□・□□□□□

(5) ──線部①「形」とあるが、これとほぼ同じ意味で使われている言葉を、同じ段落の中から書き抜きなさい。

□□

(6) ──線部②「新しくピカピカの書物をけっして美しいとは思わない」とあるが、筆者がこのように思う理由は何か。次の文の□に入る言葉を、文章中から五字で書き抜きなさい。

・ピカピカの書物には□がないから。

□□□□□

(7) ──線部③「読書百遍、義おのずから見わる」の意味として適切なものを次から一つ選び、記号で答えなさい。

ア 書物は繰り返し熟読することで、意味が自然と明らかになる。
イ 人はいろいろな書物を読むことで、知識が自然に豊かになる。
ウ 読書好きな人間は、そのことが自然と顔にあらわれてくる。
エ 本の嫌いな人間でも、百冊読むころには読書好きになっているものだ。

［　　］

(8) ──線部④「書物の美」に対する筆者の考えに合うものを次から一つ選び、記号で答えなさい。

ア 大切に扱うことによって、古書になってもにじみ出てくる装いの美しさ。
イ 簡素な装いであればあるほどにじみ出てくる日本的なものがもつ美しさ。
ウ 見た目の装いの美しさではなく、読書の歴史によってつくりあげられにじみ出てきた美しさ。
エ 見事な装いの本が古びることで、さらに味わいを増してにじみ出てきた美しさ。

［　　］

2 次の文章を読んで、後の問いに答えなさい。

〔(1) 2点 (2) 4点(完答) 他各5点 計41点〕

今の自分の生活に満足できない、なんか充実感がない、もっと生きているといった実感がほしい。そうした思いは多くの人が抱えているものだ。そう思うのなら、まずは動いてみることだ、などとよく言われる。もちろん、そこで充実に向けて一歩踏み出すことができればよいのだが、人間というのはどうも惰性に流される。生活を変えるというのは、非常に大きなエネルギーを要することなのだ。

だいいち、どう変えたら自分の日々の生活に張りが出てくるのかわからない。 A 、試しに何かをしてみたからといって、いきなり充実し始めるなどということは、めったにない。生活の充実というものは、そんな手軽に手に入れられるものではない。充実にたどり着くまでには、地道な努力の積み重ねを必要とするのがふつうだ。そこに B が必要とされる。 C 、自分にあったものかどうかわからないのに、地道な努力を積み重ねていく気力はなかなか湧かない。

どうもパッとしない。このままでは自分の人生という感じがしない。そうかといって、どう動いたらよいのかわからない。そんな混乱と不安の中にある人にとって、「どこかにほんとうの自分があるはず」「いつかほんとうの自分にきっと出会えるはず」と思うことは、ある種の救いとなる。

今はとりあえず納得のいかない日々を送ってはいるものの、これはほんとうの自分のあり方ではない、自分はこんなものではない、いつかもっと自分らしい生活に出会えるはず。今の自分にふと物足りなさや疑問を感じるときに、①そのように考えることで、現実逃避的な安らぎが得られる。「ま、とりあえず今は、これでいいか」と安易な姿勢に安住し続けるときの口実に使える。

惰性に流される自分、意欲の乏しい自分、意志の弱い自分、取り立てて誇れる能力のない自分、情けない自分、思い通りにならない自分、持てあまし気味の自分。こういったものは、②どれもほんとうの自分ではないのだ。そう思い込むことで、気持ちが軽くなる。何かが変わるわけではないけれど、束の間の D が得られる。

このように、どこかに「ほんとうの自分」があるはずといった自分さがしの物語は、充実した生活を組み立てるのが難しい多くの人たちにとって、③ひとつの救済装置として機能しているわけだ。けれども、こういった自分さがしの物語に安住しているかぎり、自分らしい生活や充実した日々を手に入れることはできない。やはり、今ここで動き出さないかぎり、何も変わっていかない。

このままただ流れに身を任せているだけで、いつか突然「ほんとうの自分」にめぐり会える。そんな妖しげな魅力を放つ物語から抜け出して、今ここで自分づくりのための動きを起こすことが大切なのだ。

(榎本博明「〈ほんとうの自分〉のつくり方――自己物語の心理学」〈講談社〉より)

(1) ――線部ⓐ~ⓓのうちで、「物語」と音訓の組み合わせが同じものはどれか。記号で答えなさい。

〔　　〕

(2) 〰線部ⓐ~ⓓのうちで、品詞が他と異なるものはどれか。〔　〕にはその記号を、(　)には品詞名を書きなさい。(完答)

〔　　〕 (　　　)

(3) A・C に入る言葉の組み合わせとして適切なものを次から一つ選び、記号で答えなさい。

ア A——だから　C——けれども
イ A——なぜなら　C——あるいは
ウ A——それに　C——だが
エ A——たとえば　C——または

［　　］

(4) B に入る言葉として適切なものを次から一つ選び、記号で答えなさい。

ア 勇気　イ 根気
ウ 活気　エ 血気

［　　］

(5) ——線部①「そのように考える」とあるが、どのように考えるのか。そのことがわかる一文の初めの五字を書き抜きなさい。

(6) D に入る言葉として適切なものを、文章中から三字で書き抜きなさい。

(7) ——線部②「どれも」は、どの文節に係っていくか。一文節で書き抜きなさい。

［　　］

(8) ——線部③「ひとつの救済装置として機能している」とあるが、これの説明として適切なものを次から一つ選び、記号で答えなさい。

ア 自分さがしの物語を続けることで、それまでの自分とは違う人間になれる可能性が出てくるということ。
イ 自分さがしの物語によって、「ほんとうの自分」の姿を具体的にイメージ化することができるということ。
ウ 自分さがしの物語にひたることで、充実した生活を組み立てる糸口がつかめるということ。
エ 自分さがしの物語の中に身を置くことで、充実した生活を組み立てようとしない自分について言い訳できるということ。

［　　］

(9) 筆者の主張の内容として適切なものを次から一つ選び、記号で答えなさい。

ア 人間は惰性に流されやすいのだから、生活を変えるなら、まずエネルギーをたくわえるべきだ。
イ 今の生活を充実したものにするためには、早速、自分づくりのための動きを起こしてみることだ。
ウ 「ほんとうの自分」にめぐり会うためには、充実した日々を手に入れなければならない。
エ 成長した自分を実感するためには、自分さがしの物語にどっぷりひたってみることだ。

［　　］

3 次の文章を読んで、後の問いに答えなさい。

〔(3)各4点 (4)各2点 他各3点 計18点〕

(A) 1石ばしる2垂水の上のさわらびの萌え出づる春になりにけるかも　志貴皇子

(B) 3袖ひぢて4むすびし水のこほれるを春立つけふの風やとくらむ　紀貫之

(A)の歌は、実景に即した歌で、滝のそばに生えているわらびが芽を出す春になったという喜びをのべている。それに対して(B)の歌を見ると、「 a 」の部分には、去年の夏の記憶があって、その水がやがて秋を経て冬になると凍ってしまった、という時間の経過があり、その凍ってしまった水も、今日、立春になったからには、春風にとけていくであろうか、とほとんど一年間のことを一首の歌の中でうたっている。

(A)の歌のように、自然をじかに写すことで自分の感動をうたう、 b な①万葉集に対して、②古今和歌集におさめられているこの(B)の歌は、自然と人間の生活のからみあいの中で、記憶の世界のイメージをいくつも重ねて現在の喜びをうたい、二重にも三重にも層ができている複雑な歌になっている。

(注) 1石ばしる＝岩の上をほとばしり流れる。
2垂水の上＝滝のほとり。
3袖ひぢて＝袖をぬらして。
4むすびし水＝手ですくった水。

---

(1) a に入る適切な語句を、(B)の歌の中から十字で書き抜きなさい。

(2) b に入る適切な語句を次から一つ選び、記号で答えなさい。

ア 理知的で技巧的　イ 象徴的で観念的
ウ 明快で率直　エ 繊細で優美

〔　〕

(3) (A)・(B)の歌の評として適切なものを次から一つずつ選び、記号で答えなさい。

ア 結びに倒置法を用い、引きしまった調子がある。
イ 同音の繰り返しによってリズムがひと続きに流れ、明るくさわやかである。
ウ 幻想的で、美しい色彩感にあふれている。
エ 視覚や嗅覚を通して、自然の美をうたっている。
オ 想像を働かせ、時間の隔たりをうまく結び付けている。
カ 比喩や反復などの技法を多用している。

(A)〔　〕　(B)〔　〕

(4) ――線部①「万葉集」、②「古今和歌集」の成立年代を次から選び、記号で答えなさい。

ア 奈良時代　イ 平安時代　ウ 鎌倉時代
エ 室町時代　オ 江戸時代

①〔　〕　②〔　〕

中学3年分の一問一答が無料で解けるアプリ

以下のURLまたは二次元コードからアクセスしてください。
https://gakken-ep.jp/extra/smartphone-mondaishu/
※サービスは予告なく終了する場合があります。

高校入試の最重要問題 国語 改訂版

デザイン ……… bicamo designs
本文イラスト … シモダアサミ
編集協力 ……… 岡崎祐二，遠藤理恵，鈴木瑞穂，坪井俊弘，株式会社奎文館，株式会社 シー・キューブ
本文DTP ……… 株式会社 明昌堂 24-2031-1087（2022）

この本は下記のように環境に配慮して製作しました。
・製版フィルムを使用しないCTP形式で印刷しました。
・環境に配慮して作られた紙を使っています。

②

解答と解説

高校入試の
最重要問題

国語

改訂版

別冊

本体と軽くのり付けされているので、はずしてお使いください。

漢字・語句

弱点チェック {P.10-11}

1 一字漢字・熟語の読み
①つらぬ ②さそ ③すみ
④いっかつ ⑤はあく

2 一字漢字・熟語の書き
①姿 ②忘 ③調節
④清潔 ⑤将来

3 誤りやすい読み・特別な読み方
①すこ ②ばんこく ③じゃり
④しんく ⑤こうりょう

4 同音異字・同訓異字・書き誤りやすい漢字
①先祖 ②最適 ③着
④墓地 ⑤改める

5 語句の意味
①かたい ②すがる ③すずなり
④陳腐 ⑤なみなみ

6 熟語の知識
①博愛 ②加減 ③未
④言語道断 ⑤必

7 語句の知識
①足が出る ②油 ③三
④豚（ぶた） ⑤五十歩百歩

8 漢字の知識
①十画 ②建 ③6
④有 ⑤礼

1 漢字の読み① {P.12}

1 一字漢字の読み

(1)へだ (2)か
(3)なが (4)つつし
(5)うるお (6)かか
(7)ともな (8)ほどこ
(9)ひか (10)よい
(11)さ (12)かざ
(13)ふもと (14)うなが
(15)なぐさ (16)す
(17)まかな (18)ほこ
(19)と (20)ぬ
(21)おこた (22)ただよ
(23)すみ (24)さと
(25)つや (26)もよお
(27)しぼ (28)きそ
(29)と (30)ゆる
(31)たずさ (32)いど
(33)すす (34)あざ
(35)みちび (36)かわ
(37)し (38)はず
(39)けず (40)いちじる
(41)おだ (42)す
(43)かがや (44)とぼ
(45)つくろ (46)ひた
(47)おごそ (48)はか
(49)ほたる (50)たたみ

解説 全て訓読みの漢字。読み方がわからない場合は、言葉の前後のつながりや、文全体の意味に注意して考える。間違えたところは短文単位で何度も読んで覚えよう。また、送り仮名のある漢字は、送り仮名もまとめて覚えておこう。

(3)「眺」と(32)「挑」は音読みは同じ「チョウ」。送り仮名を含めて三字以上になる言葉は、送り仮名も正しく覚えておこう。(1)「**隔たり**」、(2)「**掛ける**」、(3)「**眺める**」、(4)「**慎む**」、(5)「**潤う**」、(6)「**掲げる**」、(7)「**伴う**」、(8)「**施す**」、(9)「**控える**」、(12)「**飾る**」、(14)「**促す**」、(15)「**慰める**」、(17)「**賄う**」、(18)「**誇り**」、(19)「**遂げる**」、(21)「**怠る**」、(22)「**漂う**」、(24)「**諭す**」、(26)「**催す**」、(27)「**絞る**」、(28)「**競う**」、(30)「**緩やか**」、(31)「**携える**」、(32)「**挑む**」、(33)「**勧める**」、(34)「**鮮やか**」、(35)「**導く**」、(36)「**乾く**」、(37)「**占める**」、(38)「**弾む**」、(39)「**削る**」、(40)「**著しい**」、(41)「**穏やか**」、(42)「**据える**」、(43)「**輝く**」、(44)「**乏しい**」、(45)「**繕う**」、(46)「**浸す**」、(47)「**厳か**」、(48)「**諮る**」。（動詞・形容詞は終止形、形容動詞は語幹まで示した。）

(17)「**賄う**」は「やりくりして間に合わせる」という意味。

(33)「**勧める**」は「あることをするように人に誘いかける」という意味。同訓異字の「**進める**」は「前のほうへ行かせる」、「**薦める**」は「人やものを、相手の人が採用するように言う」という意味。それぞれ適切に使い分けられるようにする。

(34)「**鮮やか**」は「**鮮か**」、(41)「**穏やか**」は「**穏か**」などと送り仮名を間違えないように。

(46)「**浸す**」は、「シン」と読む同音異字の「**侵す**」と間違えて、「おか（す）」と読み間違えないように。

(48)「**諮る**」は「他人の意見を聞く。相談する」という意味。同訓異字の「**図る**」は「計画して実現を目指す。取り計らう」、「**謀る**(はか)」は「よくない計画を立てる。だます」という意味。それぞれ適切に使い分けられるようにする。

2 熟語の読み

(1) さいそく　(2) ちんぎん
(3) とうすい　(4) しょうあく
(5) すんか　(6) まんきつ
(7) せつじょく　(8) えいかん
(9) ゆうきゅう　(10) しゅうしゅう
(11) じゅうなん　(12) よくよう
(13) どうりょう　(14) けいしゃ
(15) きっきん　(16) びんわん
(17) よか　(18) じんそく
(19) つうしょう　(20) たぼう
(21) きんこう　(22) のうり
(23) こはん　(24) とろ
(25) こうかい　(26) ろうほう
(27) とうたつ　(28) りゅうき
(29) ちんれつ　(30) とうじょう
(31) あいまい　(32) はんぷ
(33) しんらつ　(34) かきょう
(35) ちみつ　(36) えんがわ
(37) とうしゅう　(38) ひろう
(39) おうせい　(40) けいさい
(41) ぞうり　(42) もうら
(43) かもく　(44) しゅりょう
(45) こぶ　(46) げきれい
(47) しゅぎょく　(48) ほうそう
(49) はくちゅう　(50) きんせん

解説 熟語の漢字の読みは、音読みで読むものが多く出題されるが、訓読みの熟語や、特別な読み方の言葉が出題されることもある。

(3) 「**陶酔**(とうすい)」は「美しいものに心を奪(うば)われてうっとりすること」という意味。

(4) 「**掌握**(しょうあく)」は「思いどおりに動かせるように、すっかり自分のものにすること」という意味。

(7) 「**雪辱**(せつじょく)」は「負けた相手に勝って、名誉(めいよ)を取り戻(もど)すこと」という意味。

(24) 「**吐露**(とろ)」は「自分の本心や本音を隠(かく)さないで全部話すこと」という意味。また、(38)「**披露**(ひろう)」の「**露**」は「ロウ」と読むが、「**吐露**」の「**露**」は「ロ」と読むことに注意。

(33) 「**辛辣**(しんらつ)」は「言うことが非常に手厳しいこと」という意味。

(34) 「**佳境**(かきょう)」は「物事の最も面白くて味わい深いところ」という意味。

(41) 「**草履**(ぞうり)」は特別な読み方の言葉。

(47) 「**珠玉**(しゅぎょく)」は真珠と宝石の意味から、「あまり大きくはないが、美しくて優れたもの」のたとえとして使われる。また、「**珠**」は、同じ部分をもつ「**特殊**」などの「**殊**」と同じく「シュ」と読む。

(49) 「**伯仲**(はくちゅう)」は「共に優れていて、優劣(ゆうれつ)の差がないこと」という意味。

(50) 「**琴線**(きんせん)」は楽器の「**琴**(こと)」の糸の意味から、「ものに感動する、細やかな気持ち」のたとえとして使われる。

2 漢字の書き①

{ P.16 }

1 一字漢字の書き

(1) 垂　(2) 借
(3) 秒　(4) 豊
(5) 腹　(6) 浴
(7) 粉　(8) 群
(9) 織　(10) 暮
(11) 招　(12) 染
(13) 率　(14) 縮
(15) 要　(16) 築
(17) 針　(18) 営
(19) 働　(20) 拾
(21) 蒸　(22) 起
(23) 胸　(24) 幕
(25) 栄　(26) 額
(27) 介　(28) 急
(29) 孫　(30) 札
(31) 保　(32) 編
(33) 幹　(34) 沿
(35) 欠　(36) 破
(37) 耕　(38) 敬
(39) 拝　(40) 誤
(41) 険　(42) 届
(43) 著　(44) 逆
(45) 富　(46) 吸
(47) 並　(48) 委
(49) 操　(50) 預

解説 公立高校の入試問題の書きでは、小学校で習った漢字を書かせることが圧倒(あっとう)的に多い。うっかり間違(まちが)った形で覚えているものがあるかもしれないので、答え合わせでは一字一字細かい点画まで答えと見比べて、正しい書き方を頭に入れておこう。

(1)「**垂**」は字形と書き順を確かめておこう。「ノ 二 三 千 千 垂 垂 垂」と書く。

(5)「**腹**」は同音異字の「**複**」「**復**」と書き間違えないように。体の部分を表すので偏(へん)は「月(にくづき)」。

(7)「**粉**」は形の似た「**紛**」と書き間違えないように。

(8)「**群**」は形の似た「**郡**」と書き間違えないように。

(10)「**暮**」と(24)「**幕**」は同じ部分をもつ漢字。この他「**墓**」などもまとめて覚え、正しく書き分けられるように。

(15)「**要**」は、扇(おうぎ)の骨を一点にまとめる小さなくぎの意味から、「物事の最も大切なところ」という意味で使われる。

(20)「**拾う**」は形が似ていて反対の意味の「**捨てる**」の「**捨**」と書き間違えないように。

(37)「**耕す**」は「**耕やす**」、(38)「**敬う**」は「**敬まう**」と送り仮名を間違えないように。

(40)「**誤る**」は「間違える」の意味。「悪かったことを言葉や身振(みぶ)りで相手に示す」の意味の同訓異字「**謝る**」と使い分けるようにする。

(46)「**吸**」は「**扱**(あつか-う)」、(49)「**操**」は「**繰**(く-る)」という同じ部分をもつ漢字と書き間違えないように。

2 熟語の書き

(1) 改革　(2) 資源
(3) 専門　(4) 貯蔵
(5) 増減　(6) 往復
(7) 永遠　(8) 粗末
(9) 航海　(10) 郷里
(11) 迷路　(12) 清潔
(13) 単純　(14) 停留
(15) 推移　(16) 半島
(17) 熟練　(18) 創刊
(19) 宇宙　(20) 順序
(21) 車輪　(22) 痛快
(23) 散策　(24) 統計
(25) 建築　(26) 批評
(27) 祝福　(28) 貴重
(29) 寒暖　(30) 功績
(31) 輸送　(32) 出費
(33) 操縦　(34) 序列
(35) 模型　(36) 複雑
(37) 軽快　(38) 宿舎
(39) 護衛　(40) 演奏
(41) 推測　(42) 救急
(43) 背筋　(44) 領域
(45) 厳密　(46) 簡潔
(47) 談笑　(48) 招待
(49) 伝統　(50) 復旧

解説

(3)「**専門**」の「**専**」は、「**博**」などと混同して右上に点を打たないように。また、「**門**」を「**問**」と書く間違(まちが)いに注意。

(17)「**熟練**」の「**熟**」を、同じ部分をもつ「**塾**」と書き間違えないように。

(22)「**痛快**」は「非常に愉快(ゆかい)なこと」という意味。

(30)「**功績**」の「**功**」は「**攻**(こう)」と、「**績**」は「**積**」と、それぞれ書き間違えないように。

(31)「**輸送**」の「**輸**」は形の似た「**輪**」と書き間違えないように。

(41)「**推測**」の「**測**」は同音異字の「**側**」「**則**」と書き間違えないように。

(47)「**談笑**」は「打ち解けて、楽しく話したり笑ったりすること」という意味。

(50)「**復旧**」の「**復**」は、同音異字の「**複**」と書き間違えないように。

3 漢字の読み②

{ P.20 }

1 誤りやすい読み①

(1) のど　(2) つか
(3) いまし　(4) ほが
(5) もう　(6) お
(7) にな　(8) ふく
(9) いた　(10) おそ
(11) う　(12) のぼ
(13) ね　(14) さまた
(15) うけたまわ　(16) いこ
(17) あこが　(18) かっさい
(19) あいしょう　(20) しょうさい
(21) すいこう　(22) おくびょう
(23) せいりょう　(24) せきはい
(25) せんせい　(26) にゅうわ
(27) せんりつ　(28) そうかい
(29) いしょく　(30) どんてん
(31) たいこ　(32) だっこく
(33) たんせい　(34) ちゅうぞう
(35) ちんざ　(36) ついとう
(37) しょうげき　(38) そぼく

(39) てんかん (40) かわせ
(41) とこう (42) びみょう
(43) とうとつ (44) えつらん
(45) ざしき (46) みちばた
(47) ぎょうてん (48) りゅうせい
(49) せっしゅ (50) くうどう

解説

(2)「**遣わす**」は「命令して行かせる」という意味。

(18)「**喝采**」の「**喝**」は、「**褐**」「**渇**」と同じく「カツ」と読む。ここでは「カッ」と変化することに注意。

(21)「**遂行**」の「**遂**」は、形の似た「**逐**」と間違えて、「チク」と読まないように。「**遂行**」は「最後までやりとおすこと」という意味。

(22)「**臆病**」の「**臆**」は同じ部分をもつ「**億**」と同じ音読みで「オク」と読む。

(24)「**惜敗**」の「**惜**」は同じ部分をもつ「**借**」と間違えて「シャク」と読まないように。「**惜敗**」は「試合や勝負で、ほんの少しの差で負けること」という意味。

(26)「**柔和**」の「**柔**」は、もう一つの音読みの「ジュウ」と読み間違えないように。

(27)「**旋律**」の「**旋**」は同じ部分をもつ「**施**」と間違えて「シ」と読まないように。「**旋律**」は「音楽の節。メロディー」という意味。

(30)「**曇天**」は「曇っている空・天気」という意味。

(32)「**脱穀**」の「**穀**」は形の似た「**殻**」と間違えて「カク」と読まないように。

(33)「**丹精**」は「心を込めて一心にすること」という意味。

(40)「**為替**」は、中学校で習う特別な読み方の言葉。「為替」は、「特に、遠方と取り引きする際に、現金をやり取りしないで、手形・小切手などで代金の受け渡しを済ませる方法」という意味。「為替相場」は「通貨を他国の通貨と交換するときの比率。為替レート」という意味。

(44)「**閲覧**」は「図書館などで、本・新聞・資料などを読んだり調べたりすること」という意味。

(46)「**道端**」はどちらの漢字も訓読みで読む言葉。

(47)「**仰天**」の「**仰**」は、同じ部分をもつ「**迎**」と間違えて「ゲイ」と読まないように。「**仰天**」は「ひどく驚くこと」という意味。

2 誤りやすい読み②

(1) かたず (2) とたん
(3) えいびん (4) ぶとう
(5) かおく (6) ほうこう
(7) むじゅん (8) がいとう
(9) ゆうが (10) ふんきゅう
(11) けんちょ (12) りこ
(13) ざんてい (14) けいだい
(15) できあい (16) げきれい
(17) いしょう (18) かんせい
(19) ゆうかん (20) あっかん
(21) しふく (22) かんきゅう
(23) しんぼく (24) はくり
(25) すいとう (26) はんざつ
(27) そうしょく (28) ちせつ
(29) えんかつ (30) かっとう
(31) かんしょう (32) そうちゃく
(33) べんぎ (34) はくせい
(35) しっと (36) しょうち
(37) けいしょう (38) せんかい
(39) はんも (40) こうがい
(41) こうたく (42) とうや
(43) ゆうぜん (44) ひめん
(45) なごり (46) うむ
(47) きねん

解説

(1)「**固唾**」は特別な読み方の言葉。「固唾をのむ」で「どうなることかと、緊張して成り行きを見守る」という意味。

(4)「**舞踏**」は似た言葉「**舞踊**」と間違えて、「ブヨウ」と読まないように。「**舞踏**」も「**舞踊**」も「おどること」という意味だが、「**舞踏**」は「ダンス」の意味合いで広く使い、「**舞踊**」は「**日本舞踊**」などのように特定の名称として使う。

(6)「**芳香**」は「よい香り」という意味。

(7)「**矛盾**」の「**矛**」は形の似た「**予**」と間違えて「ヨ」と読まないように。

(12)「**利己**」は「自分だけの利益を考えること」という意味。対義語は「**利他**」。

(13)「**暫定**」は、「しばらくの間、仮に決めておくこと」という意味。「**暫定的**」は「正式に決定するまで、しばらくの間仮に決めたものである様子」という意味で使う。

(14)「**境内**」の「**内**」を「ナイ」と読まないように。限定的に「ダイ」と読む言葉には、他に「**内裏**」(「昔、天皇が住んでいた御殿」という意味)」がある。

(15)「**溺愛**」は、「ひどくかわいがること」という意味。「猫かわいがり」や「**盲愛**」と似た意味の言葉である。

⑵1「至福」の「至」は同じ部分をもつ「致」と間違えて「チ」と読まないように。

⑵3「親睦」は、「打ち解けて仲良くすること」という意味。

⑵5「出納」は限定的な読み方の言葉で、「金銭や物品を出し入れすること」という意味。「シュツノウ」などと読まないように。

⑵6「煩雑」は、「事柄が込み入っていて、煩わしく面倒だ」という意味。

⑵8「稚拙」は、「幼稚で拙い（未熟である）」という意味。

⑵9「円滑」は、「物事が滑らかに、すらすらと進む様子」という意味。「滑」のもう一つの音読みで「エンコツ」と読み間違えないように。

⑶1「緩衝地帯」は、「対立する国の間の衝突を避けるために設けられた中立地帯」のこと。

⑶6「招致」の「招」は同じ部分をもつ「紹」と同じ音読みで「ショウ」と読む。

⑶8「旋回」は、「（飛行機などが）方向を変えること」という意味。「旋」を形の似た「施設」などの「施」と間違えて「シカイ」と読まないように。

⑶9「繁茂」は「草木がよく生い茂ること」という意味。

⑷0「梗概」は「小説などのあらすじ」という意味。「梗」は「更」「硬」と、「概」は「慨」と同じ音読みで読む。

⑷2「陶冶」の「冶」は形の似た「治」と間違えて「チ」と読まないように。「陶冶」は「才能や性質などを円満で完全なものに育て上げること」という意味。

⑷4「罷免」は「役職を辞めさせること」という意味。

⑷5「名残」は特別な読み方の言葉。

⑷6「有無」は、「有」のもう一つの音読み「ユウ」と間違えて、「ユウム」と読まないように。

⑷7「祈念」の「祈」は同じ部分をもつ「折」と間違えて「セツ」と読まないように。他に「祈願」「祈祷」という言葉がある。

4 漢字の書き②

{ P.24 }

1 同音異字

⑴ 破竹　⑵ 至難
⑶ 制限　⑷ 衛星
⑸ 責任　⑹ 風潮
⑺ 謝辞　⑻ 宿命
⑼ 植樹　⑽ 警告
⑾ 収納　⑿ 精密
⒀ 養蚕　⒁ 沿革
⒂ 混雑　⒃ 漁港
⒄ 独奏　⒅ 予備
⒆ 任務　⒇ 拡張
⑵1 博覧　⑵2 標準
⑵3 減量　⑵4 仲裁
⑵5 提唱　⑵6 宣伝
⑵7 弁論　⑵8 協議
⑵9 輸送　⑶0 縦断
⑶1 効率　⑶2 採光
⑶3 素質　⑶4 論争
⑶5 忠誠　⑶6 縮小
⑶7 打破　⑶8 極秘
⑶9 密接　⑷0 保証
⑷1 訪問　⑷2 反省
⑷3 快晴　⑷4 穀倉
⑷5 看病

解説

⑴「破竹」は「破竹の勢い」の形で、「止めることができないほどの、激しい勢い」という意味で使う。

⑵「至難」は、「やり遂げることが非常に難しいこと」という意味で、「至難の業」という慣用句の形で使われることが多い。同音異義語の「指南」と書き間違えないように。こちらは「武術・技芸などを教えること。また、その人」という意味。

⑷「衛星」は「衛生」と書き間違えないように注意。

⑺「謝辞」は、「感謝やお礼の言葉」という意味。

⑼「植樹」の「植」は同音異字の「殖」と書き間違えないように。「殖」は「増える・増やす」の意味で、「生殖」「増殖」「養殖」などのように使う。

⑿「精密」の「精」は同音異字の「請」などと書き間違えないように。「請」は「願う・求める」の意味で、「請願」「請求」「申請」などのように使う。

⒃「漁港」の「漁」は同音異字の「魚」と書き間違えないように。「魚」は「さかな」の意味で、「漁」は「さかなを捕る」の意味で使う。

⒄「独奏」は、同音異義語の「独創」「独走」と書き間違えないこと。

⑵1「博覧強記」は四字熟語で、広範囲にわたっ

て書物を読んで多くのことを知っており、それらをしっかり記憶している」という意味。

(24)「**仲裁**」は、「争っている両者の間に入って、仲直りさせること」という意味。「**裁**」は同音異字の「**栽**」と書き間違えないように。

(30)「**縦断**」とは、ここでは、「南北に通り抜けること。

(32)「**採光**」とは、「窓などから自然光を採り入れる」こと。

(36)「**縮小**」の「**小**」は同音異字の「**少**」と書き間違えないように。

2 同訓異字

(1) 易　(2) 勤
(3) 臨　(4) 納
(5) 射　(6) 飼
(7) 音　(8) 努
(9) 似　(10) 居

解説

(1)「**簡単だ**」の意味で使っているので、「**優**」ではなく「**易**」であることに注意。

(2)「**勤める**」は「勤務する」など、(8)「**努める**」は「一生懸命に頑張る」、「**務める**」は役目を受け持つ」の意味。文脈から正しく使い分けられるようにする。

(3)「**臨む**」は、「目の前にする。ある場所に出る。あることに対する」という意味で使う。同訓異字の「こうあってほしいと思う。遠くから眺める」という意味の「**望む**」と使い分ける。

3 書き誤りやすい漢字

(1) 乱雑　(2) 倍率
(3) 録音　(4) 根幹
(5) 候補　(6) 設営
(7) 浅　(8) 順延
(9) 登頂　(10) 専属
(11) 粉薬

解説

(2)「**倍率**」の「**倍**」は同音異字の「**培**」「**賠**」などと書き間違えないように。「**率**」は形の似た「**卒**」と書き間違えないように。

(3)「**録音**」の「**録**」は同じ部分をもつ「**緑**」と書き間違えないように。

(7)「**浅**」は同じ部分をもつ「**残**」と書き間違えないように注意。

(8)「**順延**」は「行事などの予定の日を、あらかじめ決めた日から順繰りに延ばすこと」という意味。

(11)「**粉薬**」の「**粉**」は同じ部分をもつ「**粒**」と書き間違えないように。

4 送り仮名を誤りやすい漢字

(1) 勢い　(2) 勇ましい
(3) 疑う　(4) 幼い
(5) 試みる　(6) 快く
(7) 預ける　(8) 細かく
(9) 支える　(10) 健やか
(11) 速やか　(12) 直ち
(13) 働き　(14) 難しい
(15) 導く　(16) 補う
(17) 限る　(18) 断る
(19) 困る　(20) 冷まし

解説

送り仮名は、原則として、言葉の形が変わる部分から送る。ただし、次のような例外もあるので、押さえておこう。

・「**楽しい・新しい**」のように、「〜しい」という形の形容詞は「し」から送る。

・「**静かだ・爽やかだ・柔らかだ**」のように「か・やか・らか」を含む形容動詞は、「か・やか・らか」から送る。

・「**教わる―教える**」「**集まる―集める**」「**当たる―当てる**」「**細かい―細い**」のように、読み誤るおそれのある言葉は、言葉の形が変わる前から送る。

5 語句の意味

{ P.29 }

1 (1)エ (2)イ (3)ア (4)イ (5)ア (6)エ (7)ウ (8)イ

解説 難しい和語の意味がわからない場合、前後の文脈から推測するのも一つの方法である。

(1)「にわかに」は、「にわか雨（急に降りだして間もなくやむ雨）」という言葉もあるように、「物事が急に起こる様子」を表す。

(2)「おもむろに」は、「落ち着いて、ゆっくり動く様子」を表す。「不意に」といった意味で間違って使う人も多い。**ア**「慌ただしく」などと答えないように注意。

(6)「ままならない」の「まま」には「思い通りの状態。自由」という意味がある。

2 (1)エ (2)ウ (3)イ

解説 (1)「血相を変える」の「血相」は、「顔の様子。顔色。顔つき」という意味。

(3)「浮き彫りにする」は、元は「平面に文字や絵などが浮かび上がるように彫る彫刻」である「浮き彫り」のこと。ここから、「あるものをはっきりと目立って見えるようにする」の意味で使われるようになった。

3 ウ

解説 「月並み」は、「新鮮さがなく、ありふれていること」という意味。

4 (1)イ (2)イ

解説 (1)問題文と**イ**の「控える」は、「書き留めておく」の意味。**ア**は「空間的、時間的に近くにある」、**ウ**は「待機する」、**エ**は「遠慮や自制をして、行動を抑える」の意味で使われている。

5 (1)ウ (2)イ

解説 (1)「キリ（切り）」は「物事の区切り。切れ目」という意味。「キリがない」で、「区切りがない」という意味であることから判断する。

(2)「反旗を翻す」は「謀反を起こす。反逆する」という意味。

6 エ

解説 「打てば響く」は「働きかけるとすぐに反応する」という意味。これと似た意味なのは「即座に」の意味の**エ**「間髪を容れず」。「間髪」は「間に髪の毛一本も入れる余地がない」こと。「かんぱつ」と読まないように注意。**ア**「襟を正す」は「身なりや姿勢をきちんとして、気持ちを引き締める」、**イ**「気が引ける」は「引け目を感じる」、**ウ**「高をくくる」は「大したことはないと見くびる」という意味。

7 例 しわをつくる

解説 「ひそめる」は「（不快感や心配のために、）眉のあたりにしわを寄せる」という意味。「眉をひそめる」と慣用的に使う。「眉根を寄せる」も同義の慣用句。「顔をしかめる」と混同して「眉をしかめる」と言い間違えないように注意。

8 (1)①イ ②カ (2)イ

解説 (1)①後に「眉根を寄せた（不快感や心配などのために、眉の間にしわをつくる）」が続くことから、「様子がよくわからなくて、疑わしい」という意味の**イ**「いぶかしげに」が当てはまる。

②「相手にどのように……伝えるか考える」ので、「時間をかけて。じっくりと」という意味の**カ**「とっくりと」が当てはまる。

(2)礼を欠いた扱いに客が怒っている状況なので、「興奮して、激しく怒る」という意味の**イ**「いきり立つ」が当てはまる。**ア**「茶化す」は「からかったりごまかしたりする」、**ウ**「ひるむ」は「恐れて、気力がくじける」、**エ**「もてはやす」は「多くの人が盛んに褒める」という意味。

9 イ

解説 「余韻」は、「物事が終わった後まで残っている趣や味わい」のこと。「余韻に浸る」と慣用的に使うことが多い。

10 (1)ウ (2)イ

解説 (1)前の内容を踏まえて考える。「縄跳びの難しい技を披露した」わけなので、「思ったより優れていてあなどれない」の意味の**ウ**「隅に置けない」が当てはまる。**ア**「所在ない」は「することがなくて、退屈だ」、**イ**「根も葉もない」は「何の理由も根拠もない」、**エ**「身もふたもない」は「言うことやすることが露骨で、趣が感じられない」という意味。

(2)「板につく」は「仕事や役柄などになじんで、ぴったりと合う」という意味。アは「入学したばかり」、エは「来日して間もない」とあるので、当てはまらないことに注意。ウは、原則として「道具」が「板についてきた」とは言わないので、不適切。

6 熟語の知識

{ P.33 }

1 (1) ウ　(2) エ

解説 (1)「永」は「時間が長い」、「遠」は「とおい」の意味で、似た意味の漢字の組み合わせ。

(2) ア「雷鳴」は上と下が主語・述語の関係になる組み合わせ。イ「速報」は上が下を修飾する組み合わせ。ウ「利害」は反対（対）の漢字の組み合わせ。

2 (1) ア　(2) イ　(3) エ　(4) オ　(5) イ　(6) エ　(7) イ

解説 (1)「場所」とア「樹木」は似た意味の漢字の組み合わせ。イ「最高」は上が下を修飾する組み合わせ。オ「洗顔」は下が上の目的・対象になる組み合わせ。ウ「善悪」は反対（対）の意味の漢字の組み合わせ。エ「頭痛」は上と下が主語・述語の関係になる組み合わせ。

(2)「体型」とイ「和食」は上が下を修飾する組み合わせ。ア「日没」は上と下が主語・述語の関係になる組み合わせ。ウ「前後」は反対（対）の意味の漢字の組み合わせ。エ「洗顔」は下が上の目的・対象になる組み合わせ。オ「停止」は似た意味の漢字の組み合わせ。

(3)「増加」とエ「豊富」は似た意味の漢字の組み合わせ。ア「未定」は上が下の意味を打ち消す組み合わせ。イ「前後」は反対（対）の意味の漢字の組み合わせ。ウ「着席」は下が上の目的・対象になる組み合わせ。

(4)「柔軟」とオ「競争」は似た意味の漢字の組み合わせ。ア「年少」は上と下が主語・述語の関係になる組み合わせ。イ「深海」は上が下を修飾する組み合わせ。ウ「虚実」は反対（対）の意味の組み合わせ。エ「作文」は下が上の目的・対象になる組み合わせ。

(5)「写真」とイ「保温」は下が上の目的・対象になる組み合わせ。ア「花束」は上が下を修飾する組み合わせ。ウ「救助」は似た意味の漢字の組み合わせ。エ「日没」は上と下が主語・述語の関係になる組み合わせ。

(6)「新鮮」とエ「到達」は似た意味の漢字の組み合わせ。ア「攻防」は反対（対）の意味の漢字の組み合わせ。イ「不振」は上が下の意味を打ち消す組み合わせ。ウ「洗車」は下が上の目的・対象になる組み合わせ。

(7)「相互」とイ「歓喜」は似た意味の漢字の組み合わせ。ア「就職」は下が上の目的・対象になる組み合わせ。ウ「必要」、エ「温泉」は上が下を修飾する組み合わせ。

3 ウ

解説 ウ「思想」は似た意味の漢字の組み合わせ。それ以外は上が下を修飾する組み合わせ。

4 エ

解説 熟語の構成を確かめるには、熟語の意味を考えて、「手を握る」のように訓読みして文の形に直してみるとよい。

5 エ

解説 上から順に「無｜許可」「無｜作為」「無｜頓着」となる。

6 (1) イ　(2) エ

解説 (1)「意味深長」は、「奥に深い意味を含んでいる様子」という意味。「意味慎重」とする間違いに注意。

(2)「五里霧中」は、「心が迷って、どうしたらよいかわからないこと」という意味。「五里夢中」とする間違いに注意。

7 エ

解説 エは「泰然自若」で、「ゆったりと落ち着いていて、何があっても動じない様子」という意味。アは「大器晩成」、イは「大願成就」、ウは「大義名分」。

8 イ

解説 「洗いざらい」は「残らず全部」という意味。これと同様の意味の四字熟語は「始めから終わりまで、全部」という意味のイ「一部始終」。ア「単刀直入」は「前置きもなく、いきなり話の中心に入ること」、ウ「清廉潔白」は「心が清らかで欲がなく、行いにやましいところがないこと」、エ「徹頭徹尾」は「考え方やり方が、初めから終わりまで変わらない様子」という意味。

9 エ

解説 科学技術の発展を表すので、「絶え間なく進歩すること」の意味の**エ**「日進月歩」が当てはまる。**ア**「東奔西走」は「目的を成し遂げるために、あちこち忙しく走り回ること」、**イ**「不易流行」は「いつまでも変わらない本質的なものを大切にしながらも、新しく変化するものを取り入れていくこと」という意味。「不易流行」はもとは松尾芭蕉が俳諧の理念として述べた言葉で、後に広い意味で使われるようになった。**ウ**「一触即発」は「今にも争いが起きそうな状態」という意味。

10 イ

解説 「多種多様」は「いろいろなこと。さまざまであること」という意味。これと同じ意味を表すのは、「さまざまな種類があり、それぞれが違っていること」という意味の**イ**「千差万別」。**ア**「大同小異」は「少しの違いはあるが、だいたいは同じであること」、**ウ**「花鳥風月」は「自然界の美しい景色・風物」、**エ**「適材適所」は「人を、その才能・能力が十分に生かせる仕事や地位につけること」という意味。書く場合には、**ア**「大同小違」、**エ**「適才適所」とする間違いに注意。

11 イ

解説 **イ**「一挙両得」は「一つのことをして、同時に二つの利益を得ること」という意味。「一石二鳥」と同じ意味。

12 ウ

解説 「千差万別」は「さまざまな種類があり、それぞれが違っていること」という意味。これと似た意味を表すのは、「十人それぞれに顔や姿形が異なるように、人によって考え方や好みが違うこと」という意味の**ウ**「十人十色」。**ア**「一石二鳥」は「一つのことをして二つの利益を得ること」、**イ**「三寒四温」は「寒い日が三日続くと、その後四日間温暖な日が続くという、冬から春先の気候の型」、**エ**「千載一遇」は「千年に一度しかないくらい珍しいこと」という意味。書く場合には、「千歳一隅」とする間違いに注意。

13 退化

解説 「進化」と「退化」は一字が共通、一字が対立する組み合わせの対義語。

14 軽率

解説 「慎重」と「軽率」は全体で対立する対義語。

15 イ

解説 上の空欄には**オ**と**ウ**を組み合わせた「軽率」が、下の空欄には**エ**と**ア**を組み合わせた「慎重」が入る。

7 語句の知識

{ P.37 }

1 頭

解説 「頭ごなしにしかりつける。」などのように使う。

2 エ

解説 上から順に、「舌が回る」「舌先三寸」「舌の根の乾かぬうち」となる。「舌が回る」は「よくしゃべる」、「舌先三寸」は「人をだます、うまい話し方」という意味。「舌の根も乾かぬうち」は「あることを言った後に」という意味で、前に言ったことと食い違ったことを、すぐに言ったりしたりした場合に使う。

3 (1)ウ (2)ア

解説 (1)「頭を冷やす」は「冷静に判断できるように、気持ちを落ち着かせる」という意味。
(2)「板につく」は「仕事や役柄などになじんで、ぴったりと合う」という意味。

4 (1)エ (2)イ (3)ア (4)エ

解説 (1)「面食らう」はくだけた言い方。
(3)「緊張して息が苦しくなる」という意味の「息を詰める」と混同して、**イ**と答えないように注意。

5 実

解説 「実を結ぶ」は「果物が実る」ことから発展して、「(それまでの努力などが)よい結果をもたらす。成功する」の意味でも使われるようになった。

6 (1)耳 (2)胸

解説 (1)上から順に「耳を貸す」「馬耳東風」「寝耳に水」となる。「耳を貸す」は「相手をして、人の話を聞く」という意味。「馬耳東風」は「人の意見や批評を聞き流して、一向に気にかけないこと」という意味で、「馬の耳に念仏」と似た意味の言葉。「寝耳に水」は「突然のことに驚くことのたとえ」として使う。

(2) 順に「胸を借りる」「胸のつかえがおりる」となる。「胸を借りる」は「自分よりも実力のある人に、練習の相手になってもらう」、「胸のつかえがおりる」は「心に引っかかっていた不安などが解決して、ほっとする」という意味。

7 ア

解説 **イ**「汗水たらす」は「一生懸命働く様子」を表す言葉。**ウ**「恩に着せる」は「与えた恩を、相手がありがたく思うように仕向ける」、**エ**「腕をふるう」は「実力を十分に発揮する」という意味。

8 エ

解説 **エ**「棚に上げる」は「問題としないでおく」という意味なので、ここでの文例のように「大切な思い出」について使うのは適切ではない。**ア**「心に刻む」は「忘れないように、しっかりと心に留める」、**イ**「襟を正す」は「身なりや姿勢をきちんとして、気持ちを引き締める」、**オ**「胸を張る」は「胸をそらせ、自信のある態度を取る」という意味で、それぞれ適切である。

9 ア・エ・オ（順不同）

解説 **ア**「河童の川流れ」は泳ぎの得意な河童も時には川で流されてしまうこと、**エ**「弘法にも筆の誤り」は書の名人である弘法大師でも時には失敗すること、**オ**「猿も木から落ちる」は木登りが得意な猿でも時には木から落ちること、をたとえに挙げて、「名人・達人でも時には失敗すること」を表したことわざ。**イ**「馬の耳に念仏」は「いくらよいことを聞かせても、聞き流して気にする様子がないこと」、**ウ**「鬼の目にも涙」は「無慈悲な人が、時には思いやりをもって優しくなること」という意味のことわざ。

10 イ

解説 **ア**は「猫も杓子も」、**ウ**は「猫に小判」、**エ**は「猫の額」。**イ**のみ「虫がいい」で「虫」が入る。

11 イ

解説 「立つ鳥跡を濁さず」は、水鳥が飛び去った後も水は濁らず澄んだまま変わらないという情景から生まれたことわざ。

12 ア

解説 シェフの森さんの会話の内容に合うことわざを選ぶ。イタリアで修業した際に、辛抱強く続けて技術を身につけたという内容なので、「辛抱強く行えば、最後にはきっと成功するということ」の意味の**ア**「石の上にも三年」が当てはまる。**イ**「一を聞いて十を知る」は「少し聞いただけで、全体を理解するほど、聡明である」という意味。**ウ**「のれんに腕押し」は「いくら働きかけても手ごたえがないことのたとえ」で、同じ意味のことわざに「ぬかに釘」「豆腐にかすがい」がある。**エ**「立て板に水」は「立てた板に水を流すように、話し方がすらすらとしてよどみがないこと」という意味のことわざ。

13 (1) ア (2) ウ

解説 (1)「彼女」がプロとしてデビューするのは間違いないような「最優秀賞」を取ったという会話なので、「そこを通れば出世できるといわれる関門」という意味の故事成語の**ア**「登竜門」が当てはまる。**イ**「金字塔」は「後の世まで残る、優れた業績」という意味の三字熟語。**ウ**「漁夫の利」は「二人が争っているすきに、他の者が利益を横取りすること」、**エ**「背水の陣」は「絶対に失敗できない立場・方法を取って事に当たること」という意味の故事成語。

(2) 明日の試合を不安がる生徒に対して、コーチが大丈夫、自分が保証すると述べている会話なので、「間違いないと責任をもって請け負う」という意味の慣用句**ウ**「太鼓判を押す」が当てはまる。**ア**「油を売る」は「無駄話をして時間をつぶしたり、怠けたりする」、**イ**「肩を並べる」は「同じ程度の実力をもつ」、**エ**「手塩にかける」は「自分で世話をして、大切に育て上げる」という意味の慣用句。

8 漢字の知識

{ P.41 }

1 9

解説 「**度**」は「**廿**」の部分を「一 十 廿 廿」と四画で書くことに注意。

2 エ

解説 **ア**「**雲**」は十二画、**イ**「**移**」は十一画、**ウ**「**絹**」は十三画、**エ**「**閣**」は十四画である。

3 イ

解説 「統」とイ「喪」は十二画。ア「傑」は十三画、ウ「粛」は十一画、エ「塾」は十四画である。ア〜エはどれも中学校で習う漢字なので、画数を数え間違えていた場合には、筆順を確かめて、どこが違っていたかを確認しておこう。

4 エ

解説 B「敢」とC「港」は十二画、A「紺」は十一画、D「蒸」は十三画である。

5 3（三）

解説 「放」の「方」は「丶亠亍方」の順で書くことに注意。

6 イ

解説 アは「進」、イは「絹」、ウは「窓」、エは「熟」である。イ「絹」の「糸（いとへん）」だけ、楷書とは形が異なっていることに注目。

7 ウ

解説 ウ「羅」の「糸」の部分が、楷書とは形が異なっていることに注目。

8 イ

解説 アは「礻（しめすへん）」、ウは「木（きへん）」、エは「米（こめへん）」。

9 ごんべん

解説 右側の部分や、「言（ごんべん）」の一・二画目から、「講」という字であると見当をつける。

10 村

解説 「きへん」の三・四画目を、ひと筆で書くことに注意。

11 エ

解説 エは「祥」で、「社」と同じ「礻（しめすへん）」。アは「株」、イは「補」、ウは「稼」、オは「粗」。

12 イ

解説 ア「点画の省略」としては「秋」の「禾（のぎへん）」が当てはまる。ウ「点画の連続」としては「秋」の「のぎへん」と「晴」の「日（ひへん）」と「月」の部分が当てはまる。エ「点画の変化」としては「秋」の「禾（のぎへん）」と「晴」の「日（ひへん）」と左側の「青」の部分が当てはまる。

13 ウ

解説 ◯で囲まれた部分の行書の特徴を正確につかむことができるようにする。「平」の◯で囲まれた部分は点画をつなげて書いていること、「和」の◯で囲まれた部分の「のぎへん」では点画が省略されていることを捉える。

14 (1) ウ　(2) ア

解説 (1)「涙」の◯で囲まれた部分では点画を続けて書いていること、(2)「結」の◯で囲まれた部分では「糸（いとへん）」の部分の点画を省略して書いていることを捉える。

15 ア

解説 エと間違えないように注意。三・四画目の点画は連続して書かれているので、「明確」とはいえない。

文法

弱点チェック {P.46-47}

1 単語の意味・用法
①可能　②様態
③連体修飾語・格助詞
④逆接の関係を示す接続助詞
⑤補助形容詞
⑥断定の助動詞「だ」の連用形
⑦自発

2 品詞の識別
①冷たい　②さわやかに・幸福な
③小さな　④副詞
⑤助詞・助動詞

3 用言の活用
①五段(活用)
②サ行変格(活用)
③投げる　④連用形　⑤連体形

4 言葉の単位・文節の関係
①バス・が・来・た。　②四つ
③主語・述語の関係　④補助の関係
⑤連体修飾語　⑥補助の関係
⑦部屋が　⑧集まった

5 敬語
①謙譲語　②尊敬語
③お乗りになる
④お聞きする
⑤おっしゃった(言われた)

1 単語の意味・用法 {P.49}

1
(1)ア　(2)ウ
(3)イ　(4)イ
(5)イ　(6)ア

解説
(1)「与(あた)えることをされる」と言い換(か)えることができるので、受け身。
(2)問題文は「いることができる」、**ウ**は「覚えることができる」と言い換えることができるので、可能。**ア**は「(声を)かけることをされる」と言い換えることができるので、受け身。**イ**は「自然に案じられる」と前に「自然に」を補うことができるので、自発。**エ**は「お客さま」が主語なので、尊敬。
(3)問題文は「得ることができる」、**イ**は「食べることができる」と言い換えることができるので、可能。**ア**は「お客さま」が主語なので、尊敬。**ウ**は「自然に案じられる」と前に「自然に」を補うことができるので、自発。**エ**は「助けることをされる」と言い換えられるので、受け身。
(4)問題文は「呼びとめることをされる」、**イ**は「助けることをされる」と言い換えることができるので、受け身。**ア**は「自然に感じられる」と前に「自然に」を補うことができるので、自発。**ウ**は「校長先生」が主語なので、尊敬。**エ**は「食べることができる」と言い換えることができるので、可能。
(5)問題文「なろう」は「多分なろう」と、前に「多分」を補うことができるので、推量。**イ**は「きっとうまくいくだろう」と推測している文なので、これと同じ意味だと判断できる。**ア**は「練習するつもりだ」、**ウ**は「歩くつもりだ」、**エ**は「なるつもりだ」と言い換えることができるので、意志。
(6)問題文は「大切にするつもりだ」、**ア**は「着るつもりだ」と言い換えることができるので、意志。この二つは助動詞「よう」。**イ・ウ・エ**は助動詞「ようだ」の一部。**イ**は「例えばA君のように」と前に「例えば」を補うことができるので、例示。**ウ**は「どうやら行えるようだ」と前に「どうやら」を補うことができるので、推定。**エ**は前に「まるで」があるので、たとえ(比喩(ひゆ))だと判断できる。

2
(1)ウ　(2)エ
(3)ア　(4)ウ
(5)エ　(6)ア

解説
(1)問題文は「ひと」と「人生」、**ウ**は「学校」と「宿題」という体言に挟(はさ)まっているので、連体修飾(しゅうしょく)語を作る格助詞。**ア・エ**も格助詞。**ア**は「友人が作った」と言い換(か)えられるので、部分の主語。**エ**は「歩くこと」と言い換えられるので、体言の代用。**イ**は文末にあるので、終助詞。
(2)問題文は「友人」と「誕生日」、**エ**は「私」と「趣味(しゅみ)」という体言に挟まっているので、連体修飾語を作る。**ア**は「この」という連体詞の一部。**イ**は「私のものです」と言い換えられるので、体言の代用。**ウ**は「彼(かれ)が提案した」と言い換えられるので、部分の主語。
(3)問題文は「サンゴというものは」、**ア**は「眺(なが)

めることが」と言い換えることができるので、体言の代用の格助詞。**イ**・**ウ**も格助詞。**イ**は「コーヒー」と「味」という体言に挟まっているので、連体修飾語を作る。**ウ**は「君が選ぶ服」と言い換えることができるので、部分の主語。**エ**は「あの」という連体詞の一部。

(4) 問題文は「歴史上」と「偉人」、**ウ**は「僕」と「制服」という体言に挟まっているので、連体修飾語を作る格助詞。**ア**・**エ**も格助詞。**ア**は「私が書いた」と言い換えられるので、部分の主語。**エ**は「妹のものだ」と言い換えられるので、体言の代用。**イ**は「この」という連体詞の一部。

(5) 問題文は助動詞「た」、**エ**は動詞「いる」と、活用する言葉に付いているので、この「から」は接続助詞、**ア**は「友人」、**ウ**は「ペットボトル」という体言（名詞）、**イ**は「て」という接続助詞に付いているので、この「から」は格助詞。

(6)「さえ」は副助詞。問題文と**ア**は類推、**イ**・**エ**は添加、**ウ**は限定。

3

(1) イ　(2) ア　(3) イ　(4) イ　(5) イ　(6) ウ　(7) ウ

解説

(1) 問題文は「知らぬ」、**イ**は「悩まぬ」と言い換えることができるので、打ち消し（否定）の助動詞。**ア**は直前に「が」という助詞があるので、形容詞。**ウ**は「少ない」という形容詞の一部。**エ**は「暑くはない」と「は」を補うことができるので、補助形容詞。

(2) 問題文は「かからぬ」、**ア**は「来ぬ」と言い換えることができるので、打ち消し（否定）の助動詞。**イ**は「寒くはない」と「は」を補うことができるので、補助形容詞。**ウ**は「少ない」という形容詞の一部。**エ**は「見たことがない」と前に「が」という助詞があるので、形容詞。

(3) 問題文は「聞こえぬ」、**イ**は「届かぬ」と言い換えることができるので、打ち消し（否定）の助動詞。**ア**は「遠くはない」と「は」を補うことができるので、補助形容詞。**ウ**は「少ない」という形容詞の一部。**エ**は「読んだことがない」と前に「が」という助詞があるので、形容詞。

(4) 問題文は「つきあってられぬ」、**イ**は「運べぬ」と言い換えることができるので、打ち消し（否定）の助動詞。**ア**は「違いはない」と前に「は」という助詞があるので、形容詞。**ウ**は「美しくはない」と「は」を補うことができるので、補助形容詞。**エ**は「もったいない」という形容詞の一部。

(5) 問題文は「信じられぬ」、**イ**は「読まぬ」と言い換えることができるので、打ち消し（否定）の助動詞。**ア**は「限りない」、**エ**は「あどけない」という形容詞の一部。**ウ**は「正しくはない」と「は」を補うことができるので、補助形容詞。

(6) 問題文は「いぬ」、**ウ**は「知らぬ」と言い換えることができるので、打ち消し（否定）の助動詞。**ア**は「かぎりない」で一語の形容詞。**イ**は「欲しくはない」と「は」を補うことができるので、補助形容詞。**エ**は「ペンがない」と前に「が」という助詞があるので、形容詞。

(7) 問題文は「見えぬ」、**ウ**は「笑わぬ」と言い換えることができるので、打ち消し（否定）の助動詞。**ア**は「切ない」という形容詞の一部。**イ**は「寒くはない」と「は」を補うことができるので、補助形容詞。**エ**は「建物がない」と前に「が」という助詞があるので、形容詞。

4

(1) エ　(2) ア　(3) イ　(4) オ　(5) ア

解説

(1) 問題文は「ため」という体言（名詞）に付いているので、格助詞の「に」。**エ**は「見（見る）」という活用語（動詞）に付いており、これは格助詞の「に」が動詞の連用形にも付く場合の例で、格助詞。**ア**は、助動詞「だ」の連体形に付いた接続助詞「のに」の一部。**イ**は形容動詞「さわやかだ」の連用形の活用語尾。**ウ**は「すでに」という副詞の一部。

(2) 問題文「すでに」と**ア**「特に」の「に」は副詞の一部。**イ**は形容動詞「穏やかだ」の連用形の活用語尾。**ウ**は「景色」という体言（名詞）に付いているので格助詞の「に」。**エ**は「寒い」という形容詞に付いた接続助詞「のに」の一部。

(3) 問題文は「変えるつもりだ」、**イ**は「起きるつもりだ」と言い換えることができるので、意志の意味の助動詞「よう」。**ア**は「どうやら出かけたようだ」と前に「どうやら」を補うことができるので、推定の意味の助動詞「ようだ」の一部。**ウ**は前に「一緒に」があるので、勧誘の意味の助動詞「よう」。**エ**は「まるで滝のように」と前に「まるで」を補うことができるので、たとえ（比喩）の意味の助動詞「ようだ」の一部。

(4) 問題文は「近接している」、**オ**は「掛かっている」と言い換えることができるので、存続の意味の助動詞「た」。**ア・ウ**は過ぎたことについて述べているので、過去の意味の助動詞「た」。**イ**は希望の意味の助動詞「たい」の一部。**エ**は明日の予定について述べているので、確認の意味の助動詞「た」。

(5) 問題文は「降り」、**ア**は「でき」という用言の連用形に付いているので、推定・様態の意味の助動詞。**イ**は「広い」、**ウ**は「元気だ」、**エ**は「生まれる」という用言の終止形に付いているので、伝聞の意味の助動詞。

5 (1) ウ　(2) ウ

解説

(1) 格助詞の識別。**ア**は「今週」と「土曜日」、**イ**は「駅前」と「ホール」という体言に挟まっているので、連体修飾語を作る。**ウ**は「私が好きな」と言い換えることができるので、部分の主語。

(2) **ア**は「寒い」、**イ**は「ない」、**エ**は「疲れた」と、活用する言葉に付いているので、この「から」は接続助詞。**ウ**は「九時」という体言（名詞）に付いているので、この「から」は格助詞。

2 品詞の識別

{ P.54 }

1 (1) イ　(2) ウ

解説

(1)・(2) 副詞は、主に単独で連用修飾語になり、活用しない自立語である。

2 (1) ア　(2) ア

解説

(1) 「すぐに」と**ア**「そっと」は副詞。**イ**は形容動詞「静かだ」の連用形。**ウ**は形容詞「新しい」の連用形。**エ**「大きな」は連体詞。

(2) 「ついに」と**ア**「はっきり」は副詞。**イ**は形容詞「明るい」の連用形。**ウ**は形容動詞「きれいだ」の連用形。**エ**「大きな」は連体詞。

3 ア

解説

「きれいに」は形容動詞「きれいだ」の連用形。これと同じ品詞を含むのは**ア**。「穏やかな」は形容動詞「穏やかだ」の連体形。

4 (1) ウ　(2) エ

解説

(1) 形容詞は終止形が「い」で終わる用言。ここでは連体形になっている。

(2) 形容動詞は終止形が「だ・です」で終わる用言。ここでは連体形になっている。

5 ア・イ・エ（**順不同**）

解説

まず品詞ごとに区切ってみよう。「もちろん／断ら／れる／だろ／う」となる。次に、活用の有無を確認しよう。活用しない語であれば**イ**「副詞」か**ウ**「連体詞」か**オ**「助詞」か、活用する語であれば**ア**「動詞」か**エ**「助動詞」かを判断する。「もちろん」は副詞、「断ら」は動詞「断る」の未然形、「れる」「だろ」「う」は助動詞。

6 助動詞

解説

「あきらめ（動詞）／ず（助動詞）／に（助詞）／練習（名詞）／を（助詞）／続け（動詞）／よう（助動詞）／と（助詞）／思い（動詞）／まし（助動詞）／た（助動詞）」となるので、助動詞の数が四つと最も多い。

7 エ

解説

形容詞「ない」か助動詞「ない」か見分けるには、文節に区切れるかどうかで判断する。「いかなければ」「ならない」はどちらも文節に区切ることはできず、「いかぬ」「ならぬ」と言い換えることができるので、打ち消し（否定）の意味の助動詞の「ない」。「なけれ」は仮定形、「ない」は終止形である。

8 (1) イ　(2) ウ

解説

(1) 「ますます（副詞）＋増え（動詞）＋て（助詞）＋い（動詞）＋ます（助動詞）」となる。

(2) 「おそらく（副詞）＋来（動詞）＋られ（助動詞）＋ない（助動詞）」となる。

9 ア・ウ（**順不同**）

解説

ア「深い」と**ウ**「ない」は形容詞。**イ**「とても」は副詞、**エ**「信じ」は動詞「信じる」の連用形、**オ**「有名な」は形容動詞「有名だ」の連体形。

10 エ

解説

連体詞は、他の品詞と見分けづらいこともあるので注意する。ここでは、活用せず、名詞「アメリカ人」に係る連体修飾語なので、動詞の「ある」ではなく、連体詞の「ある」。

11 イ

解説 「かすかに」は、「かすかだろ（う）」「かすかだっ（た）」のように活用させることができるので、形容動詞「かすかだ」の連用形。

12 副詞

解説 副詞には、語尾が「と・に・り・ん」で終わる形が多い。「と」で終わるものには「そっと・ずっと・きっと・もっと」、「に」で終わるものには「ついに・すぐに・ただちに」、「り」で終わるものには「ゆっくり・じっくり・どんより」、「ん」で終わるものには「たぶん・とつぜん・ずいぶん」などがある。「たくさん」は「ん」で終わる形の副詞。

13 (1) エ　(2) エ

解説 (1) **ア**「その」、**イ**「大きな」、**ウ**「いわゆる」は連体詞、**エ**「むしろ」は副詞。
(2) **ア**「必要な」、**イ**「さまざまな」、**ウ**「代表的な」は形容動詞の連体形、**エ**「小さな」は連体詞。

14 は・まで・から（順不同）

解説 「私たち」は名詞、「死ぬ」は動詞、「飲食」は名詞、「逃れ」は動詞、「られ」「ない」は助動詞。

15 ア・エ（順不同）

解説 前に目的語がないものは自動詞、あるものが他動詞。**ア**は「品を」、**エ**は「人数を」という目的語があることに注目。

16 ア

解説 前に目的語がないものは自動詞、あるものが他動詞。**ア**は「本を」という目的語があることに注目。

17 (1) イ　(2) エ

解説 (1)「ある」と**イ**「大きな」は連体詞。**ア**「かなり」は副詞、**ウ**「新しい」は形容詞「新しい」の連体形。**エ**「きれいな」は形容動詞「きれいだ」の連体形。
(2)「忘れられぬ」と言い換えられるので、助動詞「ない」。

3 用言の活用

{ P.58 }

1 (1) ア　(2) ウ

解説 (1) 打ち消し（否定）の助動詞「ない」に付いている「置か（ka）」と活用語尾がア段の音になっているので、**ア**の五段活用。活用語尾がイ段の音になるものが**イ**の上一段活用、活用語尾がエ段の音になるのが**ウ**の下一段活用。**エ**のカ行変格活用は「来る」、**オ**のサ行変格活用は「する」と「～する（ずる）」の形の複合動詞のみ。
(2) 活用の種類を調べるときは、助動詞「ない」を付けて確かめてみるとよい。「合わせる」は「合わせ（se）ナイ」と活用語尾がエ段の音になるので、**ウ**の下一段活用。

2 イ

解説 問題文の「生きる」は上一段活用。これと同じ活用の種類の動詞は、**イ**「浴びる」。**ア**「話す」は五段活用、**ウ**「受ける」は下一段活用、**エ**「する」はサ行変格活用。

3 (1) ア　(2) ウ　(3) ア

解説 (1) 問題文の「食べる」と**ア**「出る」は下一段活用、**イ**「来（来る）」はカ行変格活用、**ウ**「書こ（書く）」、**エ**「走れ（走る）」は五段活用。
(2) 問題文の「指し（指す）」と**ウ**「笑っ（笑う）」は五段活用、**ア**「し（する）」はサ行変格活用、**イ**「まね（まねる）」は下一段活用、**エ**「信じ（信じる）」は上一段活用。
(3) 問題文の「起きる」と**ア**「閉じる」は上一段活用、**イ**「帰る」は五段活用、**ウ**「眺める」は下一段活用、**エ**「来る」はカ行変格活用。

4 五段

解説 活用の種類を調べるときは、助動詞「ない」を付けて確かめてみるとよい。「思う」は「思わ（wa）ナイ」と活用語尾がア段の音になるので、五段活用。

5 イ

解説 **ア**「戦う」、**イ**「置く」、**エ**「残る」は五段活用。**イ**「超える」のみ下一段活用。

6 エ

解説 問題文の「話し」と**エ**「聞け」は連用形、**ア**「見れ」は仮定形、**イ**「来る」は終止形、**エ**「行こ」は未然形。

7 (1) ①サ行変格 ②連用
(2) ①カ行変格 ②連用

解説 (1) サ行変格活用（サ変）の「する」は、未然形は「せ・し・さ」、連用形は「し」、連体形は「する」、仮定形は「すれ」、命令形は「しろ・せよ」と活用する。接続助詞「て」に続くのは、連用形の「し」。
(2) カ行変格活用（カ変）の「来る」は、未然形は「こ」、連用形は「き」、連体形は「くる」、仮定形は「くれ」、命令形は「こい」と活用する。

8 (1) エ (2) ウ

解説 下に続く語に注目して活用形を判断する。
(1) 問題文の「向け（て）」と**エ**「笑っ（た）」は連用形。**ア**「聞け（ば）」は仮定形、**イ**「運動する（こと）」は連体形、**ウ**「食べ（よう）」は未然形。
(2) 問題文の「読み（ます）」と**ウ**「来（た）」は連用形、**ア**「行く（とき）」は連体形、**イ**「見える」は終止形、**エ**「やめ（ば）」は仮定形。

9 (1) ウ (2) ウ・エ（順不同）

解説 (1) 「広げ(ge)ない」と活用することから、下一段活用と判断する。
(2) **ア**「射る」、**カ**「省みる」は上一段活用、**イ**「発する」はサ行変格活用、**オ**「消す」は五段活用。

10 (1) イ (2) エ

解説 (1) **ア**「述べ（よう）」、**ウ**「鍛え（られず）」、**エ**「読み慣れ（ない）」は未然形。**イ**「埋め（て）」のみ連用形。
(2) **ア**「言っ（言う）」、**イ**「差し込む」、**ウ**「そらさ（そらす）」は五段活用。**エ**「務める」のみ下一段活用。

11 見せる

解説 「見せ（て）」は下一段活用の連用形。上一段活用の「見る」と間違えないように注意。

12 (1) ア (2) イ (3) イ

解説 下に続く語に注目して活用形を判断する。
(1) 「う」に続いていることに注目。
(2) 「こ」で後に続いていることに注目。
(3) 「て」に続いていることに注目。

13 連用

解説 「て」に続いていることに注目。

4 言葉の単位・文節の関係

{ P.62 }

1 (1) エ (2) エ

解説 単語に区切る場合、意味のある言葉としては、これ以上分けることができない最も小さい単位まで分けることに注意。

2 七（7）

解説 文節に分ける場合、意味を壊さず、発音しても不自然にならない範囲で、文をできるだけ短く区切ることに注意。話す調子で、「ね・さ・よ」を入れて、自然に切れるところが文節の切れ目になる。「素直に／伝える／筆者の／言葉は、／私の／胸に／響きました。」と分けられる。

3 エ

解説 問題文は「休日に／図書館で／本を／借りる」、**エ**は「風が／入るように／窓を／開ける」で四つに分けられる。**ア**は「虫の／音に／秋の／気配を／感じる」で五つ、**イ**は「こまやかな／配慮に／感謝する」で三つ、**ウ**は「あの／山の／向こうに／海が／ある」で五つの文節に分けられる。

4 三

解説 「加え（動詞）／まし（助動詞）／た（助動詞）」と三つに分けられる。

5 (1) イ (2) ア

解説 補助の関係とは、「〜て（で）…」の形で、下の言葉が補助的な意味を添える文節の関係。下にくる語は、(1)「いる」、(2)「みる」の他、「あげる・いく・おく・くる・しまう・ない・ほしい・もらう」などがあるので、覚えておくこと。

6 (1) イ (2) エ

解説 (1) 「ゆっくり」は「どのように」かと下の文節を詳しく説明する文節（修飾語）であることを捉える。
(2) 「身近で」と「なじみ深い」は並立の関係で、下の「『博物館』です」を修飾する連体修飾語。「なじみ深く身近で」としても意味は変わらない。

7 (1) ア　(2) エ

解説 (1) 問題文と**ア**は、修飾・被修飾の関係。**イ**は「茶色の」も「かわいい」も「犬だ」を修飾しており、並立の関係。「かわいい茶色の」としても意味は変わらない。**ウ**は補助の関係。**エ**は主語・述語の関係。

(2) 問題文と**エ**は補助の関係。**ア・イ・ウ**は修飾・被修飾の関係。

8 ウ

解説 問題文と**ウ**は修飾・被修飾の関係。**ア・エ**は主語・述語の関係。**イ**は接続の関係。

9 機会も

解説 「多いだろう」という述語に対応する主語を探す。何が「多い」のかといえば、「機会（も）」であることを押さえる。「機会も」のように、「が・は」以外の助詞が付く形の主語もあることに注意。「も」の他に「こそ・さえ・だけ」などもある。

10 ウ

解説 **ア**は「良い点は、…素晴らしい」、**イ**は「思い出は、…優勝した」、**エ**は「この話は、…住むことになった」と、文のつながりが適切でないことに注目。文末を、**ア**は「…安い点だ。」、**イ**は「…優勝したことだ。」、**エ**は「住むことになった（という）話だ。」などとすれば正しい文になる。

5 敬語

{ P.65 }

1 (1) Aイ　Bウ　(2) ウ

解説 (1) A補助動詞「いただく」は謙譲語、B「〜ます」は丁寧語である。

(2) 問題文の「召し上がる」と**ウ**「ご覧になる」は尊敬語、**ア**「申し上げる」と**エ**「うかがう」は謙譲語、**イ**「（返し）ます」は丁寧語である。

2 (1) エ　(2) 例 お待ちください　(3) 例 うかがいますのでご覧になって（14字）

解説 (1) Aさんが、他社の人であるBさんに問いかけている内容であること、Bさんが「参ります」と答えていることに注目。**ア**は謙譲語なので、間違えて選ばないようにしよう。

(2) 「お待ちになってください」などでも正解。郵便局の受付の人が客に向けて言っていることであることに注意。

(3) 「公民館に行く」のは「私たち」で、「見る」のは相手であることに注目し、「行く」は謙譲語に、「見る」は尊敬語に直す。「行きます」の謙譲語を「参ります」としても正解。

3 (1) イ　(2) ①エ　②ア　(3) 例 教えていただき　(4) 例 ご覧になってください

解説 (1) ——線部①・②は観光ガイドが観光客A・Bに向かって言っているので、尊敬語を使う。

(2) ①**ウ**「拝見する」は謙譲語、②**イ**「お渡しになる」は尊敬語なので、間違えないように注意。

(3) 「教える」のは「山田先生」であり、教えを受けるのは生徒であることから、謙譲語を使うことを押さえる。補助動詞「もらう」の謙譲語は「いただく」。

(4) 「見る」のはレポートのコピーを受け取った相手の方なので、尊敬語を使う。

4 (1) オ　(2) ウ　(3) イ　(4) ア・ウ（順不同）

解説 (1) **オ**は「園長先生」の動作に「申しあげる」という謙譲語を使っているので、誤りである。

(2) 相手が動作主となる内容なので、**ア**は「ご覧になって」、**イ**「おっしゃった」といった尊敬語を使う。**エ**は「兄」という身内の動作について述べている内容なので、「いただきました」などと謙譲語を使う。

(3) 「皆様」の動作について述べているので、**ア・ウ**のように「お取り組みする」という謙譲語を使うのは不適切。また、「印象に残っているのは、」に続く内容なので、**ウ・エ**のように「印象的です」という述語では文が照応しておらず、不適切。

(4) **イ**「先生」の動作に「拝見する」という謙譲語を使っているので不適切。**エ**「みんな」という生徒側（自分たち側）の動作に「いらっしゃる」という尊敬語を使っているので不適切。**オ**「先生」の動作に「おる」という謙譲語を使っているので不適切。「おります」を尊敬語と勘違いして誤用しないように注意。

古典

弱点チェック
{ P.70 }

1 歴史的仮名遣い・文法

①ア におい　イ かおりて
②ア うつくしゅうて　イ いいたり
③はずさせたまうな
④ア 連体修飾語　イ 主語
⑤係り結び
⑥こそ

2 動作主・主題

①秦の恵王
②秦の恵王
③蜀の国の人
④石牛
⑤はかりごとの巧みさ

3 古語の意味・口語訳・文脈

①拝んでいなかったので
②これだけと思い込んで
③知りたい
④少しのことにも

4 漢文のきまり

①之を習ふ
②啼鳥を聞く
③感ジテハレ時ニ花ニモ濺ギレ涙ヲ
④下二揚州一
⑤五言絶句
⑥対

1 歴史的仮名遣い・文法
{ P.73 }

1

(1) つくりしように　(2) なおうたがいて
(3) ゆえ　(4) うつくしゅうていたり
(5) おしえまいらせて　(6) たまい
(7) おわしたるに　(8) いわく

解説 (1) 「作りしやうに」の「やう」の部分は、母音が「yau」のように重なるので、「yô」と読む。現代仮名遣いでの表記は「よう」となる。
(2) 「なほうたがひて」には、「ほ」「ひ」と、語頭以外のハ行の文字が二つある。語頭以外のハ行の文字は、ワ行音で読む。現代仮名遣いでの表記は、そのワ行音に従うので、「ほ」は「お」、「ひ」は「い」に置き換える。
(3) 「ゑ」は、ワ行エ段の平仮名。現代仮名遣いでは、この平仮名は用いず、「え」に置き換える。
(4) 「うつくしうて」の「しう」の部分は、母音が「siu」のように重なるので、「syû」と読む。現代仮名遣いでの表記は「しゅう」となる。また、「ゐ」は、ワ行イ段の平仮名。現代仮名遣いでは、この平仮名は用いず、「い」に置き換える。
(5) 「を」は、ワ行オ段の平仮名。現代仮名遣いでは、助詞「を」以外にはこの平仮名を用いず、「お」に置き換える。
(7) 「おはしたるに」、(8) 「いはく」には、語頭以外のハ行の文字「は」がある。語頭以外のハ行の文字は、ワ行音で読む。現代仮名遣いでの表記は、そのワ行音に従うので、「は」は「わ」に置き換える。

2 エ

解説 エ 「いひて」には、語頭以外のハ行の文字「ひ」がある。語頭以外のハ行の文字は、ワ行音で読む。現代仮名遣いでの表記は、そのワ行音に従うので、「ひ」は「い」に置き換える。

3 ただまえ・ア

解説 「ただ舞へ」には、語頭以外のハ行の文字「へ」がある。語頭以外のハ行の文字は、ワ行音で読む。現代仮名遣いでの表記は、そのワ行音に従うので、「へ」は「え」に置き換える。また、ア「つづり」のように、同じ音が続くことによって濁音になる場合には、現代仮名遣いでも、前と同じ文字のまま濁らせる。イ「思ふ」は「思う」、ウ「をかし」は「おかし」、エ「漂ひ」は「漂い」と、それぞれ、現代仮名遣いでは表記する。

4

(1) おもう　(2) ア

解説 (1) 「思ふ」には、語頭以外のハ行の文字「ふ」がある。語頭以外のハ行の文字は、ワ行音で読む。現代仮名遣いでの表記は、そのワ行音に従うので、「ふ」は「う」に置き換える。
(2) 「やは」は、反語を表す係りの助詞。反語とは、疑問文の形で「そうではない」と否定する気持ちを強調する表現。「……か、いやそうではない」のように解釈する。ここでは、――線部の発言をした基俊が、「雲井隠れに棲むたつも」という和歌の句の「たつ」を「鶴」と思い込み、「(鶴が)雲の中に住むことはあるのだろうか」という疑問文の形で、「いやそんなことはない」と否定する気持ちを強調し、和歌の句について非難しているのである。

口語訳 内大臣藤原忠通の邸宅で歌合があったときに、

源俊頼と藤原基俊の、二人が判者であって、作者の名を隠してその場で勝負を判定したが、俊頼の和歌に、

（あなたの姿を見ることができないのは）残念だなあ。雲の中に隠れて住むといわれている竜も、願う人には見えたというのに。

（とあったが）この和歌（の「たつ」）を基俊は、「たづ（鶴）」と思い込み、「鶴は沢に住むが、雲の中に住むことはあるのだろうか」と非難して、負けと判定したのだった。そうであったが俊頼は、その場では何も言わなかった。そのとき、藤原忠通が、「今夜の（歌合の）判定の言葉を、それぞれ差し出せ」とおっしゃったときに、俊頼朝臣は、「この和歌の句は『鶴（たづ）』ではなく、『竜（たつ）』である。中国の誰それといった人が、竜を見たいと思う気持ちが深かったので、その人のために（竜が）現れて見えたことがございましたことを歌に詠んだのである」と書いたのだそうだ。

2 動作主・主題

{ P.76 }

1 ①イ　②オ

解説 ――線部①「鳴かす」は、紹巴に『蛍の鳴くといふ証歌はいざしらず（蛍が鳴くということを詠んだ証歌はさて知りません）。』と言われた太閤秀吉が不機嫌になって言い返した会話文中に含まれている。その直前には「おれが」という主語があるが、その会話文の主が太閤秀吉であるのだから、この「おれ」は太閤秀吉を指す。

――線部②「申されしかば」は、その直前の『いさとよ、……。』という会話文を「申し上げなさった」という動作を表しているが、この会話文は、その場に同席していた細川幽斎が紹巴に向かって言ったもの。

口語訳 太閤秀吉が連歌の席で、ちょっとしたその付合であったのだろう、「奥山に紅葉ふみわけ鳴く蛍（奥山に紅葉をふみわけていくと蛍が鳴いているよ）」となさったのを、紹巴が、「蛍が鳴くということを詠んだ証歌はさて知りません。」と申し上げたところ、（秀吉は）大いに不機嫌であったが、「何を言うか、俺が鳴かせるというのに鳴かないものは天下にいるはずがない。」と大きなことを言いなさったところ、細川幽斎が、その席に居て、紹巴に向かって、「さあ、それがです、蛍が鳴くと詠み合わせた証歌があります、『武蔵野の篠を束ねてふる雨に蛍ならでは鳴く虫もなし（武蔵野の篠竹を束ねたようにして激しく降る雨の中では、蛍の他には鳴いている虫はいない）』。」と申し上げなさったので、紹巴は大いに驚いてひれ伏し、太閤は上機嫌であった次第だった。翌日、紹巴はすぐに幽斎のところに行って、「それにしても昨日は粗相をして、連歌師としての面目を失ってしまった。（あの和歌は）何の歌集の歌ですか。」と尋ねた。幽斎は、「あれほどの人物に何の証歌が必要だろうか（いや、必要ないだろう）、昨日の歌は、私どもの自作の歌だ。」と申し上げなさった次第であった。

2 ア

解説 ――線部「嬉しと思ひけり」の主語を捉えるには、「斧を返し与えた」ことに対して誰が「嬉し」と思ったのかを考えればよい。文章の冒頭から、この斧は、木こりが山守に取られたものであるとわかる。斧を取った山守は、木こりに対して、「さるべき事（斧を返すのにふさわしいこと）」を言えと要求した。そこで木こりは、「悪しきだに……」という和歌を詠んだのである。この和歌が素晴らしく、山守は、それに対する返歌を試みたができなかった。そこで、「斧返し取らせ」たのである。ゆえに、そのことについて「嬉し」と思ったのは、斧を取られた木こりとなる。

口語訳 今となっては昔のこと、ある木こりが、山守に斧を取られて、困った、つらいと思って、ほおづえをついていた。（その様子を）山守が見て、「斧を返すのにふさわしい言葉を言いなさい。（そうしたら）返してやろう」と言ったので、

悪いものでさえ、ないと何かと困る世の中なのに、「斧（＝良き）」を取られて、私はどうしたらいいのだろうか。

と詠んだので、山守は返歌を詠もうと思って、「うううう」とうめいたが、何もできなかった。それで斧を（木こりに）返し与えたので、（木こりは）うれしいと思ったということだ。人は、ひたすら歌を心にかけて詠むべきだと思われた。

3

(1) イ

(2) 昨日の〜さうな

(3) a 包みのまま　b 驚く

c 例 今は夏で涼しい風を引き入れるのによく、外へ出るときに戸を開ける煩わしさがない（38字）

(1) 謝礼の「三十金」を直接大雅に渡したのは、「使者」ではあるが、この「使者」は「淀侯」の「使者」として来ているので、与えたのは

「淀侯」になる。

(2) 大雅の言った言葉は、「床の上へ～ならん」、「昨日の～さうな」、「かへつて～うれへなし」の三か所。

(3) a 「大雅、礼を述べて、包みのまま床の上へ置きたり」とある。

b 翌朝の大雅の様子については、「さらに驚く気色なく」と書かれている。

c 大雅の三番目の発言内容をまとめる。

口語訳

大雅は、かつて淀侯のために金屏風を描いたということだ。その謝礼として使者が来たが、台所の入り口から古紙や書物などを取り散らかして置いてあり、全く（家に）上がるところがない。古紙をかたわらに寄せて、使者を通したところ、（その使者を介して淀侯は）謝礼として三十金をお与えになる。大雅は、礼を述べて、（その謝礼の金を）包みのまま床の間の上に置いた。その夜、盗人が、床の間のそばの壁を切り抜いて、金の包みを持ち去ってしまった。

翌朝、（大雅の）妻は、壁を切り抜いてあるのを見て、「きっと盗人の仕業だろう。昨日、淀侯からいただいた金は、どこに置きなさったのか。」と言った。大雅は、全く驚くそぶりもなく、「床の間の上に置いた。無いなら、盗人が持ち去ったのだろう。」と言った。弟子たちがやって来て、その有り様を見て、「先生は、どうしてこのように壁を切り抜きなさったのか。」と言うと、（大雅は）「昨日の夜、盗人が入って、淀侯から謝礼としてもらったお金を持ち去ったようだ。」と言った。弟子が言うには、「壁があの様子では見苦しい。修繕しなさいませ。」と言うと、「かえって運が良いことだ。時節は今、夏日なので、涼風を引き入れるのに好ましい。また、外へ出るのに、戸を開けるという煩わしいことがない。」と言ったということだ。

4

(1) 例 立場を問わない（7字）　(2) ウ

(1) 「情け深い行い」を行うべき人について、本文の一つ目の段落では、「召伯」「羊祜」など地位の高い政治家、二つ目の段落では、「うちあらむ人（普通の人）」など、さまざまな立場の人が対象になっていることから考える。

(2) 三つ目の段落の内容から、「みどり子」と「六畜」の例の共通点を読み取る。どちらも、自分が情けをかけられたら、それに応じた行動をすると書かれている。「思慮分別のある人間」なら、言うまでもなくそのように行動するだろうと言おうとしているのである。

口語訳

召伯の政治は穏やかだったので、民衆が（召伯にゆかりのある）甘棠（＝やまなし）の木の歌を歌い（召伯を慕い）、羊祜のあわれみの心は広かったので、その門人たちは（羊祜にゆかりのある）峴亭（峴山の東屋）に碑を立てたということだ。（彼らが）亡くなった後でさえも、（その）情けにまさる形見は存在しないのだった。

一般に、普通の人も情けを優先すべきである。他人が、自分のことを悪く言うとしても、自分が情けをかけるならば、他人はかえって（自分に）従う。「恨みに対しては、恩義をもって報いるべきである」といわれている。廉頗が（藺相如に謝罪するために）自ら処罰を受けることを願い出た話は、人の心次第では、今の世の中にもきっとありうる話である。他人事に思うべきではない。どうして単に（その廉頗が謝罪した相手である）藺相如だけの話に限るだろうか（いや、そんなことはない）。

幼児は、親という存在を理解していないが、優しく愛情を注ぐことで（親に）従う。六畜（といわれる六種の家畜）は飼い主という存在を理解していないが、優しい情けを感じてなじんで親しくする。まして、心を持つ人間なら当然であろう。

3 古語の意味・口語訳・文脈

{ P.81 }

1 ウ

解説 ――線部「わづらひ」は、「面倒なこと。心配。迷惑」などの意味を表す名詞。ここでは、雨が降った後のぬかるんでいる庭に、たくさんのおがくずを敷いたために、その「わづらひ」がなくなったという本文の内容から、適切な意味を考える。

口語訳

鎌倉中書王（である宗尊親王）の御所で蹴鞠の会があったが、雨が降った後で、まだ庭の地面が乾いていなかったので、どうしたらよいだろうかと相談することがあったところ、佐々木隠岐入道が、おがくずを車に積んで、たくさん献上したので、庭一面にお敷きになって、ぬかるみの支障がなくなったということだ。「（いざというときのためにおがくずを）取り集めておいたというような心遣いは、ありがたいことだ」と人々は感心し合ったということだ。

このことをある者が語りだしたときに、吉田中納言が、「乾いた砂の用意はなかったのだろうか」とおっしゃったので、恥ずかしかった。すばらしいと思っていたおがくず（を敷くこと）は、下品で、不格好なことである。庭の整備をする人が、乾いた砂を準備するのは、昔からの慣例であるということだ。

2

(1) イ　(2) ア

解説

(1)「いづれ」は、「どれ。いつ。どこ。誰」を表す。ここでは、この言葉は、少将の内侍が「このかへでに、はつもみぢのしたりしこそ失せにけれ（このかえでの木に、初紅葉をしていた葉があったのだが散り失せてしまったな）」と発言したことについて、頭の中将が問いかけたものであるという文脈から考える。

(2)「入興す」は「たいしたものだと喜び興じる」という意味。ここでは、蔵人永継がその場ですぐに言った風流な発言と、その発言を気に留めて賞賛した右中将実忠朝臣に対して、その場にいた人全てが「入興し」たことから考える。

口語訳

少将の内侍が、台盤所のお庭のかえでの木を見て、「このかえでの木に、初紅葉をしていた葉が（あったのだが）散り失せてしまったな」と言ったところ、頭の中将が聞いて、「どちらの方角（の枝）に（初紅葉の葉は）ございましたのでしょうか」と言って、こずえを見上げたので、人々もみな関心をもって見たところ、蔵人永継はその場ですぐに、「西の枝でございましたでしょう」と申し上げたのを、右中将実忠朝臣が御剣の役目のために参上して、同じくその場でお仕えしていたが、この言葉に感心して、「この頃は、このようなことを察して口に出していう人はまれであるのに、（永継は）風流でございますなあ」と言って、ちょっとため息をついたところ、人々はみなたいしたものだと喜び興じてその場にいる人全てが感嘆したということだ。ほんとうに、（風流なことを）その場ですぐに口に出して言うことも、また（それを）聞いて心に留めることも、大変風雅なことでございました。『古今和歌集』の和歌に、

　同じ木から出た枝であるのに、特別に木の葉が紅葉するのは西の方角の枝なので、西の方角から秋は始まるのだなあ

とございますのを思い比べ合わせて言ったのだろう。

3

(1) かしかまし　(2) ア

(3) ①ア 例 質素　イ 例 私欲

② 例 日本の人は語り伝えさえしない（14字）

解説

(1)「煩はし」は、「うるさい。厄介だ」などの意味を表す形容詞。『蒙求』の一部では、木に掛けたひょうたんが風に吹かれて鳴ることに対して、許由が「煩はし」と思ったと用いられている。『徒然草』の一部では、同じ内容の記述に「かしかまし（＝うるさい。騒がしい）」が用いられている。

(2) 兼好法師は、許由の暮らしぶりを「立派だ」と評価している。この評価に合うのは、ア。エ「楽しかっただろうか」は、「涼しかりけん」の訳語として不適切。

(3) ① ア に当てはまるのは、許由の暮らしぶりを表す熟語。イ に当てはまるのは、「堤さん」が述べている「自分の名誉や利益」を意味する熟語。

② 『徒然草』の一部の最後の一文に注目する。ここでは、「中国の人」は、立派だと思ったことについて、「書き残して後世にも伝えた」が、「我が国の人」は、そのようなことを「語り伝えさえしそうにもない」と述べられている。「小島さん」が「兼好法師の嘆き」と捉えているのは、この「我が国の人」の有様である。

口語訳

【『蒙求』の一部】

許由は、箕山で俗世を離れて静かに暮らし、（水を飲むための）器も持っていない。（そこで）手で水をすくい上げて飲む。（それを見た）人がひょうたんを一つ贈り、それによって（そのひょうたんを）使って（水を）飲むことができるようになった。飲み終わって木の上に掛けると、風が吹いて（そのひょうたんから）風や波のような音が鳴った。許由はそれをうるさいと思って、結局これを捨ててしまった。

4

蛇

解説

――線部「あれ」が直接指しているのは、「うはばみの類ひ」だが、その次の一文でそれを「蛇」と言い換えている。

口語訳

雛もずいぶんと成長して首を並べて巣の中で並んでいる様子を、望遠鏡で眺めていたが、ある時その松の根から、ずいぶん太く黒いものが少しずつその木に登る様子を見て、「蛇の一種だろう。そのまま巣へ登って鶴（の雛）を取って食べるのだろう。あれ（＝蛇）をやめさせろ」と人々が言って騒ぎましたがどうしようもない。その時、二羽の（親鳥の）鶴のうち、一羽は蛇を見つけた様子であったが、大空へ飛び去った。「ああ、どうしたことか、雛はとられそうだ」と手に汗握って遠くから眺めていたところ、早くもあの蛇もこずえ近くにやってきて、ああ危な

いと思った頃、一羽の鷲がはるか遠くから飛んで来て、その蛇の首をくわえて、まるで帯を下げたように空中に飛び帰ったところ、親鶴が間もなく巣に戻って来て雌雄は巣に戻り、雛を養ったということだ。鳥類ではあるが自分の手に負えないことを悟って、同類の鷲を雇ってきたことは、鳥類も思慮深いことであったと語った。

4 漢文のきまり

{ P.86 }

1 ウ

解説 空欄に該当する訓読文は「忠言逆二於耳一」の部分なので、一・二点の読み方に従って、「忠言は耳に逆ふも」と書き下す。「於」が置き字であることに注意。

2
(1) ウ
(2) 不レ及バ汪倫送ルレ我ヲ情ニ
(3) A 例 岸のほとり（5字）
B 例 水の深さにも勝る（8字）

解説
(1) 句数が四句、一句の字数が七字なので、七言絶句。
(2) 「不及」の部分を「及ばず」、「送ルレ我ヲ情ニ」の部分を「我を送るの情に」と読めるようにレ点を使って訓読すればよい。「不」を否定の助動詞「ず」と読むことに注意。
(3) A 「汪倫が村人たちと一緒に別れを惜しんで歌う姿」が描かれているのは第二句。第二句の「岸上」を言い換えればよい。
B 第三句、第四句では、「桃花潭の水の深さ」と「汪倫の友情の深さ」を比較している。

口語訳 (私、)李白は舟に乗って今まさに出発しようとした。ふと、(汪倫が村人たちと一緒に私を見送るために)岸のほとりで足を踏み鳴らし、拍子をとって歌う声を聞いた。桃花潭は、とても深い。(しかし、)汪倫が私を送る友情(の深さ)には及ばない。

3
(1) 虎
(2) 観ル者無シレ不ザルハ二辟易顛仆セ一
(3) a ア b ウ
(4) イ

解説
(1) ――線部①のある部分は、書き下し文では「百姓の之を観るを縦す」の部分。「之」は、直前の「虎」を指している。
(2) 「無シレ不ザルハ二……セ一」と言う読み方に注意。「…しないもの（こと）はない」という二重否定の意味になる。
(3) a 「虎の爪牙を断」つところを「観る」ことを「縦す」のは、その行為を行っている「魏の明帝」。
b 「虎の爪牙を断」つところを「往きて看」たのは七歳の「王戎」。
(4) 王戎の様子について、「動ぜず」「恐るる色無し」と描かれていることから考える。

口語訳 魏の明帝は、兵士を訓練する広場で、虎の爪と牙を切り、多くの人民にこの様子を見ることを許した。(その時)七歳であった王戎も、また(その様子を)見に行った。虎は隙を見て檻の柵を登ろうとしてすがりつき吠え、その声が地面を震わせた。(その恐ろしい光景を)見ている者で、たじろいで倒れ伏さない者はいなかった。(しかし)王戎は、静かな様子で落ち着いていた。(王戎は)最後まで恐れる様子は見せなかった。

4
(1) 子又有レ孫
(2) 例 残り少ない人生の間に山を平らにすることなどできない（と思ったから。）（25字）
(3) イ

解説
(1) 「有孫」の部分を「孫有り」と読むには、レ点を用いて「孫」から「有」に一字返るように返り点を付ければよい。
(2) 「河曲の智叟」の発言した内容を読み取る。「河曲の智叟」は、「残年の余力（＝老いの身に残されたわずかな力）」では、愚公がやろうとする「大きな山を平らに」することは不可能だと言っているのである。
(3) 愚公は、実現が不可能だと笑われても、「子子孫孫」によって可能だと考え、自ら実現しようとしている。その実行力が、《説明文》の筆者の述べる「おもしろみ」に該当する。その態度は、ア、ウ、エのような他の力に頼ろうとするものではないことに注意。

口語訳 黄河のほとりに住む利口な老人が、笑いながら（大きな山を平らにする作業を）やめさせようとして言うには、「あきれたものだ、君のものわかりの悪いのには。老いの身に残されたわずかな力では、いったいぜんたい、山に生えている草一本だって取り除くことはできない。それなのに、土や石などをどうするつもりなのだ。」と。北山の愚公は深くため息をついて言うには、「君は、わからずやだ。君の考えはこり固まっていてどうにもならず、いったいぜんたい、あの幼い子供にも及ばない。たとえわたしは死んだとしても、子供がいる。（その）子供がまた孫を生み、孫がまた子を生む。その子にはまた子ができ、子にはまた孫ができる。子子孫孫、いつまでも尽きることはない。しかし山は（これ以上）高くならない。どうして平らにできないことがあるものか。」と。黄河のほとりに住む利口な老人は、答えることができなかった。

読解 I

1 心情の問題（文学的文章）

{ P.96 }

1 (1) イ　(2) ウ

解説

(1) 場面の様子を考える。眠人と竜征が、三線の練習をしていた夜の公園で、大人たちに声を掛けられる。その中の一人「銀ぶち眼鏡のおばさん」の様子を表す言葉が入る。直前の「あんたたちなに言ってんの。……自覚がまるでないじゃないの」と言う「銀ぶち眼鏡のおばさん」に対して、警察官が「まあまあ」となだめていることから、おばさんが怒っていることがわかる。興奮して怒っている様子を表す、**イ**「いきり立つ」が入る。

(2) 大人たちに対する眠人の気持ちを考える。まず、ここでの「殴られる」は比喩的表現で、「叱られる」「責められる」というほどの意味であることを押さえる。叱られる「人間（眠人や竜征）」にも「心があるのに」ということだから、**自分たちの気持ちもわかってほしいと反発している**ことがわかる。**ア**は紛らわしいが、「夜遊びは悪い」が「（三線の）練習」だから「正しい」ということではないので、不適切。**イ**「子供の過ち」と思っているわけではない。**エ**「恥をかかせるのはやめてほしい」という、体裁を気にする思いではない。あくまでも声を掛けてきた大人たちに対する思いである。

2 ● イ

解説　雪乃の気持ちの変化である。状況を踏まえて、**茂三のどんな言葉にどのような気持ちになったのか**を考える。「茂三と早朝から農作業をすると約束をしていた」雪乃は、寝坊してしまう。そして、ヨシ江に「どうして起こしてくんなかったの？」といら立つが、ヨシ江から、茂三が「雪乃が自分で……置いてくまでだ」と言っていたのを聞いて、約束していたことを破った自分が悪いのに、起こしてもらうのを期待した無責任さに気づき、後悔したのである。**ア**「満足している」、**ウ**「うれしくなっている」が、全く逆の思いで不適切。**エ**については、雪乃は茂三の言葉を「誤解」と感じたわけではないし「残念」にも思っていないので、不適切である。

2 文脈の理解の問題（説明的文章）

{ P.98 }

1 ● ア・エ（順不同）

解説　――線部以降の三つの段落の内容をつかむ。「一つ目」の段落は、「根が水のある方向に向かって伸びる現象がよく見られる」、「二つ目」の段落は、「重力を感じなくなった個体」の「根は土の中深くに多くある水を求めて下に伸びる」こと、「三つ目」の段落は、重力のない「宇宙ステーションでの実験」で、植物の根が水を含む「ロックウール」に向かって伸びることが書かれている。これらに合うのは、**ア**と**エ**である。**イ**「土」がないと「植物は成長できない」とは、どの段落にも書かれていない。**ウ**「地球の重力」の「影響」については書かれていない。

2 (1) イ

(2) 例 相手が自分と同じ経験をしていない場合でも、基礎的な意味を越えた、ことばがもつ豊かな意味あいを伝えることができるということ。（61字）

解説

(1) 直前にあるように、「カテゴリー化する働き」とは「ものをグループ分けする働き」のことである。直後に述べられたリンゴの例で考える。同じ段落の最後の一文にあるように、「リンゴに共通の性質ですべてのものをひとくくりにすること」である。この内容に合うのは**イ**。**ア**「時代や地域によって」、**ウ**「一つのものをさらに細かく分けて」、**エ**「文法に従って」などが、明らかに不適切。

(2) 直前の「そのような機能が発揮されるのは、相手が自分と同じ経験をしている場合だけにかぎられるのでしょうか」という**問題提起を受けて、そうではないと否定している**ことを表す。つまり、相手が自分と同じ経験をしていない場合でも、「そのような機能（言葉の喚起機能）が発揮される」ということである。第二段落に注目し、「言葉の喚起機能」の内容を明らかにしてまとめる。

3 文脈の理解の問題（文学的文章）

{ P.100 }

1 ● エ

解説 直前の老紳士の言葉を受けて、亮二が言った言葉である。老紳士は、似顔絵を描いて暮らしていることを「なんて幸せな日々を得たのだろうと思いました」と語っている。それに対して「わかるような気がします」と言っていることから、亮二が老紳士に共感していることがわかる。また、直後に「半ば思いつき、半ば本気でそう口にした」とあることから、共感はするが、強い気持ちではなく、**自分にも描けるのではないかという程度の軽い気持ち**であることが読み取れる。これらの内容に合うのは**エ**である。

2

(1) イ
(2) ウ

解説
(1) 場面の状況をつかむ。必死で羽化しようとしているアゲハチョウを「見守ることしかできなかった」というのだから、呼吸を止めるようにして一つのことに集中する様子を表す慣用句を考える。「息をつめる」とほぼ同じ意味の慣用句に「息を殺す」がある。
(2) 場面の表現描写を捉える。ここでは、「十秒、二十秒……。アゲハはまったく動かない。」の二文に着目する。「みんな」が、しばらくの間、アゲハをじっと見守っていることを表している。**ア**「緊張が解けて」が不適切。**イ**「言葉を発しない様子」が「興味を失った」ことを表しているわけではない。**エ**「宿題の時間が近づいてきた」が不適切。

4 主題の問題（文学的文章）

{ P.102 }

1

(1) ア・オ
(2) **例** お母さんが自分のことを大事に思ってくれていることを思い出させ、不安から逃げずにお母さんに自分の夢を伝えて、自分の意志で未来を決めていこうという決意をもたらした。（80字）

解説
(1) 前後に書かれた、**母に対する「あたし（千穂）」の思いが「ため息」の理由**である。母からは「開業医の父の跡を継ぐために、医系コースのある進学校を受験するように言われて」おり、「絵描きになりたい」という自分の気持ちなど、理解されるはずがないと思っている。**イ**「芸術科のある高校に進学する」ということは、まだ母へは話していない。**ウ**「医系コースのある高校に通いながら」が不適切、**エ**「ロボットのように感情を表に出さず」が不適切。
(2) 文章の終わりまでの部分に注目し、**母に関係して思い出したことと、千穂の「決意」**とを読み取る。「この樹」の枝から落ちたときの母の様子から、母に大事にされていたことを思い出した。そして、「ちゃんと話そう」「お母さんに、あたしの夢を聞いてもらうんだ」「あたしの意志であたしの未来を決めるんだ」と「決意」したのである。これらの内容を踏まえてまとめる。

5 韻文の表現技法の問題

{ P.104 }

1

(1) C
(2) といもうこそこいしけれ
(3) エ

解説
(1) 「前髪**が**」という主語を示す働きをする。Cも「ためいき**が**」となる。Aは「林檎の」、Bは「薄紅の」で、どちらも修飾語を示す用法。Dは「おのづから」という単語の一部である。
(2) 「問ひ」は「**とい**」、「たまふ」は「**たもう**」、「こひし」は「**こいし**」と直す。古文の歴史的仮名遣いの読み方を確認しておこう。
(3) 第三連の「君が情に酌みしかな」は、少女が恋心を受け入れてくれたことを表す。**ア**は第二連、**イ**は第四連、**ウ**は第一連を説明したものである。

2

(1) エ
(2) ア
(3) ウ

解説
(1) 第四連の意味のうえでのつながりを考える。二・三行目の「……未明の中で／……翼を生やしているのが」は一行目の「眼には見える」へつながる。**語の順序を逆にした倒置法**が用いられている。第三連にも同じ表現技法が用いられていて、二行目の「……門の扉を蹴るのが」と三行目の「……高く嘶くの□」は、それぞれ一行目の「（そのまも）耳に聞こえる」へつながるので、行末に注目すると、「が」が入るとわかる。

（2）会話の「馬の姿は暗闇の中に浮かび上がっているように」と詩の「太陽のように金色の翼を生やしている」から、「**馬」の姿が強く印象づけられている**とわかる。

（3）「馬が迎え」に来て、「私」が「跳ね起き」「いそいで身支度」をしようとしていること、「金色の翼」などに注目すると、「私」の「希望や期待」が読み取れる。

3

（1）E
（2）D

解説
（1）「鳥たちが交互に鳴いて」と「直喩」の表現に当たるのは、Eの「谺のごとしかはるがはるに」である。
（2）「春先の情景を描写した言葉」を「鳥の声」にも用いているのは、Dの「ひかるなり」である。「春の霙」も「山鳩の聲」も「ひかる」ということで、**春の訪れを喜んでいる**ことが伝わってくる。

4

（1）F
（2）E

解説
（1）「競技の練習をする様子」ということに注目する。Fの「槍投げて槍に歩み寄る」は順を追って練習する様子、「春ひとり」は、一人で黙々と練習する様子を表している。
（2）切れ字が用いられているのは、A「や」、D「や」、E「かな」だが、「大きな視野」「雄大な存在」「盛んな生命の勢い」に注目すると、Eが適切とわかる。

6 意見の理由・説明の問題（説明的文章）
{P.107}

1

● 1 検索
2 情報がある目的に合わせて収集、整理されていること（24字）

解説 インターネットと書物、それぞれの便利な点についての、筆者の考えを捉える。
1 直後の一文に「……事柄などの検索に、すばらしい力を発揮してくれる」とある。設問文の「漢字二字で」という指定に注意する。
2 直後の一文に書かれているが、設問文の「**最も便利だと考えているのは」に注意**する。「何よりも」という強調表現に注目して、それ以降から書き抜く。

2

（1）ア
（2）例 一人で行動できる人は、自分に自信があるため、一人の時間をもつことで思考が深まり、人間に深みが出て、頼もしく見えるから。（59字）

解説
（1）文の冒頭に「それが」とあるので、前の部分に注目する。文の前半と後半は相対する内容であるとわかるので、それを踏まえて前の二つの段落を読むと、A・Bは「あらゆる刺激が充満する環境」、C・Dは「自分自身の内側から……心の声が聞こえてくる」の部分に関係するとわかる。
（2）前の部分「**一人でいられないのは、……頼りなく見える。**」と、後の部分「**一人で行動できる人は……思考が深まり、人間に深みが出る。**」に注目してまとめる。

7 要旨の問題（説明的文章）
{P.109}

1

（1）ア
（2）例 対話によって成果を得ようとするのではなく、対話を自分が結局は大切なことを分かっていないのだということを自覚させてくれる契機だと考えて、対話を行うこと。（75字）

解説
（1）**アの**直前に「きっと猛烈に反発されることでしょう」とある。これを受けて「ですが、……おかしなことではありません」とすると、文脈が通る。
（2）指示語の「**それ」は、対話の本質を指していて**、その内容は、前の「対話とは、……契機です。」の一文で説明されている。まず、ここをまとめる。そのうえで、「成果」を用いて、“**対話は成果を得ようとするものではない**”という内容を冒頭に追加して書けばよい。

2

● a 自分の知っ
b 例 端々ににじみ出る書き手の意識や人間性（18字）

解説 「文章を書く上での書き手の姿勢」について、筆者の考えがまとめてあるのは最終段落。
a 直後の「を持ちながら」が手がかりとなる。最終段落の冒頭に「自分の知っていることは……謙虚さ（を持ち）」とある。
b **直後の「こそ」に注目する**。この部分が、最終段落の「微かにでもにじみ出る書き手の意識や人間性（こそ）」に対応しているとわかる。

1 文化・社会がテーマの文章 {P.114}

1

(1) 町が賑やか～済的に潤う（28字）

(2) ア

(3) 例 対話の相手となる他者が自分と異なった考え方をしているほど、より一層思い込みや古い常識に気づくことができ、それらを排除して根本から深く考えることにつながるから。（79字）

(4) イ

解説

(1) 直前の「それが町おこしの目的だと頭から信じて」に注目する。「それ」の指し示す「町おこしの目的」を捉える。さらに前の一文に「町が賑やかになり、お店にはたくさん人が来て、経済的に潤う光景」とある。この部分から、「町おこしの目的」に当たる内容を三十字以内で抜き出す。

(2) 「自分が立っている足元」とは、ここでは「自分が置かれている地域社会の考え方」というような意味。それを「見直す」、つまり「考え直す」ということである。これの詳しい内容に当たるのが、直前の一文の「当然視されていること、……考え直してみること」である。ここを手がかりに、同じ内容を表すものを選ぶ。**イ**「科学的なデータ」が不適切。**ウ**のように、「他者」との関係を「見直す」ものではないので不適切。**エ**「芸術作品」の「創作」については述べてはいない。

(3) 「その他者」とは、「自分」と対話をする「他者」であることを押さえる。それが「自分と違えば違うほどいい」と筆者が考える根拠をつかむ。**「他者」との対話によって気づかされること**が6段落に書かれている。そして、**気づかされるとどうなるか**が、9段落に書かれている。この二点を中心にまとめる。

(4) 1段落では「深く考える」とはどういうことかを定義し、4段落で再び述べて、「深く考える」結果、どうなるかが書かれている。さらに9段落では、「深く考える」ための方法を具体例を挙げながら述べている。**ア**3段落は2段落と内容のうえでつながりがあり、「異なる話題」ではないので不適切。**ウ**5段落は3段落の否定ではないので不適切。**エ**5段落は4段落と「対立する意見」ではないので不適切。

2

(1) ウ

(2) エ

(3) 例「意図」の集積としてできあがっており、これからも変化を続けていく（32字）

解説

(1) 直前の「その意味で」に注目し、「その」の指し示す内容をつかむ。前の部分に、「多様な『意図』の総量として、都市空間はできて」いて、「都市空間は、多数の著者がいる書物のようなもの」とある。この内容に合うものを選ぶ。**ア**「対応が明らか」、**イ**「自然発生的に形成されてきた」、**エ**「誰かの『意図』」の部分が不適切。

(2) 直前の段落との関係を捉える。直前の段落では、「都市空間」の「造形には明らかな『意図』がある」ことを述べ、その具体例を挙げている。したがって、例示の**エ**「たとえば」が入る。

(3) 文章の後半にある「もうひとつ、都市という書物が実際の書物と異なる点があります。」に注目する。この前後から、「実際の書物」と異なる点を捉える。それは「『意図』の集積として都市の空間ができあがっている」ことと、都市が「無限に書き続けられていく書物」であることである。この二点をまとめる。

2 人物の成長がテーマの文章 {P.118}

1

(1) 例 翔も塚本さんの影響を受けて酪農の道に進むことを目指している（29字）

(2) エ

(3) 例 大島の不安定な自然と折り合いをつけながら酪農家として生きていくことは、とても大変なことだから。（47字）

(4) ア

解説

(1) 前書きにあるように、「俺」は「空斗さん」に憧れて陸上部で頑張っている。それと同じように、翔も「塚本さん」に憧れ、影響を受けて、自分の望む将来に進もうとしているということである。

(2) 前後の会話文の関係から考える。前書きにあるように、「俺」は、いったん翔の考えに反対した。そんな「俺」が「こないだ（反対したとき）と全然違うこと」、つまり「翔がやりたいようにやればいい」と言ったときの、翔の反応を考える。意外なことに驚く様子を表す言葉が入る。**ア**「色を失った」は、恐れなどで顔色が青ざめる様子、**イ**「頭を抱えた」は、解決法が見つからず、困り果てる様子、**ウ**「口をはさんだ」は、他人の話に割り込んで話すことを表す。

(3) 翔がやろうとしていることに対して「甘っちょろい覚悟でできることじゃない」と言っている。**翔がやろうとしていることの大変さを具体的に捉える。**前の「ましてや大島は火山島で、……たくさんある。」の部分を使ってまとめる。

(4) 前の「俺」と翔の会話のやりとりに注目する。自分の夢を両親に話すことをためらう翔に対して、兄である「俺」は、「もう一回、きちんと話してみろよ。……」と前向きな言葉をかけている。弟を応援し、励まそうとしている。**イ**「両親に怒りを覚え」、**ウ**「慌てて取りつくろおうと」、**エ**「夢を諦めてしまった弟」などが不適切。

2

(1) **例** 羽二重餅の味を今までどおりでいくことと、自分が作った小松菜の味噌汁との関係がわからなかったから。（48字）

(2) ウ

(3) **例** おいしいものを作るだけでなく、羽二重餅を食べることで甦る客の思い出を奪わないために、同じ味を守り続けるということ。（57字）

解説

(1)「首を傾げた」は、疑問を感じたり、不思議に思ったりしたときの様子である。直前の岡本の言葉に対する様子だが、直後に続く岡本の言葉の後にも「羽二重餅と小松菜の味噌汁とがどうつながっていくのかわからないま」とあることに注目する。

(2) 岡本の「最後のひと言」を受けて「首を横に振った」ということから考える。岡本は、まりあの「味噌汁が教えてくれた」ことに感謝し、「ありがとう」と言っている。「いいえ、そんな……」というような「謙遜」を表す態度がふさわしい。

(3) まりあの作った小松菜の味噌汁をきっかけにして、岡本が**羽二重餅に関係するどのようなことに気づいたのか**を読み取る。文章の後半「それ（味噌汁）を飲みながら、気づいたんだ。うまいもんを作るだけじゃだめなんだって」とあるので、これ以降の岡本の言葉に注目して、考え方の変化をつかむ。「変わらない味」「それを食べれば、記憶のなかの味が甦る。甦るのは味だけじゃない」「お客さんの思い出を奪っちゃいけない」とある。これらの言葉を使ってまとめる。

3 韻文がテーマの文章 {P.122}

1

(1) **例** 常識に捉われずに自由な心で読む（15字）

(2) **X** 水があふれている川の（10字）

Y ウ

解説

(1)「春とは希望の象徴……前向きの心を映している」という〈誤読〉の例から、「詩を読むときに気をつけるべき点」を考えることができるとして、直後の段落で、「気をつけるべき点」について説明している。空欄の直前「詩のことばを」に着目して探すと、「読者も社会流通の常識に捉われずに、自由な心で詩のことばを読むことが必要です。」とあるので、ここを使ってまとめる。

(2) **X**「春の河」の詩で、詩人が実際に見た風景を考えてまとめる。詩の「（小さな）川々」「あふれてゐる」などに注目する。

Y「春の河」の詩で、詩人の心に「たつぷりと」「あふれてゐる」のは「春」である。「春」の盛りを迎えた喜びが感じられる。**ア**「冬が終わる」、**イ**「春を待つ」、**エ**「夏へと向かう」などが、明らかに不適切。

2

(1) **例** 詩の中の落花が日本人の好きな桜を連想させるから。（24字）

(2) エ

解説

(1) 直後の、白居易の詩の解説に注目する。詩の二行目「花を踏んでは」は落花のことで、詩全体は過ぎ行く「青春の春」を惜しむ心を表している。その詩が日本人に受けたのは「日本人が桜の花をいつの間にかとても愛するようになったから」として、その後で、「落花」が、なぜ桜を思わせるのかが説明されている。日本人は、桜の咲いているときの美しさだけでなく、花が散るときの美しさをも愛していたのである。だから、白居易の詩に描かれた「落花」を桜が散る印象で捉え、「受けた」というわけである。「詩の中の落花が桜を思わせる」という内容が書けていれば正解とする。

(2)「賀の歌」とは「お祝いの歌」のこと。その「不思議な作り方」は、後の「これは『古今集』の巻七に載る歌ですが」で始まる段落に注目すると、捉えやすい。歌の初めに「散る、曇る、老いらく」というお祝いにふさわしくない言葉を並べて、「みんな」を驚かせている。そして、下の句で「来むといふなる道まがふがに（老いがやってくるような道を……見えなくしてしまえ）」と、**上の句を引っ繰り返して、「みごとなお祝いの歌」になっている**というのである。

4 言語・学問がテーマの文章

{P.126}

1

(1) A 生まれた国
B ウ

(2) 1 遺伝子
2 例 人間は言語によって利用される運び手に過ぎない（22字）

解説

(1) カズオ・イシグロの場合の、アイデンティティに影響を及ぼしたものをつかむ。空欄のある文は「Aよりも、Bに……」という構文だから、Aにはあまり影響しないもの、Bには強く影響するものが入ると推測できる。それを踏まえて手がかりとなる部分を探すと、同じ段落の終わりに「彼は生まれた国ではなく、育った国（第一言語を得た国）を自らの母国とした」とある。Aには、ここから「生まれた国」を書き抜く。また、その少し前の部分に「彼のパーソナリティの大部分は英語文化圏で形成されて」とあるので、Bには**ウ**が入る。

(2)「ドーキンスの論考」を引用して「『言語』においても……」と述べているので、まず、「ドーキンスの論考」の内容をつかむ。直前の段落に「生物は遺伝子によって利用される〝乗り物〟に過ぎない」とある。1には、「生物」という言葉に注目すると、「遺伝子」が入るとわかる。「言語」においても、「生物は遺伝子によって利用される〝乗り物〟に過ぎない」と同じことが言えるということだから、この内容を踏まえて2の手がかりを探すと、「この『人間＝言語の運び手論』に当てはめて考えると理解しやすい」に注目できる。「言語の運び手論」をドーキンスの論考に当てはめて、Bに入る内容をまとめる。

2

(1) イ

(2) ウ

(3) 実際にもの

(4) 例 自分が感じたことを絶対と信じ、その絶対に安易によりかかることで、独断と偏見におちいってしまう危険性。（50字）

解説

(1)「まず見ること、それに触れること、……それが大切なのだ」は、柳宗悦の言葉を筆者なりに解釈したものである。筆者は、柳宗悦の言葉を取り上げて、これから述べようとすることを「……ではないでしょうか。」と、読者に提示している。**ア**「そのまま引用」が不適切。**ウ**「筆者の言葉を抽象的な表現で言い換える」が不適切。**エ**「柳宗悦の主張への疑問を読者に投げかけ」てはいないので、不適切。筆者は、柳宗悦の言葉に賛同している。

(2) 前後の内容のつながりを考える。「私たちの得る感動というものは、……豊かなものになることはまちがい」ないが、「実はこれはなかなかできないこと」というつながりだから、逆接の関係である。

(3)「理想的な過程」ということを踏まえて、これに当てはまる内容を探す。「ひとつの美術作品にむかいあうときに」で始まる段落の三文目に「実際にものを見たり接したりするときには」と、「ものごとに対するとき」が提示してあり、その文末を「こんなことができれば素晴らしいことです。」と結んでいる。この一文が「理想的な過程」の説明に当たる。

(4)「〈知〉の危険性」とは、知識を得ることの「危険性」ということである。これとは「異なる危険性」が説明された部分を、「**作品に対するときの危険性の一つ**」ということを踏まえて探す。最終段落の前の段落の冒頭に「作品と対するのは」とある。その段落の「自分が感じたことは絶対」「その絶対に安易によりかかってしまうと人間は単なる独断と偏見におちいってしまう」の部分に着目して、指定字数内にまとめる。

5 家族がテーマの文章

{P.130}

1

(1) ア

(2) イ

(3) エ

(4) 例 姉のことを理解せずに作ったドレスは姉に似合わないだろう（27字）

解説

(1) 前後に注意して、清澄の様子をつかむ。「どんどんドレスの縫い目をほどいていく」「手つき」を表す様子である。また、後の「表情は歪んでいた」「声もわずかに震えている」は、穏やかではない心の動きを表す。それが「手つき」とは「裏腹（逆、反対）」な様子であることにも注目する。

(2) 清澄が水青の勤め先（学習塾）を訪ねたときに感じたことである。「パソコンを操作したり……喋ったりする顔が。」とあるから、水青は仕事中である。その「顔」について、後の清澄の言葉に「仕事してる姉ちゃん、すごい真剣っぽかった。」とある。ア「夢を見つけて」という内容は書かれていない。ウ「疲れている顔」、エ「明るくほほえんでいる顔」という様子は読み取れない。

(3) 「自分で決めたこと」とは、ドレスを作り直すことである。また、「さぞかしくやしかろう」からは、祖母（「わたし」）が清澄の気持ちを推し量っていることがわかる。この二点を手がかりに挿入する箇所を探す。アでは、祖母はまだ清澄の「決めたこと」を知らない。イは、水青の仕事中の様子である。ウについては、祖母の「わたし」がドレスをほどく理由が理解できないでいることから、それに続く言葉としては唐突で、不適切。

(4) **清澄の言葉に注目**する。「姉ちゃんのことあんまりわかってなかった」「わかってない僕がつくったこのドレスは、たぶん姉ちゃんには似合わへん。」と思ったから、作り直そうとしているのである。

2

(1) A 恥ずかしさ　B 誇らしさ

(2) エ

(3) 例 朝美が作文を書いたことで、本当は手放し、別れたくなかった桃子の売却を思い留まる（39字）

解説

(1) 朝美の作文の朗読を聞いたときの気持ちである。本当は五人家族なのに「六人家族です」と言い、間違いかと思ったら、「牛の桃子」も家族の一員に入れていた。これを受けての安雄の気持ちは、直後に書かれている。「寸前の恥ずかしさが瞬時に誇らしさに取って替わり」に注目する。空欄の前後に注意して、安雄の気持ちの変化を表す言葉を答える。

(2) 静子の言葉に注目して考える。「朝美、わざとあんな作文を書いた」「あれだけ大勢の前で、……売りたくても売れなくなる……それが分がってて、わざとあんな作文を書いた」とあり、静子が、朝美の作文を、桃子を売却させないようにするためのものだったと見ていることがわかる。ア「地域の人々からの信頼がなくなった」、イ「作文の出来をほめられたかった」、ウ「母親である自分に不満を伝えたかった」が不適切。

(3) 直前に「桃子の売却を思い留まらせるために、朝美があの作文を書いたのだとしたら」とあるから、朝美の作文に「感謝すべき」と考えたことがわかる。また、安雄には「本当は桃子を手放したくなかった」「桃子と別れたくはなかった」という思いがあった。これらのことを理由を表す言い方に続くようにまとめる。

6 身体・科学がテーマの文章

{P.134}

1

(1) 例 環境に合うように形質を特殊化した動物は、それぞれの環境で進化の先頭に立っているから。（42字）

(2) イ

(3) 世代交代

解説

(1) 「人間が一番進化している」とすることについて、直後の段落で「ある動物のある形質を取り上げ、……どちらが進化しているなどと断じることは、進化学とは無縁の所業」と述べ、「誤解」であることを示している。さらにその後の二つの段落で、具体的な動物の例を挙げ、「誤解」の理由を説明している。**「このように」で始まるまとめの段落に注目**する。「それぞれの環境で生活する動物は、……特殊化することで適応を身につけた」、その点では、それぞれの環境の中で「進化の先頭に立って」いると述べられている。これが、「人類が一番進化している」とみなすことを「誤解」であると考える理由である。

(2) 第三段落では、「オットセイ」「アザラシ」「コウモリ」が、それぞれの環境に適応するためにどのように体の構造や器官を特殊化したか、つまり進化の過程を説明している。進化とはどういうものであるかを具体的に示しており、直後のまとめの段落の内容を理解する助けとなっている。ア「新たな問題を提起」してはいない。**ウ**「より高度な話題」とは言えない。**エ**「筆者の考えを広げるため」ではなく、述べようとしている考えを、読者により理解しやすくするためである。

(3) 筆者が進化を定義している部分を探す。二つ前の段落に注目する。「進化とは」で始まり、進化という言葉を定義している。その二文目に「そもそも世代交代によって生命を引き継いでいく生物界固有の事象についての用語」とある。そうであるから、「スポーツ選手の運動スキルの上達など」は、「進化に該当しない」のである。

2

(1) 交感神経系

(2) 例 生死に直結するだいじな情動として進化してきた恐怖に加え、想像力を手に入れたことで未来におこりうるよくない出来事を予想するから。(63字)

(3) ウ

解説

(1) 「窮鼠猫を噛む」「火事場の馬鹿力」は、直前にあるように「ふだんは出せないような大きな力が発揮できること」という意味である。その文の冒頭に「だから」とあるので、さらに前の文に「根拠」が書かれているとわかる。「科学的な」根拠であるかどうかを確認して答える。

(2) まず、「**多くの動物にとって恐怖がどのようなもの**」かを捉える。11段落に「恐怖は多くの動物にとって、生死に直結するだいじな情動」とある。さらに、続く12段落には、**人間特有の「不安」を感じるようになった理由**が書かれている。これらの二点をまとめて、理由を述べる言い方でまとめる。

(3) **ウ**「熱帯雨林のような場所にだけ、本当の美は存在する」とは述べていない。**ア**2段落に、「ほっとするスイッチが、脳の報酬系」で「ジェットコースターなど、安全が保証された範囲での恐怖が癖になる」とあるので適切。**イ**7段落に「恐怖を感じた出来事は記憶にも鮮明に残る」「芸術作品も、記憶に残りやすい」とあるので適切。**エ**13段落の内容をまとめたものなので適切。

7 学校・友情がテーマの文章

{P.138}

1

(1) 例 その人の、今まで見えていなかった、言葉では言えない、不思議な存在感を放つ姿が見えてくる (43字)

(2) Ⅰオ Ⅱウ Ⅲ作品自体の心

(3) ウ

解説

(1) まゆの「自分が今、ちゃんと生きてここにいるんだって、気がついた気がする……」というつぶやきを聞いて、実弥子は「はっと」したのである。その実弥子が気づいたことは、直後の「描かれた絵の中には、……不思議な存在感を放つ姿が。」に書かれている。この部分の内容を字数内にまとめる。

(2) Ⅰ・Ⅱには、まゆの気持ちを端的に表す言葉が入る。

Ⅰ直前のまゆの言葉に「やだなあ、こっちは、見せるのはずかしすぎる」とある。「はずかしすぎる」という気持ちから、「絵を隠すように」したのである。

Ⅱ直後の「わかった。……見せないわけにはいかないよね」から、まゆが絵を見せようと決意したことがわかる。それまで絵を見せることをためらっていたまゆの様子から、「背筋を伸ばした」は、**イ**の「自慢」というものではなく、前向きな行動をとろうとして自分を励ます気持ちが読み取れる。

Ⅲ「……ほんとに?」の前の実弥子の言葉に注目する。「それは作品自体の心。描いた人の心とは別に、新しく生まれるの」とある。

(3) **会話文が多く**、そのやりとりから、まゆや実弥子、ルイの**人物像が伝わってくる**。**ア**「人物と周囲との関係」、**イ**「切迫した状況」、**エ**「幻想的な雰囲気」などが、それぞれ不適切である。

2

(1) 例 何かが変わったり、今までとは違う世界が見えてきたりするのかもしれない (34字)

(2) ウ

(3) 例 となりで泳いだから、相手がまだまだ速くなることがわかった (28字)

解説

(1) 空欄の直後に「前向きな気持ち」とあることを踏まえて、「おれ」の気持ちの変化を表す表現を探す。直後に「海人と泳いでいた時、何かが違った」とあり、その詳しい気持ちが、「海人と泳げば……何かが変わるかもしれない。」「今までとは違う世界が、見えてくるのかもしれない。」と書かれているので、この二文を使ってまとめる。

(2) 後の部分で、海人が「きっと、向井くんは、また来るよ」と言っていることに注目する。ここから、海人が、一緒に泳いだ者が感じたこととして、「おれ」がまた来るだろうと予想していることがわかる。予想どおりになりそうなので、「ニヤリとした」のである。**ア**「はじめて気づき」「『おれ』のことを支えよう」が不適切。**イ**「東京のスイミングクラブで再び水泳を始める気持ちになった」わけではない。**エ**「おれ」の気持ちに「龍之介や信司が気づいていた」わけではない。

(3) 海人と「おれ」の、同じ考えが表されている部分を探す。海人の考えたことは「(**「おれは**)**まだまだ速くなる**」「**となりで泳いだから、わかる**」に表れている。また、「おれ」の場合も、冒頭の部分に「**こいつ**(**海人**)**は、きっとまだまだ速くなる**」とあることから、お互いに同じことを考えていたとわかる。

8 自然・環境がテーマの文章 {P.142}

1

(1) ウ
(2) A 夜の長さ　B 寒さの訪れ
(3) a 芽　b 越冬芽
(4) エ
(5) ウ
(6) 例 芽の中にあるアブシシン酸のはたらきによって花が咲くことが抑えられている状態。

解説

(1) 直後の部分から、「越冬芽」がつくられる季節名が入るとわかる。③段落に「越冬芽は、……寒くなる前につくられなければなりません」とあるから、「冬」の前の季節である。

(2) 「光周性」については④段落で説明されている。その終わりの部分「夜の長さをはかれば、寒さの訪れを約二ヵ月先取りして知ることができる」に注目する。

(3) **a**「送ります」が手がかりとなる。直後に「芽にアブシシン酸の量が増えると」とあるので、アブシシン酸は「芽」に送られることがわかる。
b「ツボミを包み込む」が手がかりとなる。「ツボミ」を包んで冬が越せるようにするのは「越冬芽」である。

(4) 前後が、「硬く身を閉ざしています」と「いっせいに芽吹き、花を咲かせます」の関係だから、逆接の接続語が入る。

(5) 直後の⑨段落に「……暖かくならなければなりません。ですから、この答えは誤りではありません。」とある。「この答え」とは、**Ⅲ**を指しているので、「暖かくなる」という内容があるものを選ぶ。

(6) 直後の⑫段落から読み取れる。「**アブシシン酸は、休眠を促し、花が咲くのを抑える物質**」「花が咲くことはない」とあるので、この部分を使って簡潔にまとめる。

2

(1) 繁栄
(2) 困難に対応するサバイバル能力
(3) 例 悪条件を克服する力が他の植物より強い雑草が、生存競争を有利に進める(33字)

解説

(1) 雑草は「攪乱という逆境を克服」したことにより、「成功」したということだから、「攪乱」の条件の中で「成功」したことを表す表現を探す。また、空欄の前の「環境に適応して生息し」に注目し、この内容を手がかりにして探すと、直前の段落に「雑草は、予測不能な変化に適応し、攪乱が起こる条件を好んで繁栄している。」とある。雑草にとっての「成功」を意味する「繁栄」という言葉が入る。

(2) 同じ段落で説明されている。「このような環境では強大な力を持つはずのCタイプは必ずしも成功しない。そこで要求されるのは、……サバイバル能力なのである。」と、「予測不能な攪乱」の状況下で求められることを述べている。字数に合うように、「サバイバル能力」を説明する言葉を含めて答える。

(3) 「逆境は敵」とは、植物にとって、**悪条件な環境のもとで生存競争が不利になること**を表す。雑草の場合はそうでない理由は、同じ段落で説明されている。「**悪条件な環境を生存競争の場とすれば、……強い相手よりも有利になる**」「不利を克服する力が他の植物よりも強い」という表現に注目して、理由を表す言い方に当てはまるようにまとめる。

1 条件作文の書き方

{P.150}

1

例 選んだ情報通信機器の番号…②

地方では交通手段が少なく、自動車がなければ、生活に不都合なことが多い。そのため、高齢になっても自動車を運転せざるを得ず、高齢者による交通事故も多発している。

全自動カーが実現すれば、高齢になっても安全に運転することができる。それだけでなく、障害がある人も自力での移動手段を得ることができると考える。住んでいる場所や年齢などの制約を受けずに暮らせる社会が理想だ。私は、誰にとっても安全で快適な社会の実現のために、情報通信機器を活用したい。

（217字）

2

例

私はスポーツ少年団で小学生にスポーツを教えることで、社会のために役立ちたいと考えています。なぜなら私自身がスポーツをしてきて成長したと感じることがあったからです。試合や練習を通じてできた友人たちと、競い合ったり励まし合ったりすることで努力を重ねることができました。中学校でも、部活動で同じスポーツを続け、結果を残し自信を持つことができました。このような経験を子どもたちにもしてほしいと考えています。

（200字）

3

例

私はAさんに賛成です。状況によっては、敬語より相手に気持ちが伝わる言葉があると思うからです。部活動の先輩には、試合中に励ます時などに、敬語を使いません。こういう時は、敬語を使うより、相手に気持ちが伝わる言葉を使うことが大切だと思います。

（119字）

例

私はBさんに賛成だ。言葉や話し方には、その人が相手をどのように思っているのかが表れるからだ。私は、学校で後輩が敬語を使わなかった時に、先輩と思われていないと感じた。尊敬する人に不快な思いをさせないためにも、いつも敬語を使う方が良いと思う。

（120字）

4

例

私は見出しAを選びます。なぜなら、訪れる人が少ないという町の短所を逆手にとり、海の魅力を高める表現になっており、印象に残るからです。海岸を「プライベートビーチ」と表現し、混雑する海水浴場ではないことを想像させることができると考えました。

（119字）

例

私は、見出しBの方が良いと思う。なぜなら、インパクトは弱いかもしれないが、誰にでも内容が伝わりやすい表現だからだ。はがくれ町の魅力は海や日の出という自然や景色の美しさなので、それをストレートに表現した方が、読む人に伝わりやすいと思う。

（118字）

5

例

インターネットは、ほとんどの年代から情報源として重要だと考えられているが、信頼度は低い。

インターネット上の情報を利用する際、私は、信頼できる情報かどうか、本などでも確認するように注意しようと思う。

（98字）

2

課題作文の書き方

{P.156}

1

例

二つの言葉から、私は今努力を重ねることが、未来の自分を創造するのだと感じ取りました。自分から進んで行動することが成長へとつながり、夢は実現するのだと思います。

私は、将来地域を活性化する仕事に就きたいと考えています。その第一歩として、先日、地域のお祭りのボランティアガイドとして、来場者にお祭りの由来や地域の魅力について紹介しました。これからも積極的に地域と関わり、多くの人との交流を通して自分を成長させ、私の思い描く理想の未来を実現可能なものにしていきたいと思います。

（234字）

模擬試験 第1回

{P.158}

1

(1) ⓐ断 ⓑむらさき ⓒかくご ⓓ秘密 ⓔきょうれつ
(2) ア
(3) エ
(4) 新しい世界
(5) イ
(6) 納得
(7) 例 きっと新しい世界に出会える（新しい景色が見える）と思うから。

解説

(2) 〰〰線部「れ」は、受け身の助動詞「れる」の連用形。「風に」「吹くことをされる」状態を表す。アが「先生に」「指名することをされる」受け身を表す。イは尊敬、ウは自発（自然にそうなる）、エは可能を表す。

(4) 直前の「東山は……」で始まる「オレ」の発言に注目。「オレ」は、東山の言葉の「剣は……新しい世界に出会えた、という、経験をしたいんだと思う」を引き合いに出したうえで、宮本にとっての「新しい世界」は、「バスケなのか?」と尋ねているのだ。

(5) 「ズッコけ」るとは、はぐらかされた感じで拍子抜けする様子を表す。「オレ」は、宮本がバスケをやりたいというのなら、部長としていろいろ対応を考えたり部員に相談したりしなければいけないと覚悟していたのに、宮本の答えが予想と違ったので、拍子抜けしたのだ。

(6) 宮本は、スポーツを「やり続けられる」「続けなきゃ」と思っていたとある。一方、「オレ」も「バスケを続けたい気持ち、整理できていない」とある。事情は異なるが、二人ともこれまで続けてきたことを続けられないことに「納得」できない思いでいるのだ。

(7) ――線部④の後の「オレ」の言葉に着目。「オレ」は「東山の叔母ちゃん」の「新しいことに挑戦しないのは『怠慢』」という言葉に背中を押され、新しい扉を開けてみようという気持ちになっている。同じように宮本も新しい挑戦をすることで「新しい景色が見える」、すなわち「新しい世界に出会える」と思っての発言だろう。

2

(1) ⓐさくもつ ⓑふじょう ⓒあつか ⓓこ ⓔむだ
(2) ウ
(3) イ
(4) エ
(5) 安心
(6) 二〇〇二年～道された。
(7) 例 東京都での売れ残りの弁当は生ゴミなので、他県の神奈川県には運べないということ。
(8) ウ

解説

(1) ⓐ「さくぶつ」としない。「農作物」の場合は「のうさくぶつ」が一般的。

(2) 「専門家」は「二字熟語（専門）＋一字（家）」。ウがこれに同じ。ア・エは「一字＋二字熟語」、イは「真・善・美」で一字が三つ集まったもの。

(3) 「ネ・サ・ヨ」を入れて読んでみるとよい。イが「すこしでもネ風味のサよいネものをサ食べたいネ。」となる。

(4) 『なにかを手に入れたこと』のツケ」の例として、すぐ後に「農薬や遺伝子組み換え作物」が出てくる。ア〜ウは、これらに関係がある事柄である。

(7) ――線部④の前には「堆肥にする工場をつくった」ことも出てくるが、こちらは「結構な話」で、「問題」にはなっていない。

(8) 環境問題にしても大量のゴミにしても、それが「便利な生活に由来する」と述べていることに注目しよう。

3

(1) ⓐいう ⓑさえ
(2) ひとつ子
(3) ②母 ③男（子）
(4) ウ
(5) 例 早くわが子に会いたいという気持ちから。（19字）

解説

(2) 「他に兄弟や姉妹がいない」ということは、「一人っ子」ということだ。「ひとつ子」は「ひとり子」ともいうことを覚えておこう。

(3) 登場人物は、「男」と「母」。②口語訳にあるように「……かわいがっていらっしゃった」と尊敬語が使われている点に注目。「給ひ」が尊敬の意味を表す。よって「母」が主語。③母から「急な用です」という手紙が来たので、男は驚いて見たのだ。

(4) 母の歌に「さらぬ別れ（＝死）」とあったので、「千代も（千年も）」長生きしてほしいと言っているのだ。

(5) 「いよいよ見まくほしき（ますます会いたいと思う）」に母の心情が表れている。

模擬試験 第2回

{P.163}

1

(1) ⓐはし ⓑはら ⓒ済 ⓓめい ⓔ破
(2) 二（画目）
(3) ア
(4) ・そこで私は
・で私は古本（順不同）
(5) 装い
(6) 読書の歴史
(7) ア
(8) ウ

解説

(1) ⓔ同訓の「敗れる」と区別する。「敗れる」は「決勝戦で敗れる」のように「負ける」の意。

(2) 「犭（=けものへん）」は、「ノ犭犭」の順に書くことを押さえる。

(3) 〜〜〜線部「すり切れ」は言い切りの形が「すり切れる」。「ナイ」を付けてみると「すり切れナイ」とエ段の音になるので下一段活用。**ア**の「調べる」も「調べナイ」でエ段の音になる。**イ**は「信じる」で上一段活用、**ウ**は「張り切る」、**エ**は「急ぐ」が言い切りの形で、どちらも五段活用。

(4) 「『徒然草』に出てくる二つの言葉」とは、2〜4行目の「薄絹の表紙というものは……」という頓阿法師の言葉と、13・14行目の「何でもひとそろいに……」という弘融僧都の言葉である。第二段落の初めの「そこで私は新刊書を買うとき」に気づけば、筆者の行動が具体的につかめる。

(5) 「同じ段落から」とあるので探しやすいはず。——線部①の直後の文に注目。「装い」には「外から見た様子」の意味があり、「形」に結び付く。

(6) ——線部②のすぐ後の段落に「なぜか。」という理由を問う表現があることを捉えよう。

(7) 「義」は、「類義語・対義語」などと使うように「意味」のこと。

(8) ——線部④に続く部分の内容を押さえよう。「繰りかえし読むことによって書物ににじんでくる美しさ」とある。つまり「読書の歴史」によって出てくる美しさであるから、装いが多少くずれても何の問題もないのである。

2

(1) ⓑ
(2) ⓓ・連体詞
(3) ウ
(4) イ
(5) 今はとりあ
(6) 安らぎ
(7) ないのだ
(8) エ
(9) イ

解説

(1) 「物語」は「訓+訓」。ⓑ「手軽」が同じ。ⓐ「満足」ⓓ「混乱」は「音+音」、ⓒ「地道」は「音+訓」。

(2) ⓓ以外は副詞。連体詞は体言（名詞）を修飾する。

(3) [A]の後は、前の「だいいち……わからない。」に付け加えている内容。付け加える働きをするのは、選択肢の中では**ウ**の「それに」しかない。

(4) [B]の直前の「そこ」は「地道な努力の積み重ねを必要とする」状況を指す。「地道な努力」のためには、やり続けようとする気持ち（根気）が大切だということに気づく。

(6) [D]を含む文の前の文に、「そう思い込むことで、気持ちが軽くなる。」とある。この内容が、一つ前の段落の「安らぎが得られる」に結び付く。

(8) 「救済装置」が「現実逃避的な安らぎが得られるもの」と言い換えられることに気づこう。この「安らぎ」について、筆者は、「安易な姿勢に安住し続けるときの口実（=言い訳）に使える」と述べている。

(9) 最終段落に注目。「そんな妖しげな魅力を放つ物語（=自分さがしの物語）から抜け出して」、「自分づくりのための動きを起こすことが大切」なのだ。

3

(1) 袖ひぢてむすびし水の
(2) ウ
(3) (A)イ (B)オ
(4) ①ア ②イ

解説

(1) [a]のすぐ後の「去年の夏の記憶」が手がかりになる。その記憶の中の水の変化を述べた部分や（注）から判断できる。

(2) 「万葉集」には、生活や自然の中から生まれる感動を、素朴な表現で力強く歌い上げた歌が多いといわれる。

(3) (A)「の」を繰り返し、リズムを生み出している。(B)解説文からわかるように、ほぼ一年間のことをうたっている。